国际经济学与国际经济分析

GUOJI JINGJIXUE YU GUOJI JINGJI FENXI

倪晓宁　陈　晨◎主编

北京·旅游教育出版社

责任编辑：刘彦会

图书在版编目（CIP）数据

国际经济学与国际经济分析 / 倪晓宁，陈晨主编. -- 北京：旅游教育出版社，2018.9
ISBN 978-7-5637-3839-7

Ⅰ．①国… Ⅱ．①倪… ②陈… Ⅲ．①国际经济学②世界经济－经济分析 Ⅳ．①F11-0②F113.4

中国版本图书馆CIP数据核字(2018)第213055号

国际经济学与国际经济分析

倪晓宁　陈晨　主编

出版单位	旅游教育出版社
地　　址	北京市朝阳区定福庄南里1号
邮　　编	100024
发行电话	（010）65778403　65728372　65767462（传真）
本社网址	www.tepcb.com
E‐mail	tepfx@163.com
排版单位	北京旅教文化传播有限公司
印刷单位	北京玺诚印务有限公司
经销单位	新华书店
开　　本	710毫米×1000毫米　1/16
印　　张	18.75
字　　数	248千字
版　　次	2018年9月第1版
印　　次	2018年9月第1次印刷
定　　价	39.00元

（图书如有装订差错请与发行部联系）

前　言

国际经济学是经济学基础理论之一。其中，国际贸易理论部分可以追溯到 15 世纪末到 16 世纪初的重商主义学说，随后古典贸易理论在批判重商主义贸易思想的基础上形成与发展起来；现代国际贸易理论则产生于 20 世纪七八十年代，以产业内贸易理论为代表，打破了古典贸易理论原本的完全竞争市场结构的假设。而其中的国际金融理论部分，起源时间较国际贸易理论晚，在金本位制垮台后得到迅速发展，并在 20 世纪 70 年代布雷顿森林体系瓦解后达到发展的高峰期。上述两部分的内容，随着全球化的深入发展，以及国与国之间的经济纽带的增强，不断发展，丰富了国际经济学的知识体系。

本书写作的指导思想是：在不失严谨的前提下，努力突出实际案例的应用和理论的渗透，全面介绍国际经济学的知识体系，并强调培养学生对国际经济的分析能力，故将此书命名为《国际经济学与国际经济分析》。

全书共 13 章，编入了 26 个案例。具体章节包括：劳动生产率与比较利益：李嘉图原理、要素禀赋理论不完全竞争和制成品贸易、国际生产分工和中间产品贸易、贸易保护理论、战略贸易理论、世界贸易体系的发展、开放经济下的核算框架、国际货币体系的演变和汇率政策、汇率决定理论、开放经济下的政策调节、生产要素的国际流动、跨国公司和国际投资。

在每一章的开头，设有本章学习提示，以引导读者了解该章背景，然后在正文开始前分别给出重点概念、重点问题和知识脉络图。每章的案例都注明了出处，并在案例右侧给出了方便读者理解和分析案例所需要的知识要点。每章的结尾给出了拓展阅读，包括书籍、论文和相关的网站地址等。所有这一切，都是为了方便读者学习并正确理解国际经济问题，这一点随着我国改革开放的深入变得越来越重要。

本书可以作为经济学专业学生的国际经济学教材，也可为希望了解更多国际经济知识的读者参考使用。根据我们多年的教学实践，本书讲授54学时较为合适，并可根据不同的教学对象在内容上有所侧重。

本书的完成，可以说是师生合作的共同成果。本书主要在编者多年《国际经济学》讲稿体系的基础上成书，北京第二外国语学院国际贸易系研究生陈晨也为本书的写作做了一些工作，主要是将本书的产业内贸易部分改为不完全竞争和制成品贸易章节，增加了国际生产分工和中间产品贸易章节、跨国公司和国际投资章节，根据最新的国际收支平衡表对开放经济下的核算框架进行了更新并根据其学习心得为本书增加了拓展阅读部分，此外，大量的文字录入工作也由陈晨完成。我们的合作，是教学相长的具体体现。

由于我们的水平有限，书中难免有不足之处，恳切希望读者批评指正。欢迎读者提出意见和建议并发送到 nixiaoning@sina.com。

倪晓宁

2018年6月

于北京第二外国语学院国际贸易系

目 录
CONTENTS

上篇　国际贸易部分

第一章　劳动生产率与比较利益：李嘉图原理 ……………………… 3
　第一节　重商主义的贸易理论 ……………………………………… 4
　第二节　绝对利益与比较利益学说 ………………………………… 8
　第三节　本章其他概念 ……………………………………………… 23

第二章　要素禀赋理论 …………………………………………………… 27
　第一节　封闭经济的均衡 …………………………………………… 28
　第二节　赫克歇尔—俄林模型 ……………………………………… 29
　第三节　H-O 模型相关定理与里昂惕夫之谜 …………………… 35
　第四节　本章其他概念 ……………………………………………… 43

第三章　不完全竞争和制成品贸易 …………………………………… 45
　第一节　规模经济与贸易 …………………………………………… 46
　第二节　对差别产品的需求与贸易 ………………………………… 51
　第三节　垄断竞争市场与贸易 ……………………………………… 57
　第四节　产品生命周期与贸易 ……………………………………… 59

第四章　国际生产分工和中间产品贸易 ……………………………… 65
　第一节　国际生产分工 ……………………………………………… 66
　第二节　中间产品贸易 ……………………………………………… 72

第五章 贸易保护理论 77
- 第一节 贸易保护的形式 78
- 第二节 关税理论 82
- 第三节 幼稚产业的保护 90
- 第四节 倾销与反倾销 97
- 第五节 自由贸易区、关税同盟与经济一体化 102

第六章 战略贸易理论 110
- 第一节 基本理论 111
- 第二节 若干拓展 119

第七章 世界贸易体系的发展 124
- 第一节 从关贸总协定到世界贸易组织 125
- 第二节 西雅图会议和世贸组织的未来 132

下篇 国际金融部分

第八章 开放经济下的核算框架 147
- 第一节 国际收支平衡表概览 148
- 第二节 经常项目 155
- 第三节 资本项目 158

第九章 国际货币体系的演变和汇率政策 164
- 第一节 国际货币体系的演变 166
- 第二节 固定汇率政策和布雷顿森林体系 173
- 第三节 浮动汇率政策和牙买加体系 182
- 第四节 折中的汇率政策选择 186
- 第五节 固定汇率制和"三元悖论"问题 190

第十章 汇率决定理论 ... 195
第一节 外汇、汇率与汇率制度 ... 197
第二节 汇率决定的一般理论 ... 205
第三节 购买力平价理论 ... 209
第四节 利率平价理论 ... 215

第十一章 开放经济下的政策调节 ... 223
第一节 开放经济中的乘数分析 ... 225
第二节 国际收支失衡的调节 ... 230
第三节 开放经济下的宏观政策有效性 ... 239
第四节 内部均衡和外部均衡 ... 247

第十二章 生产要素的国际流动 ... 254
第一节 资本流动 ... 255
第二节 劳动力流动 ... 262
第三节 技术转移问题 ... 268

第十三章 跨国公司和国际投资 ... 274
第一节 资本的国际流动 ... 276
第二节 跨国公司与直接投资 ... 280
第三节 跨国公司的经济效应 ... 285

参考文献 ... 292

◀◀◀ 上篇

国际贸易部分

1

上篇知识点和案例列表

知识点	案例
一、劳动生产率与比较利益：李嘉图原理 重商主义、绝对利益、比较利益	【案例1-1】中国是新重商主义国家吗？ 【案例1-2】英国的《谷物法》论争与比较利益理论
二、赫克歇尔—俄林模型 要素禀赋、劳动密集型产品、里昂惕夫悖论	【案例2-1】要素禀赋和孟加拉国的纺织品贸易 【案例2-2】对待自由贸易的种种主张
三、不完全竞争和制成品贸易 规模经济、产业内贸易、差异产品、消费者偏好、不完全竞争	【案例3-1】信息技术贸易和美国经济增长 【案例3-2】韩国和全球在线游戏产业 【案例3-3】复印机的生命周期和贸易
四、国际生产分工和中间产品贸易 国际分工、中间产品贸易	【案例4-1】今日的贸易不同于以往吗？
五、贸易保护理论 贸易保护、贸易自由、关税、配额、倾销、自由贸易区、关税同盟、经济一体化	【案例5-1】世界金融危机以及贸易保护主义 【案例5-2】为什么全球食品价格上升了？ 【案例5-3】中国企业的产业保护 【案例5-4】美国镁业寻求保护 【案例5-5】北美自由贸易协定和美国纺织行业
六、战略贸易理论 战略性贸易理论、贸易扭曲、帕累托最优	【案例6-1】波音和空中客车的贸易纠纷
七、世界贸易体系的发展 关贸总协定、世贸组织、多哈回合	【案例7-1】美国贸易所得估计 【案例7-2】取得"印度香米"专利权

第一章

劳动生产率与比较利益：李嘉图原理

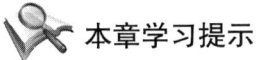 **本章学习提示**

国家的对外贸易是经济学历史中最悠久的分支学科之一，它是社会生产发展的必然结果。国际贸易理论的起源可以追溯到15世纪末16世纪初的重商主义学说，重商主义是前资本主义国际贸易理论的集中反映，它代表了西欧封建制度向资本主义制度过渡时期，商业资产阶级的早期经济思想及政策。18世纪后期，工业经济开始在英国出现，英国经济学家亚当·斯密在《国民财富的性质和原因的研究》（1776年）中提出的国际分工理论、自由市场理论和自由贸易理论政策，成为奠定古典贸易理论的基石；英国经济学家大卫·李嘉图在《政治经济学及赋税原理》（1817年）中克服了亚当·斯密绝对优势原理的局限性，突出比较优势原理，进一步完善了国际分工理论，从而奠定了世界贸易理论的一般基础。

亚当·斯密与大卫·李嘉图的贸易理论是古典经济学理论体系的一部分，称为古典贸易理论。在亚当·斯密的绝对优势理论和大卫·李嘉图的比较优势理论中，劳动是唯一的生产要素，生产技术是给定的，生产规模报酬不变。古典学派突破了重商主义理论研究仅限于商业和国际贸易的流通领域，把流通过程作为社会再生产的一个环节，使经济学开始走向现代经济科学。

追溯历史，古典贸易理论是在批判重商主义贸易思想的基础上形成与发展起来的，因此本章从重商主义开始论述，随后论述古典贸易理论发展的两个重要阶段：亚当·斯密的绝对利益（absolute advantage）学说、大卫·李嘉图的比较利益学说（comparative advantage）。

【重点概念】

重商主义、绝对利益、比较利益

【重点问题】

（1）重商主义的基本内容及其评价。

（2）绝对利益学说的基本内容及其评价。

（3）比较利益学说的基本内容及其评价。

（4）大国经济模型的构造及均衡状态分析。

【知识脉络】

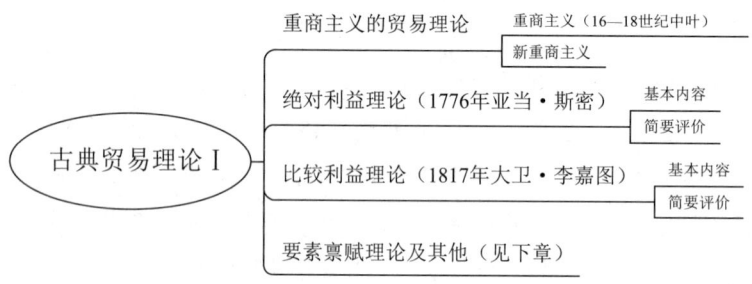

第一节　重商主义的贸易理论

【案例1-1】中国是新重商主义国家吗？

中国经济实力的快速上升建立在出口导向增长的基础上。中国从其他国家进口原材料，然后利用廉价劳动力将其加工为产品出口到例如美国这样的发达国家。多年来，中国的出口一直增长得比进口更快，导致一些批评家宣称，中国正在追随新重商主义政策，试图积聚贸易盈余和外汇，这些将给予其超过发达国家的经济实力。这种说辞在2008年达到了新高度，当时中国的贸易盈余记录超过了2800亿美元，外汇储备超过了19 500亿美元，差不多其中70%的部分由美元构成。观察家们担心，如果中国决定出售其所持有的美国货币并打算一直这么做，就会打压美元对其他货币的价值并提高商品进口到美国时的价格。

整个2005—2008年，中国的出口增长比进口增长快得多，导致一些人认为中国正通过寻求进口替代政策、鼓励

大卫·休谟（1711—1776年）
18世纪英国哲学家、历史学家、经济学家。最早利用价格—货币—流通机制对重商主义的贸易思想提出质疑。在休谟看来，一国不可能永远保持贸易盈余。

国内投资投向过去原本从其他国家进口的产品如钢铁、铝和纸张等生产来限制进口。中国与美国的贸易缺口已经成为受到关注的特别理由。2008年,这个差额记录达到了2600亿美元,是对单一国家曾经达到过的最大贸易差额。在同一时期,中国一直抵制做出尝试使其货币对美元自由浮动。许多人认为,中国的货币被大大低估了,这使得中国商品的价格被人为压低,从而助长了中国的出口。

因此,中国的新重商主义是指中国为了增加其贸易顺差及积累外汇储备而谨慎压制进口并鼓励出口。这样做能够给与其经济实力吗?在这个问题上没有陪审团来做出裁决。怀疑论者认为,中国的进口放缓是一项临时措施,一国除增加其所缺少商品的进口例如石油外并无其他选择。他们还指出,2005年7月中国确实开始允许人民币对美元升值,从那时候起到2009年1月人民币升值了15%。而且,尽管中国的总体贸易盈余在2008年急剧上升,但当年进口增长超过了出口增长,并且出口到年末随着全球经济危机发生和持续急剧放缓了,这一切表明中国的贸易盈余到2008年为止可能已经到达了最高点。

中国的贸易盈余在2008年攀至峰值,随后爆发的次贷危机严重影响到了中国的进出口贸易,如图1-1所示,在随后的几年里,中国贸易盈余出现了大幅下降。但从图中数据可以看出,随着世界经济的逐渐复苏,以及在国内政策的刺激下,中国近几年的贸易顺差又创出了新高,但中国国内的经济形式并不乐观,2015年中国进出口更是出现了双降。由于中国劳动力资源丰富且成本低廉,有利于产品和劳务输出,再加上一系列政府的倾斜性政策,因而形成了较高的贸易顺差,加之,国际上大宗商品的价格暴跌,也是导致贸易顺差扩大的原因之一。因此,并不能单纯地将贸易盈余与传统的重商主义画上等号。

重商主义

重商主义(mercantilism)是在资本主义生产方式准备时期,欧洲资本原始积累中实行的一种保护贸易政策,它的主要目的是通过对外贸易的顺差,在国内积累货币财富。重商主义代表了商业资产阶级利益的经济思想和政策主张。

新重商主义

新重商主义是用来总结美国20世纪70年代以来的外贸保护主义政策而发展起来的,因其与重商主义的相似性而得名。新重商主义者认为,贸易顺差和投资、消费一样会产生乘数效应,因此政府应支持实施贸易保护主义,积极干预并扩大贸易顺差额度。因此,新重商主义比重商主义更有攻击性,甚至发展成为一系列排他性的地区贸易保护集团。

图1-1 中国历年贸易进出口情况

资料来源:根据UN Comtrade数据整理绘制。

除了逐年扩大的贸易顺差，中国庞大的外汇储备也成为国际上指责中国实施"新重商主义"的主要借口。如图1-2所示，我国的外汇储备金额基本上处于逐年增长趋势，2014年的外汇储备达到了38 430亿美元，但在2015年开始下降，到2016年年底，我国外汇储备为30 105亿美元。事实上，中国政府和外汇管理部门也正在通过进一步开放经常项目、降低对外投资门槛和放宽外汇储备运用途径等措施来处理外汇储备过多的问题。而且，在过去，由于资本项目初期逆差，中国的外汇储备增长基本依靠贸易盈余，但近几年，中国的国际收支平衡表出现了"双顺差"即经常项目和资本项目同时实现顺差，因此，外汇储备的形成发生了根本性的变化，贸易顺差对中国外汇储备增长的贡献率在急剧收缩。因此，也不能单根据中国外汇储备的增长断定中国在实施"新重商主义"。

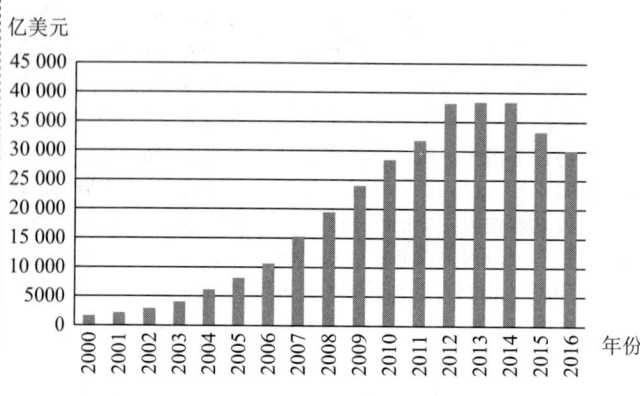

图1-2　中国历年外汇储备数据

资料来源：根据国家外汇管理局数据整理绘制。

总结：

改革开放以来，我国的对外贸易取得了巨大的成就，出口导向型战略给中国带来了巨额的出口和外汇储备累积，但与此同时也被西方国家打上"多出口，获取贸易顺差，进而获得财富"的"新重商主义"标签。

其实，新重商主义更多的是指贸易保护主义的盛行，而不单是指一国扩大其贸易出口。像日本及随后的亚洲四小龙等，都是通过带有重商主义性质的发展，实现工业化并积累财富。所以，片面地认为中国只是为了增加财富而采用贸易顺差这一方式,以及认定中国奉行"新重商主义"的观点都是不可取的。

资料来源:Charles W.L.Hill, Chow-Hou Wee, Krishna Udayasankar. International Business:An Asia Perspective.McGraw-Hill Education. 倪晓宁等翻译。

一、核心概念

重商主义

重商主义(mercantilism)是指在欧洲资本原始积累时期,代表商业资本利益的经济思想体系。重商主义的支持者推崇货币差额论,主张严禁金银出口,在对外贸易上奉行绝对地少买多卖原则。其最终目的是保持贸易顺差以实现一国的最大利益,即出口超过进口,这样一国就可以积累金银,增加国民财富。为了达到这一目的,重商主义奉行奖出限入的政策主张,即通过课征保护关税,限制国外商品的进口;给予本国商品出口补贴、降低或减免关税,促进出口。重商主义在一定的历史时期的确起过进步作用,它促进了资本原始积累,推动了资本主义生产方式的建立与发展。但后来的贸易理论证明,从长远来看,一国不可能永远保持贸易盈余并积累金银。所以到了17世纪后期,重商主义开始没落。

二、重商主义的基本内容及其评价

(一)重商主义的基本内容

重商主义出现在16世纪中期的英国,是第一个国际贸易理论。重商主义的基本主张是:金银是国家主要财富并对商业繁荣至关重要。在那个时代,金银是国家间贸易所使用的货币,通过出口商品一国可以挣到金银,从别国进口商品则与此相反,只能导致金银流向其他国家。重商主义的主要信条是:留存贸易盈余,即让出口超过进口符合一国的最大利益。通过这种做法,一国可以积累金银并因此增加其国民财富、威望和权利。正如英国重商主义作家托马斯·芒在1630年写下的:"因此,增加我们财富的通常手段是与外国开展贸易,我们必须在贸易中一直遵循这样的规则:让我们每年出售给其他国家的商品价值超过我们消费他们产品的价值。"

与这个理念一致，重商主义信条鼓吹政府干预以便在贸易余额中实现贸易盈余，推行那些最大化出口和最小化进口的政策。为了实现这个目标，他们用配额和关税限制进口，同时对出口进行补贴。

（二）对重商主义的评价

古典经济学家大卫·休谟在1752年指出了重商主义信条中的内在矛盾。根据休谟的观点，如果英国对法国实现了贸易余额盈余（英国出口法国的商品价值比从法国进口的多），其结果导致的金银流入将使英国国内货币供给增多并在英国国内产生通货膨胀。但是，在法国金银的流出将产生相反的效果。法国的货币供给减少，国内价格下降。这样，英国和法国之间的相对价格改变了，招致法国人减少了对英国商品的购买（因为此时英国商品对他们而言变贵了），英国人增加了对法国商品的购买（因为此时法国商品对他们而言变便宜了）。结果是，英国贸易余额不断减少和法国贸易余额不断增加，直到英国的贸易盈余完全消失。因此，根据休谟的观点，没有一个国家能够在长期中保持贸易余额盈余并如重商主义所设想的那样积累金银。

重商主义的缺陷是将贸易看成零和博弈（zero-sum game），零和博弈是指在博弈中一国的收益会导致另一国的损失。亚当·斯密和大卫·李嘉图的理论则说明了重商主义观点的短视，并证明了贸易是一种正和博弈，或者说是一种所有国家都能获益的情形。所以到17世纪后期，重商主义开始没落，随着新兴资产阶级力量的强大，以亚当·斯密和大卫·李嘉图为代表的古典国际贸易理论诞生了。

第二节 绝对利益与比较利益学说

【案例1-2】英国的《谷物法》论争与比较利益理论

> 19世纪的英国正处于资产阶级工业革命时期，工业得到了很大发展。当时英国的贸易结构大体是出口工业制成品，进口原材料及农产品谷物等。谷物的大量进口压低了英国国

内谷物的价格,使农场主受到了损失。为了保护农场主的利益,英国于1815年修订了《谷物法》,增加了对农业歉收时期的保护措施。这一措施限制了谷物进口,提高了国内谷物价格,使农场主得到了实惠。但粮价上升提高了工业部门的生产成本。另外,由于英国限制谷物进口,引起其他国家采取报复措施,对来自英国的工业制成品也采取限制措施,结果,英国工厂主受到很大损失。由此,英国国内对《谷物法》的修订展开了一场大辩论。

英国《谷物法》的由来。英国对谷物贸易的管制由来已久:最初的谷物法旨在通过管制主要谷物的进出口来保证消费和生产之间的平衡。16世纪之后,随着重商主义在英国的盛行,谷物法转向鼓励出口和限制进口。再到1815年拿破仑战争之后,英国为保护本国农业免受国外廉价谷物的冲击,再次颁布了《谷物法》,规定小麦的价格低于每夸脱80先令时,不得进口,这项贸易法令遭到了地主之外的其他各阶层的普遍反对。而且,出于发展资本主义和提高利润率的需要,英国产业资产阶级迫切要求废除《谷物法》,从而与土地贵族阶级展开了激烈的斗争。

关于《谷物法》的论争。为了废除《谷物法》,工业资产阶级在全国各地组织了"反《谷物法》同盟",广泛宣传《谷物法》的危害性,鼓吹谷物自由贸易的好处。而地主贵族阶级则千方百计维护《谷物法》,他们认为,既然英国能够自己生产粮食,那就根本不需要从国外进口,反对谷物自由贸易。就在这种形势下,工业资产阶级迫切需要找到谷物自由贸易的理论依据。

李嘉图的比较利益理论。英国经济学家李嘉图也参与了这场辩论,它在1817年出版了《政治经济学及赋税原理》一书中,提出了比较利益理论。他认为,英国在谷物和工业制成品生产上都有一定优势,但相比之下,英国在工业生产上优势更大,所以英国应扩大工业品生产并增加出品,通过贸易换取国外成本较低的粮食,这样做对英国更有利,而新《谷物法》恰恰违背了这一点。虽然新《谷物法》给农场主带来了好处,但英国的工业生产遭受的损失更大,因此,从整体来看,新《谷物法》给英国带来的是净损失。

《谷物法》论争的结局。1846年,《谷物法》被废除,李嘉图的比较优势理论为《谷物法》的废除提供了理论上的支持,这也是比较优势理论的胜利。事实证明,英国的选择是正确的,后来英国成为世界工厂,号称"日不落帝国"。

英国产业革命深入发展时期的经济学家,也是英国古典政治经济学的集大成者。他在1817年出版的主要代表作《政治经济学及赋税原理》中继承和发展了斯密的学说,提出了比较优势理论,迄今比较优势思想一直是主流贸易理论的核心思想。

比较利益论

李嘉图指出,每个国家应集中力量生产那些利益较大或不利程度较小的商品,然后通过对外贸易交换,在劳动力不变的情况下,生产总量会增加。也就是说,一国应该根据"两利相权取其重,两弊相衡取其轻"的原则,确定自己的比较优势,进行专业化生产。

总结:

英国《谷物法》的变革是从贸易保护制度发展到自由贸易制度的一个典型案例,也是对李嘉图的比较利益学说的一个印证。比较利益理论是在绝对利益理论的基础上发展起来的。该理论认为一国应该出口本国具有比较优势的产品,进口比较劣势的产品。对于英国而言,工业制成品是具有比较优势的产品,因此在国际贸易中,应该出口工业制成品,这样的贸易模式会带来整个社会的福利增加。

资料来源:彭刚.国际经济学教学与学习手册[M].中国人民大学出版社,2015:24;黄少安,郭艳茹.对英国谷物法变革(1815—1846)的重新解释及对现实的启示[J].中国社会科学,2006(5):50-61.

一、核心概念

这部分共包括四个核心概念,分别是生产可能性边界、绝对优势、比较优势以及机会成本。

1. 生产可能性边界

生产可能性边界(production possibility frontier)又称"生产可能性曲线"或"产品转换曲线",是指在技术不变和资源充分利用的情况下,社会或单个厂商把全部资源充分地和有效率地用于生产商品所能获得的最大产量的各种组合的曲线。生产可能性边界用于说明减少一种商品产出量可以增加另一种商品产出量的可能性。由于边际递减规律的作用,生产可能性边界是一条凹向原点的曲线,在曲线左下方的所有各点都代表在既定的可利用资源和现有技术条件下对社会来说是可能的产品和劳务的组合;在曲线右上方的各点,则代表不能够达到的组合。只有当生产点处于生产可能性边界之上时,才表明一个社会的全部资源实现了最有效率的配置,产出达到最高。当生产点处于生产可能性边界的两个端点时,表明社会将全部资源用于某一种产品的生产,而另一种产品一个也不生产。

2. 绝对优势

绝对优势(absolute advantage)又称绝对成本或绝对利益,是由英国古典经济学家亚当·斯密提出的。斯密指出,如果在某种商品的生产上,一个国家所耗费的劳动成本绝对低于自己的贸易伙伴国,就表明它在这种商品的生产上具有绝对优势。各国根据自己所具有的绝对优势进行国际分工,专业化生产并出口这种商品,便可以通过贸易获得绝对利益,整个世界的总体福利水平也可以得到提高。

3. 比较优势

比较优势(comparative advantage)又称比较成本或比较利益,是由英国古典经济学家大卫·李嘉图提出的。李嘉图通过两个国家两种产品的模型阐明,即使一个国家在两种产品的生产上都具有最高生产率,处于绝对优势,而另一个国家在两种产品的生产上都具有最低生产率,处于绝对劣势,但只要两个国家的劳动生产率差异在不同产品的生产上存在差别,也就是说,两种绝对优势或绝对劣势都处于不同的水平上,那么,两个都优,其中有一个更优,两个都劣,其中有一个稍微好一点。按照李嘉图的说法,这个更优和稍微好一点也构成了两个国家的比较优势。遵循"两利相权取其重,两弊相衡取其轻"的原则,根据各自的比较优势来确定国际分工并进行贸易往来,双方便都可以获得比较利益。

4. 机会成本

机会成本(opportunity cost)又称"择一成本",是指因一种选择而放弃的最优替换物或失去最好机会的价值,即是指在经济决策中应由中选的最优方案负担的、按所放弃的次优方案潜在收益计算的那部分资源损失。任何一种资源供给的有限性和稀缺性是分析机会成本的现实前提,当一种资源同时存在多种用途时,每一个使用这种资源的决策者或选择主体都会面临使用这一资源的机会成本问题。

二、绝对利益学说的基本内容及其评价

(一)绝对利益学说的基本内容

1. 绝对利益学说的基本概念

亚当·斯密是英国资产阶级古典政治学的奠基人。1776年3月9日,斯密出版了他的不朽名著《国民财富的性质和原因的研究》(即《国富论》)。正是在这部著作中,斯密在阐述国际分工、自由贸易的思想时,提出了绝对成本原理。

所谓绝对成本原理,是指在某种商品的生产上,一个国家的劳动耗费绝对地低于自己的贸易伙伴国,从而在劳动生产率上具有绝对优势。一个国家或民族所具有的绝对优势包括自然气候、土壤丰度、矿藏禀赋等自然优势和劳动者所普遍具有的生产技巧、劳动熟练程度等获得性优势。

绝对优势导致在某种商品生产上的绝对成本低下,绝对成本低下决定了国际分工的走向。如果每个国家都根据自己所具有的绝对优势进行国际分工,专业化生产绝对成本低下的产品,再通过国际贸易进行交换,经济资源便可以得到更为充分的利用,社会财富的绝对量可以得到增加,贸易参与国就能够通过分享绝对利益提高自己的福利水平。

2. 绝对利益学说的简单数字说明

通过国际分工和贸易可以获得的好处,可以用简单的数字分析加以说明。

假设整个世界由两个国家 A 国和 B 国组成(即 A+B=W);每个国家均生产两种产品:X 产品和 Y 产品;在生产过程中只有单一要素即劳动要素投入,即 $2 \times 2 \times 1$ 的模型。在两个国家的生产进行专业化分工之前,劳动耗费(成本)情况如表 1-1 所示。

表 1-1 绝对利益学说的简单数字说明(分工前):单位产品所需劳动

国家	X产品	Y产品
A国	1	2
B国	2	1

上述简单数字矩阵的含义是:A 国生产 1 单位 X 产品需要 1 单位的劳动,生产 1 单位 Y 产品需要 2 单位劳动;B 国生产 1 单位 X 产品需要 2 单位劳动,生产 1 单位 Y 产品需要 1 单位劳动。可以清楚地看出 A、B 两国的劳动耗费(各 3 单位劳动)、两国的产品生产与消费(各生产、消费 1 单位 X 产品和 1 单位 Y 产品)和全世界(A+B=W)在生产中的劳动耗费(6 单位劳动),以及全世界 X、Y 两种产品的消费数量(共 4 单位产品)。

按照绝对利益学说的原则,A 国在生产 X 产品上具有绝对低的生产劳动耗费,因此 A 国应专业生产具有超过贸易对手的高劳动生产率的 X 产品。B 国在生产 Y 产品上具有超过 A 国而绝对低的生产劳动耗费,则应该专业分工生产 Y 产品。进行专业分工后的劳动在不同产品生产上的分配和产量情况如

表 1-2 所示。

表 1-2 绝对利益学说的简单数字说明（分工后）：相同劳动投入下的产量

国家	X 产品	Y 产品
A 国	3	0
B 国	0	3

上述简单数字矩阵的含义为：A 国将全部劳动 3 单位用于 X 产品的生产，共生产 3 单位的 X 产品，但 Y 产品因只有 0 单位劳动，故只有 0 单位 Y 产品被生产出来。B 国专业生产（用全部 3 单位劳动）Y 产品共 3 单位，但因只有 0 单位劳动用于生产 X 产品，故 X 产品生产为 0 单位。很清楚，在全部劳动耗费不变的情况下，与分工前相比较，世界的总产量增加了 1 个单位 X 产品和 1 单位 Y 产品，A 国经过分工，比分工前多生产了 2 单位的 X 产品（但与分工前比较少生产 1 单位的 Y 产品），B 国经过分工，比分工前多生产了 2 单位的 Y 产品（但与分工前相比较少生产 1 单位的 X 产品），如果 A 国保持 1 单位 X 产品的消费、B 国保持 1 单位 Y 产品的消费（A 国维持分工前的 X 产品消费，而 B 国维持分工前的 Y 产品消费），然后按照 1X：1Y 的比率进行 X 产品和 Y 产品的交换，则 A、B 两国的消费总量均会有所增加，即 A 国比分工前多消费 1 单位的 Y 产品，B 国比分工前多消费 1 单位的 X 产品。在 A、B 两国即整个世界劳动耗费不变的情况下，A、B 两国的消费水平得到了提高。A、B 两国组成的世界的总消费在 A、B 两国消费均得到增加的情况下也得到了提高（X、Y 产品各增加了 1 个单位）。

3. 绝对利益学说的图形分析

设有两个国家：A 国和 B 国，且 A 国和 B 国组成整个世界，每个国家均生产两种产品：X 产品和 Y 产品。

图 1-3（a）为 A 国的基本情况，图 1-3（b）为 B 国的基本情况。OX_0 和 OY_0 为 A 国全部资源分别用于生产 X 和 Y 两种产品时的产量情况；$O'X_0'$ 和 $O'Y_0'$ 为 B 国全部资源分别用于生产 X 和 Y 两种产品时的产量情况。从图中可以看出两个国家的绝对优势，A 国的优势在于生产产品 X，B 国则为 Y；在封闭状态下，A 国的生产可能性曲线为 X_0Y_0，B 国为 $X_0'Y_0'$，经过专业化分工，A 国只生产 X 产品，B 国只生产 Y 产品，两国的生产点分别为 X_0 和 Y_0'，A 国出口

X产品向B国交换Y产品，B国则相反，消费点分别为C和C'，两国均受益，世界福利也因此得到提高。图中表现为无差异曲线与原点的距离扩大了。

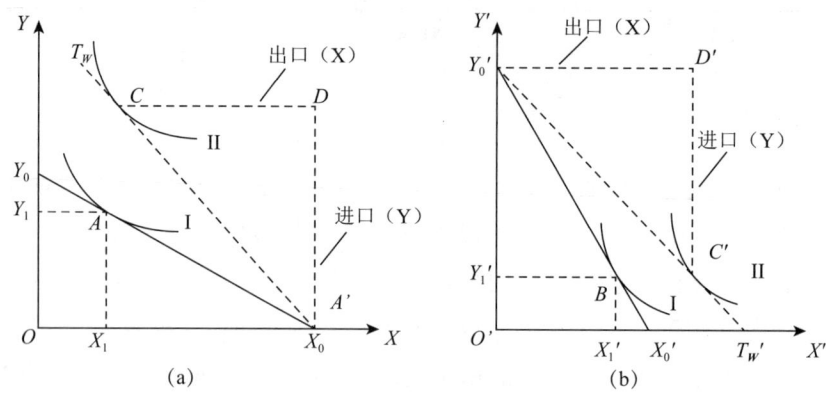

图1-3 绝对利益学说的图形分析

（二）对绝对利益学说的评价

斯密的绝对利益学说揭示了在自由市场经济条件下，国际贸易产生的原因在于两国之间劳动生产率的绝对差异，为产业资本的发展提供了相应的理论支撑，具有重要的实践意义和理论意义。但是，斯密的国际贸易理论囿于经济发展的水平和人们对于国际经济运动认识的局限性，存在着一些理论与实践方面的重要缺陷与不足，使得该理论的适用范围受到了限制。

1. 从国际贸易实际出发的评价

斯密的绝对利益学说在实践中的运用存在着一个必要的假设前提：一国要参加国际贸易，就必然要有至少一种产品与贸易伙伴相比处于劳动生产率绝对高或生产所耗费劳动量绝对低的地位，以便利用劳动生产率的绝对差异进入国际市场。这一点在理论上过于绝对，在实践中也不符合实际情况（发展中国家的劳动生产率很有可能在所有产品上都不如发达国家，但仍然在进行国际贸易），陷入了理论与实践的两难境地。显然，世界贸易的历史与现实并不完全、普遍地符合斯密这样的假设。

2. 从劳动价值理论出发的评价

斯密的学说基本反映出了18世纪资产阶级通过国际贸易进行经济扩张的要求，但是在劳动价值论的坚持方面，却无法说明X和Y两种产品进行国际交换的内在等价要求是什么,在国际上进行交易的价值基础是什么。

三、比较利益学说的基本内容及其评价

(一)比较利益学说的基本内容

1. 比较利益学说的假设前提

李嘉图的比较利益学说是建立在一系列前提假设之上的。

(1)采用的是两个国家、两种产品、一种生产要素的模型($2 \times 2 \times 1$的模型)。

(2)要素市场和产品市场是完全竞争型的,A、B两国均实行自由贸易政策,不存在任何贸易限制。

(3)要素(这里是劳动)在一国内可以自由流动,在两国之间完全不能流动。

(4)以劳动价值论为基础,即劳动时间决定价值,同时一国之内劳动是同质的,劳动充分就业,且劳动的报酬是一样的。

(5)交易双方单位生产的劳动成本不变,无规模收益,不考虑运输、保险等成本支出。

(6)收入分配不受贸易的影响。

在上述假定前提下,李嘉图的比较利益学说试图证明:决定国际贸易的基础是比较(相对)利益,而非绝对利益。

2. 比较利益学说的基本概念

大卫·李嘉图是英国资产阶级政治经济学的杰出代表和完成者。1817年李嘉图出版了他的经济理论代表作《政治经济学及赋税原理》,正是在这本书中,李嘉图提出了比较利益原理。西方贸易理论界认为,这是一项最重要、至今仍然没有受到挑战的经济学原理,具有很强的实用价值。这一学说的提出主要是为了解决斯密绝对利益学说中存在的内在矛盾,目的在于阐明决定国际贸易基础的是比较利益而不是绝对利益。

根据李嘉图的分析,若两个国家生产力水平不相等,甲国在生产任何产品时成本均低于乙国,处于绝对劣势,这时,按照斯密的绝对利益学说,贸易便不可能存在,但事实上,两个国家间进行贸易的可能依然存在,因为两国劳动生产率之间的差距并不是在任何产品上都一样。这样,处于绝对优势

的国家不必生产全部产品，而应该集中生产本国具有最大优势的产品；处于绝对劣势的国家也不必停产所有的产品，而只应该停止生产本国处于最大劣势的产品。如果用一句话来概括李嘉图比较利益学说的核心思想，就是"两利相权取其重，两弊相衡取其轻"。

3. 比较利益学说的简单数字说明

假设世界由 A、B 两个国家组成，每个国家都在分别生产 X、Y 两种产品，在国际分工发生以前，其要素（劳动）分配、产品产量的情况如表 1-3 所示。

表 1-3　比较利益学说的简单数字说明（分工前）：单位产品所需劳动

国家	X产品	Y产品
A国	6	4
B国	1	2

分工前，A 国生产 1 单位 X 产品需要 6 单位劳动，生产 1 单位 Y 产品需要 4 单位劳动；相应地，B 国生产相同单位的 X 和 Y 产品，则分别需要 1 单位劳动和 2 单位劳动。B 国劳动生产率明显高于 A 国。世界的全部产出为 4 单位，每一国家消费 X、Y 产品各 1 单位。世界的全部劳动支出为 13 单位，A 国为 10 单位，B 国为 3 单位，劳动分配在 X 产品上为 7 单位，分配在 Y 产品上为 6 单位。世界的总消费为 4 单位产品。进行分工后，A 国的相对优势在于生产 Y 产品，因而集中生产 Y 产品而放弃生产 X 产品；B 国的相对优势在于生产 X 产品，因而集中生产 X 产品而放弃生产 Y 产品，具体情况如表 1-4 所示。

表 1-4　比较利益学说的简单数字说明（分工后）：相同劳动投入下的产量

国家	X产品	Y产品
A国	0	2.5
B国	3	0

A 国此时生产 10/4 即 2.5 单位的 Y 产品，B 国此时生产 3/1 即 3 单位的 X 产品。A 国在保持分工前 1 单位 Y 产品消费的同时，可以用 1.5 单位的 Y 产品来换取 X 产品进行消费，B 国则保持分工前 1 单位 X 产品消费的同时，可以用 2 单位的 X 产品来换取 Y 产品进行消费，如果假设交换的比率为 1X：1Y，则双方通过交换均可得到利益，而世界的消费也得到提高，劳动得到节

约。在这里，贸易的基础在于利益的比较：以 Y 产品为 X 产品的价值衡量标准，比较相对成本，A 国的 4/6<B 国的 2/1，而以 X 产品为 Y 产品的价值衡量标准，比较相对成本，A 国的 6/4>B 国的 1/2，这决定了交换的基础，即 A 国的优势在于生产 Y 产品，而 B 国的优势在于生产 X 产品，依照这一优势从事生产和交换，便会存在双方的比较利益，双方的福利水平以及全球的福利水平也会因此得到增加。

4. 比较利益学说的图形分析

图解使用两个国家、两种产品单一要素（2×2×1 的模型，劳动是唯一要素）且不完全分工的国际贸易模型。

图 1-4（a）代表 A 国的基本情况，图 1-4（b）代表 B 国的情况。从图中可以看出，同样的资源，A 国的比较优势在于生产 Y 产品，B 国的比较优势在于生产 X 产品，分工前 A 和 B 国国内生产组合、消费组合点分别为 A 和 B，按照比较优势进行专业化分工，A 国表现为从 A 点上移至 A' 点，放弃部分的 X 产品生产而增加 Y 产品的生产，B 国表现为从 B 点下移至 B' 点，放弃部分的 Y 产品生产而增加 X 产品的生产。在 A' 和 B' 点上，两国的均衡价格 dY/dX 是相等的。按照 1:1 交换线进行国际贸易，A 国分工后生产组合点为 A'，用 CE 的 Y 产品交换 EA' 的 X 产品，消费点为 C；B 国分工后生产组合点为 B'，用 $C'E'$ 的 X 产品交换 $E'B'$ 的 Y 产品，消费点为 C'。同时，社会无差异曲线也都有提高，即 II 高于 I，II′高于 I′，表示总体福利水平的提高。

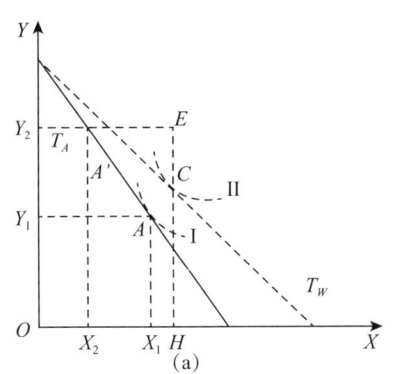
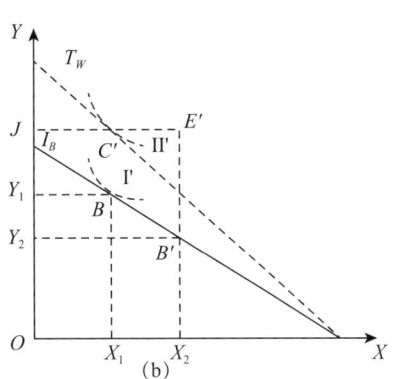

图 1-4　比较利益学说的图形分析

5. 简单数学模型说明

假设有两个国家：本国和外国，每个国家只有一种生产要素（劳动），只能生产两种产品：葡萄酒和奶酪。各个产业的劳动生产率表明了本国的技术水平，为简便起见，用单位产品劳动投入来表示劳动生产率，即生产1单位奶酪或1单位葡萄酒所需要投入的劳动小时数：令 a_{LW} 和 a_{LC} 分别为葡萄酒和奶酪的单位产品劳动投入；Q_W 和 Q_C 分别为两种产品各自产量；L 为全社会的劳动总供给。

由于社会的资源是有限的，它所能生产的产品也是有限的，因此就存在着生产行为选择的问题：多生产一种产品就意味着要牺牲另一种产品的产量。可以用一个不等式来表示社会资源对产出的限制：

$$a_{LC}Q_C + a_{LW}Q_W \leq L$$

当生产可能性边界是一条直线时，用葡萄酒衡量的1单位奶酪的机会成本是固定的，该机会成本可以定义为多生产1单位奶酪所必须放弃生产葡萄酒的单位数。因此，用葡萄酒衡量奶酪的机会成本为 a_{LC}/a_{LW}。例如，一个劳动者生产1单位奶酪需要投入1小时的劳动，生产1单位的葡萄酒需要投入2小时的劳动，则用葡萄酒衡量的每单位奶酪的机会成本为1/2。我们分别来看一下在没有国际贸易和可以国际贸易的情况。

（1）没有国际贸易时，即封闭经济的情况下。

令 P_C 和 P_W 分别为两种产品各自的价格，P_C/a_{LC} 表示生产奶酪所需的每小时工资，同理，P_W/a_{LW} 表示生产葡萄酒所需的每小时工资。

当 $P_C/P_W > a_{LC}/a_{LW}$ 时，奶酪部门的工资率比较高，本国会专门生产奶酪；

当 $P_C/P_W < a_{LC}/a_{LW}$ 时，葡萄酒部门的工资率比较高，本国会专门生产葡萄酒；

只有当 $P_C/P_W = a_{LC}/a_{LW}$，达到均衡状态时，本国才会同时生产奶酪和葡萄酒两种产品。

在没有国际贸易的情况下，本国可能不得不为自己生产这两种产品。但是，也只有在奶酪的相对价格和机会成本相等时，本国才能同时生产奶酪和葡萄酒。由于机会成本等于奶酪和葡萄酒的单位产品劳动投入之比，综上所述，可以总结出一个简单的劳动价值论：在没有国际贸易时，产品的相对价格等于它们的相对单位产品劳动投入。

（2）可以国际贸易时，即开放经济的情况下。

在讨论单一要素世界中的贸易之前，我们再作一个任意的假设：

$$a_{LC}/a_{LW} < a^*_{LC}/a^*_{LW}$$

即

$$a_{LC}/a^*_{LC} < a_{LW}/a^*_{LW}$$

也就是说，我们假定本国生产1单位奶酪所需的劳动投入与生产1单位葡萄酒所需的劳动投入之比小于外国的该比值。更简单地说，也就是本国奶酪部门的相对劳动生产率高于葡萄酒部门的相对劳动生产率，即本国在生产奶酪上拥有比较优势。

一旦进行产品贸易，产品价格就不再单纯由国内的因素决定。如果外国奶酪的相对价格比本国高，将奶酪从本国运到外国或将葡萄酒从外国运到本国就是有利可图的。但这种流动不是无限的。最终，本国将出口足够的奶酪，外国将出口足够的葡萄酒，从而使得两国商品的相对价格相等。

国际贸易中商品价格与其他商品一样，是由供求决定的。在此，我们运用一般均衡分析来研究奶酪市场和葡萄酒市场之间的联系。

图1-5表明，奶酪对葡萄酒的世界相对供给和相对需求是奶酪对葡萄酒的世界相对价格的函数，RD是相对需求曲线，RS是相对供给曲线，世界市场的一般均衡要求相对供给等于相对需求，因此世界相对价格由曲线RD和曲线RS的交点确定。

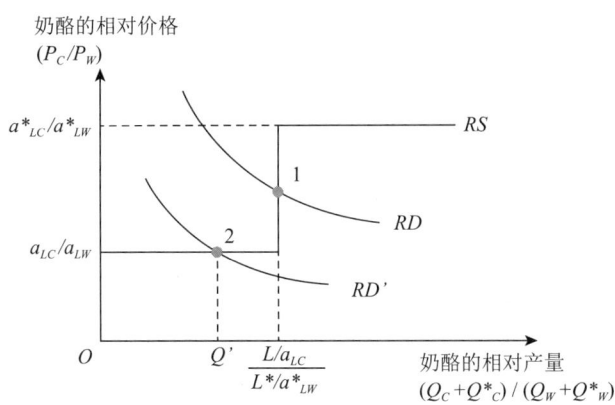

图1-5　奶酪市场和葡萄酒市场之间的关系

当 $P_C/P_W < a_{LC}/a_{LW}$ 时，世界奶酪供给为零。这是因为，当 $P_C/P_W < a_{LC}/a_{LW}$ 时，本国将专门生产葡萄酒；同样地，当 $P_C/P_W < a^*_{LC}/a^*_{LW}$ 时，外国也将专门生产葡萄酒，我们已经假设 $a_{LC}/a_{LW} < a^*_{LC}/a^*_{LW}$，所以，当奶酪的相对价格低于 a_{LC}/a_{LW} 时，没有任何国家会生产奶酪，世界的奶酪供给量为零。

当 $P_C/P_W = a_{LC}/a_{LW}$ 时，本国的工人无论生产葡萄酒还是生产奶酪所获得的报酬是一样的。因此，本国可任意选择两种产品的相对供给量，从而出现了供给曲线 RS 在 a_{LC}/a_{LW} 上的水平段。

当 $P_C/P_W > a_{LC}/a_{LW}$ 时，本国将专门生产奶酪。同时，只要 $P_C/P_W < a^*_{LC}/a^*_{LW}$，外国将只生产葡萄酒。如果本国只生产奶酪，总共能生产 L/a_{LC} 单位；同样，如果外国只生产葡萄酒，总共能生产 L^*/a^*_{LW} 单位。因此，只要奶酪的相对价格位于 a_{LC}/a_{LW} 和 a^*_{LC}/a^*_{LW} 之间，奶酪的相对供给量就是

$$\frac{L/a_{LC}}{L^*/a^*_{LW}}$$

当 $P_C/P_W = a^*_{LC}/a^*_{LW}$ 时，外国的工人无所谓生产葡萄酒还是生产奶酪，供给曲线又出现了一个水平段。

当 $P_C/P_W > a^*_{LC}/a^*_{LW}$ 时，本国和外国都将只生产奶酪。葡萄酒的产量为零，奶酪的相对供给就变成了无限大。

相对需求曲线 RD 反映了替代效应，当奶酪的相对价格上升时，消费者会减少奶酪的购买量，增加葡萄酒的购买量，因此奶酪的相对需求就减少了。

奶酪的相对均衡价格由相对供给和相对需求曲线的交点决定。图 1-5 表明，相对需求曲线 RD 和相对供给曲线 RS 相交于点 1，与此对应的奶酪相对价格位于两国贸易前的奶酪相对价格之间。在这种情况下，各国都只生产自己具有比较优势的产品：本国只生产奶酪，外国只生产葡萄酒。如果相对需求曲线是 RD′ 而不是 RD，那么，相对供给曲线和相对需求曲线就会相交于点 2，即 RS 曲线水平段上的一点。点 2 对应的世界奶酪相对价格为 a_{LC}/a_{LW}，即奶酪的世界价格等于本国奶酪的机会成本。这种情况下，本国不一定需要从事任何一种产品的专业化生产，在点 2，奶酪的相对供给 Q' 低于本国专门生产奶酪时的水平，这也说明了本国事实上已经在生产奶酪和葡萄酒两种产品。不过，由于 P_C/P_W 低于外国用葡萄酒衡量的奶酪的机会成本，外国仍会专门生产葡萄酒，这一点进一步说明：如果一个国家专门生产一种产品，那它生

产的一定是具有比较优势的产品。

一般来说，在不考虑一国生产不是完全专业化的情况下，国际贸易的结果是：一种贸易产品（如奶酪）对另一种产品（如葡萄酒）的相对价格停留在贸易前两国的相对价格之间。这一结果使得各国只生产单位劳动投入相对较低的产品。本国奶酪的相对价格上升，会导致本国专门生产奶酪；外国奶酪的相对价格下降，会使得外国只生产葡萄酒。

6. 多种产品模型

假设有两个国家本国和外国，每个国家均使用唯一的生产要素劳动从事产品的生产，但两国生产、消费的产品是多样化的，即每个国家都生产若干种产品，如 N 种产品。将本国第 i 种产品生产所需要的劳动投入定义为 a_{Li}，外国的同种产品生产所需的单位劳动投入定义为 a^*_{Li}。两个国家生产同一种产品的单位劳动投入比为 a_{Li}/a^*_{Li}。为了便于分析，我们假设商品可自由跨国流动，但劳动力仅在国内自由流动，在国际间不能流动。对每种商品从 1 到 N 进行编号：

$$a_{L1}/a^*_{L1} < a_{L2}/a^*_{L2} < a_{L3}/a^*_{L3} < \cdots < a_{LN}/a^*_{LN}$$

这一贸易模式只取决于本国和外国的劳动报酬率，如果本国的劳动报酬率为 w，而外国的劳动报酬率为 w^*，那么两国之间劳动报酬率之比为 w/w^*。这样一来，商品总是在生产成本最低的地方进行生产。比如生产产品 i 的成本等于 i 的单位产品劳动投入乘以劳动报酬率。即在本国生产产品 i 的成本是 $a_{Li} \cdot w$；在外国生产产品 i 的成本是 $a^*_{Li} \cdot w^*$。

若 $a_{Li} \cdot w < a^*_{Li} \cdot w^*$，则在本国生产产品 i 的成本就比较低；

若 $a_{Li} \cdot w > a^*_{Li} \cdot w^*$，则在外国生产产品 i 的成本就比较低。

我们可以得出这样的结论：任何符合 $a_{Li}/a^*_{Li} < w^*/w$ 条件的产品将在本国生产，而任何符合 $a_{Li}/a^*_{Li} > w^*/w$ 条件的产品将在外国生产。

我们已经将产品根据 a_{L1}/a^*_{L1} 的大小进行编号，专业分工的法则就是根据两国的工资率 w^*/w 将按编号排序的产品从中断开。断开之后，左边的所有产品就由本国来生产，右边的所有产品就由外国来生产。

（二）对比较利益学说的评价

1. 从国际贸易实际出发的评价

（1）从国际贸易的实际出发，李嘉图的比较利益学说具有合理内核，分析了国际贸易具有的各个方面的利益。

（2）该学说的假设前提过于苛刻，并不符合国际贸易的实际情况。

（3）按照该学说，当今的贸易应该主要在比较利益差距极大的发达国家与发展中国家之间展开。但是，现实情况却是，贸易发生在比较差距较小的发达国家。

（4）按照该学说，在自由贸易条件下，参与贸易双方都可获利，所以贸易参加国应该积极实行自由贸易。但是现实中，各国都不同程度地实行保护主义。

2. 从劳动价值论出发的评价

李嘉图是英国古典经济学家，他坚持劳动价值论，并用这一理论来解释各种经济现象。李嘉图试用劳动价值论解释国际贸易中间的各种现象，但由于种种原因，如同在其他经济领域中一样，李嘉图在解释国际贸易时，并没有能够将劳动价值论坚持到底。

（1）在该理论中，出现了同一商品国内价值和国际价值的差异、交换比率的不同，这违背了李嘉图坚持的劳动价值论，李嘉图表示无能为力，并认为国际贸易可以不遵循等价交换的原则。

（2）该理论并未从根本上揭示出贸易出现的原因。在经济实践中，资本家进行生产后，最重要的是将商品得到实现，收回投资并获得利润。可以认为，即便国际贸易交易中不存在超额利润，即比较利益，只要能使商品得到实现，获得正常利润，贸易也会发生。直接以超额利润作为贸易发生的根本原因是不妥的。

（3）比较利益学说暗含有一层意思，即越落后的国家按照比较利益参加国际贸易，则越会受益。这里实际没有看到国际贸易具有的不等价交换和价值转移的性质。在静态的基础上，相对落后国家遵循已有的比较利益发展经济便可以获得利益，因此也不必十分强调产业结构的升级与改变，然而在实践中，它们会陷入出口的贫困增长。

第三节 本章其他概念

大国经济模型

1. 大国经济模型的构造

正如李嘉图所说的那样，贸易并非一定要以绝对的成本差异为前提条件，即使参与贸易的双方都没有绝对成本的差异，但只要它们有机会成本的差异，贸易仍可大规模地进行，除非构成世界经济的 A 国与 B 国相互之间既没有绝对利益也没有比较利益。但是，在我们后面的学习中还会发现，还有一些其他因素也会导致贸易的发生，这就需要进一步放松有关的前提假定。在这里，我们先来放松上述两个贸易原理中关于 A、B 两国是小国的假说，构造比较利益论的大国经济模型。

在放松 A、B 两国为小国经济的假设之后，我们所面临的将是一个由两个经济规模相当的国家所组成的世界经济。其中 A 国在生产 X 商品方面比较有利，而 B 国则在生产 Y 商品方面比较有利，从而可以通过国际分工，开展国际贸易而使各自的国民福利得到改进。

我们假设世界由 A、B 两个国家组成，那么世界的生产可能性曲线便应该由 A、B 两国的生产可能性曲线叠加而成。为了方便起见，我们仍然采用线性的生产可能性曲线，A、B 两国间的分工是完全分工。

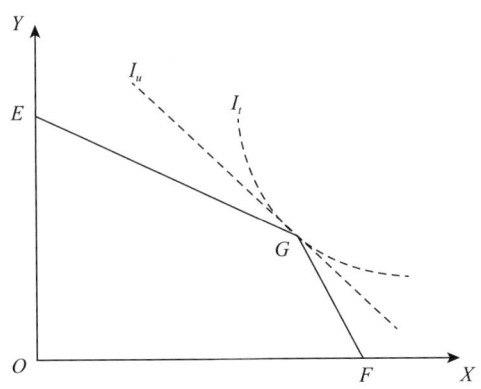

图 1-6　大国经济模型

图 1-6 为大国经济模型，图中 EGF 为世界生产可能性曲线，两国生产可能性曲线的交点 G 意味着，如果生产在该点进行，则表示两国进行了完全分工，如果生产点没有在 EGF 线上，则意味着生产没有达到最大化，生产也不可能在 EGF 线之外，那是资源约束条件下所达不到的。如果 B 国进入完全分工状态，则生产在 GF 线上，如果 A 国进入完全分工状态，则生产在 EG 线上，如果两国都进入完全分工，则生产会在 G 点上。在比较利益学说中，A、B 两国只要至少有一个国家处于完全分工状态，世界的产出就会增加，福利就会提高。

2. 各种均衡状态的福利比较

假如有可能将世界的消费者偏好进行加总，从而有可能得到一条世界无差异曲线 I_i，那么根据它与世界生产可能性曲线的相切情况，具体可以分为以下几种可能。

（1）相切于 G 点。这意味着 A 国与 B 国两国均实行专业化生产，从而 X 商品的相对价格（也就是 A 国的贸易条件）正好处在 A 国与 B 国的相对成本之间（也就是图中的虚线）。由此，A 国可以把 X 商品卖得贵些，而 B 国则可以买得便宜些，因此，这时的世界经济福利最大。这可从贸易比价线的斜率 I_u 既大于 EG 线段的斜率又大于 GF 线段的斜率这一现象中清楚地看到。

（2）相切于 GF 段。此时，A 国实行专业化生产，B 国则既生产 Y 商品又生产 X 商品。很容易看出，这种情况与小国模型基本相同，即 A 国按照 B 国所给出的贸易条件进行贸易，从而实现了国民所得的增加。与此同时，B 国也因在一定程度上参加了贸易而使其国民收入有所增加。但值得注意的是，这时世界总的福利的增进没有比在 G 点相切时大。

（3）相切于 EG 段。这时，B 国实行专业化生产，而 A 国则既生产 X 商品又生产 Y 商品。于是，上述的结论便完全改变了。简单来说，当切点在 EG 段时，对于 A 国来说其贸易比价没有发生任何变化，这意味着在它参加贸易时并没有获得什么有利的贸易条件。因此，当贸易结束时，贸易利益将主要为 B 国所得。毫无疑问，这样的贸易虽然也能增进整个世界的福利，但贸易的利益分配是不公平的。

（4）相切于 E 点或 F 点。这是两种极其反常的状态，即要么是两国都生产 X 商品，要么就是两国都生产 Y 商品。因此，不管最后是相切在 E 点，还

是相切在 F 点,都不会有贸易行为发生,所以也就不会有世界福利的增进与各国国民收入水平的提高。

3. 各种均衡可能出现的概率

(1)如果两国经济规模相当,且比较利益明显,那么出现第一种均衡的概率就比较大。

(2)如果 A 国的经济规模相对 B 国要小,那么,图 1-6 中世界生产可能性曲线的拐点离 E 点就越近,这样,切点出现在 GF 段上的可能性也就越大。当 A 国的经济规模与 B 国的经济规模相差十分大时,那么将重新回到小国模型。

(3)如果 A 国与 B 国的规模大小正好与(2)相反,那么也将回到小国模型,不过 A 国与 B 国的地位将出现颠倒。

(4)在当今世界出现 A 点均衡与 B 点均衡的可能性可以说是完全不存在的,因此根本无须讨论。

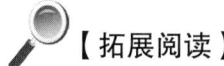【拓展阅读】

书籍:

1.[英]亚当·斯密.国民财富的性质和原因的研究(下卷)[M].北京:商务印书馆,2014.

2.[美]萨缪尔森.经济学[M].北京:人民邮电出版社,2008.

3.[美]保罗·R.克鲁格曼.国际经济学[M].北京:中国人民大学出版社,2011.

期刊论文:

1.李石凯.当代美国"新重商主义"述评[J].世界经济研究,2006(10).

2.赵萍.扩大出口与扩大消费:重商主义的理论视角[J].国际贸易,2012(5).

3.徐宣全.超绝对利益视角下的中俄能源合作[J].商场现代化,2006(5).

4.黄洁琼.竞争优势:从比较优势向绝对优势的回归[J].经济与社会发展,2004(5).

5.刘景竹.比较利益学说与国际贸易的再认识[J].世界经济,1994(7).

6.汪伟.微观基础的李嘉图模型及其比较利益分配——兼论中美贸易摩擦[J].

当代经济科学，2010（9）.

7. 洪银兴. 从比较优势到竞争优势——兼论国际贸易的比较利益理论的缺陷［J］. 经济研究，1997（12）.

8. 杨小凯，张永生. 新贸易理论、比较利益理论及其经验研究的新成果：文献综述［J］. 经济学（季刊），2001（10）.

9. 谢娟. 比较优势与竞争优势的对比研究［J］. 国际经贸探索，2001（8）.

10. 曾国良. 从比较利益学说到竞争优势——兼论古典学派的比较成本［J］. 理论与改革，2004（2）.

11. 梁琦，张二震. 比较利益理论再探讨——与杨小凯、张永生先生商榷［J］. 经济学（季刊），2002（4）.

第二章

要素禀赋理论

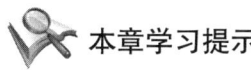 **本章学习提示**

要素禀赋理论也称赫克歇尔—俄林模型，或 H–O 模型。

李嘉图的比较利益说认为，比较利益产生自各国之间劳动生产率的差异以及由此产生的劳动成本差异，而产品成本差异则是产生国际贸易的最直接原因，如果存在自由贸易，则只要同种产品的价格差大于产品的运输、保险等费用，产品就会从价格低的国家流向价格高的国家来逐利。

后人以机会成本差异代替了劳动成本差异，但俄林认为劳动成本差异产生的原因并未因此而得到根本的解释。在他看来，即使相同要素的生产率在不同国家并不存在差异，即要素的生产率在任何地方都一样，也仍然会产生贸易，即国际贸易发生可以与劳动生产率差异无关。俄林认为，李嘉图坚持的劳动价值论并不符合实际，因为单一劳动要素不能说明生产与贸易的全过程。这样，H–O 模型以要素的生产率一致为出发点，力图从其他角度对生产成本的差异给予说明。

本章主要阐述以要素禀赋差异为核心的赫克歇尔—俄林模型，三个与 H–O 模型相关的定理以及用来验证赫克歇尔—俄林模型的里昂惕夫悖论。

【重点概念】

H–O 模型、要素价格均等化、雷布津斯基定理、斯托尔珀—萨缪尔森定理、里昂惕夫悖论

【重点问题】

（1）赫克歇尔—俄林模型的基本内容及其评价。

（2）要素价格均等化定理，雷布津斯基定理，斯托尔珀—萨缪尔森定理。

（3）里昂惕夫悖论。

【知识脉络】

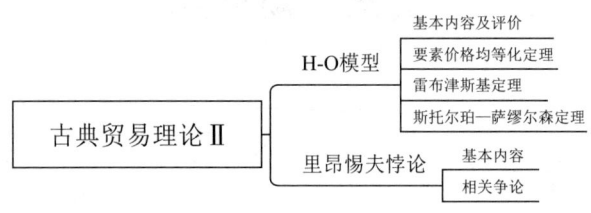

第一节 封闭经济的均衡

由斯密和李嘉图建立并发展起来的古典贸易理论的一个基本特点，就是只用单一要素的生产率差异来说明国与国之间发生贸易行为是因为生产率差异带来的成本差异，以及生产率不同的两个国家通过国际分工与贸易可以增加各自的收入与福利。

而赫克歇尔与俄林给出的解释是：国与国之间生产成本的差异主要来源于各国不同生产要素的相对存量，这些不同的要素供给会影响到特定商品的生产成本，从而奠定了新古典贸易理论的基石。赫克歇尔与俄林所讨论的是发生在两个国家利用两种生产要素生产两种商品的贸易问题，因此，与斯密和李嘉图相比，赫克歇尔与俄林的贸易理论实际上是进一步放松了只用一种生产要素（劳动）生产两种商品的古典假设，研究在引进资本这一新的生产要素之后的贸易问题。

如上所述，赫克歇尔—俄林所讨论的是两个新古典经济之间的均衡贸易，为了能够正确把握赫克歇尔与俄林的贸易理论，我们先从分析封闭经济的一般均衡出发。

封闭经济是指一个国家与其他国家无国际贸易上的往来。在封闭经济中，所有商品与服务的生产必须全部由本国居民所消费，才能达到均衡状态。封闭经济中的一般均衡是由供给与需求之间的相互作用来决定的。按照经济学的一般原理，供给由生产可能性曲线来表示，需求则由一组社会无差异曲线来表示。这样，我们就可以得到图 2-1。

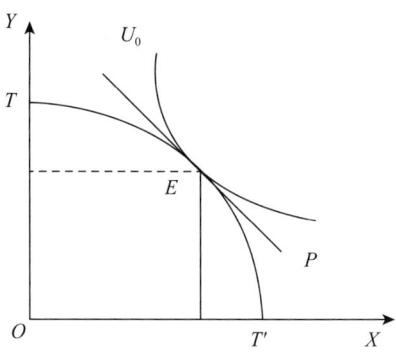

图 2-1　封闭条件下的一般均衡

从图 2-1 中可以看到，封闭经济中的均衡点是在生产可能性曲线与无差异曲线相切的 E 点。这时，X 商品的相对价格（即 P_x/P_y）由过 E 点的切线的斜率决定的。这一相对价格使消费者对两种商品的需求与它促使生产者供给的两种商品的数量刚好相等，从而保证了市场出清的均衡的实现。

任何偏离这一均衡点的状态都将导致资源配置的浪费与社会福利的下降。例如，当 X 商品的相对价格提高时，P_x/P_y 的斜率就会变陡，这将使生产者愿意多生产 X 商品，而消费者则愿意多消费 Y 商品，结果，这将导致 X 商品的生产过剩，以及 y 商品的供给不足，反之则反。

第二节　赫克歇尔—俄林模型

【案例 2-1】要素禀赋和孟加拉国的纺织品贸易

> 孟加拉国是世界上最贫穷的国家之一，长期以来在收入、就业和经济增长方面严重依赖纺织品出口。这些出口纺织品中的大部分是低成本成品服装，出售给西方国家中那些拥有大规模市场的零售商，例如沃尔玛。数十年间，孟加拉国一

直能够利用纺织品出口报价系统获得和其他贫穷国家一样的诸如美国和欧盟等富庶国家和地区市场的优先权。但是，该系统在2005年1月1日，根据基于自由贸易原则的条款被停用了。从那一刻起，孟加拉国的出口商必须与其他国家例如中国和印度尼西亚的制造商进行商业竞争。很多分析家都预测孟加拉国的纺织产业将因此很快崩溃，失业率将因此出现快速增加，国家收支平衡将因此下降，并且会因此对经济增长形成负面冲击。

但是，并没有发生什么崩溃。相反，孟加拉国纺织品出口实现了持续增长，即使当世界其他部分在2008年陷入经济危机时亦如此。孟加拉国的服装出口从2006年的89亿美元和2007年的93亿美元增加到2008年的107亿美元，很明显，孟加拉国在纺织品生产方面有比较优势——它是世界上的低成本制造之一——这使得这个国家增加了其在世界市场上的份额。事实上，当严重的经济衰退在2008年抓住发达国家时，像沃尔玛这样的大进口商增加了其从孟加拉国对低成本服装的购买量，以便更好地为其期待着低价格的客户服务。显然，这对孟加拉国的制造商是有利的，但是这样也对发达国家的消费者有利，他们在服装上省下的钱可以用来购买其他商品和服务。

有数个因素构成了孟加拉国的优势。

首先，孟加拉国劳动力成本低，部分归因于当地具有较低的小时工资率，部分归因于因过去数十年间纺织品制造商们对生产力进行投资而得到提高的技术水平。孟加拉国2008年纺织产业的工资水平大约是每月40~50美元，差不多是中国最低工资的一半。尽管按照西方标准这工资水平看上去低得吓人，但是，在一个人均国民收入总值只有470美元一年的国家，这是一份赖以生存的收入和大约250万人口的就业来源，而其中85%的人是几乎没有其他替代就业机会的妇女。

其次，孟加拉国拥有一个富有活力的、为服装制造商们提供投入的支撑产业网络。在服装制造所需的投入中，大约3/4的投入由当地厂商制造并提供。这为服装制造商们节约了运输和仓储成本，减少了进口关税，缩短了因进口用于制造衬裤的纺织纤维而产生的较长周期。换句话说，当地的支撑产业有助于提高孟加拉国服装制造商们的生产率，使其在低工资率之外获得成本优势。

最后，孟加拉国的第三个优势是，它不是中国。许多西方进口商对于变得太过依赖从中国进口某些特定商品的情况

埃利·赫克歇尔（1879—1952）
瑞典学派的主要代表人物，曾在1919年发表的《外贸对收入分配的影响》中探讨了各国资源要素禀赋构成与商品贸易模式之间的关系。这一观点被认为是现代赫克歇尔—俄林要素禀赋理论的起源，随后，该理论由他的学生俄林进一步加以发展。

伯蒂尔·俄林（1899—1979）
受其老师赫克歇尔关于生产要素比例的国际贸易理论的影响，俄林在1933年出版的《区间贸易与国际贸易》中最终形成了现在的赫克歇尔—俄林理论。并且由于其对国际贸易理论的现代化处理，俄林获得了1977年的诺贝尔经济学奖。

劳动密集型产品
在所有相对要素价格条件下具有较高的劳动/资本比率的商品。

产生了警觉，因为他们担心经济或其他干扰会破坏其供应链，除非能够有一个替代的供应来源。因此，孟加拉国也得益于西方国家进口商多样化其进口来源的趋势。

资料来源：Charles W.L.Hill, Chow-Hou Wee, Krishna Udayasankar. International Business: An Asia Perspective.McGraw-Hill Education. 倪晓宁等翻译。

要素禀赋优势
赫克歇尔—俄林认为，要素禀赋是构成一个国家比较优势的基础。各国在生产那些能够比较密集地利用其比较丰裕的生产要素的商品时，必然会有比较利益产生。

一、核心概念

这部分共包括五个核心概念、分别是要素禀赋、赫克歇尔—俄林模型、资本—劳动比，劳动密集型产品以及资本密集型产品。

1. 要素禀赋

要素禀赋（factor endowments），亦即要素的丰裕程度，是指在不同国家之间，由于要素的稀缺程度不同所导致的可利用生产要素价格相对低廉的状况。赫克歇尔—俄林定理认为，要素禀赋是构成一个国家比较优势的基础。

2. 赫克歇尔—俄林模型

赫克歇尔—俄林模型（heckscher-ohlin model）以要素禀赋为核心命题，从生产要素的密集程度差异出发，阐述不同国家比较优势的形成基础，使李嘉图的比较利益原理建立在一个更为坚实的基础之上。赫克歇尔—俄林模型的基本思想可以表述如下：不同的商品生产需要不同的生产要素比例，而不同的国家拥有不同的生产要素。因此，各国在生产那些能够比较密集地利用其比较丰裕的生产要素的商品时，必然会有比较利益产生。从而，每个国家最终将出口那些能够利用其比较丰裕的生产要素生产的产品，以换取那些需要比较密集地利用其比较稀缺的生产要素生产的进口商品。

3. 资本—劳动比

资本—劳动比（capital-labor ratio）是指在生产一种产品时每使用一单位劳动所需要的资本数量。

4. 劳动密集型产品

劳动密集型产品（labour intensive product）是指在所有相对要素价格条件

下具有较高的劳动/资本比率的商品。

5. 资本密集型产品

资本密集型产品（capital intensive product）是指在所有相对要素价格下均具有较高的资本/劳动比率的商品。

二、H-O 模型的基本内容及其评价

（一）H-O 模型的基本内容

1. H-O 模型的假设条件

（1）两个国家、两种要素、两种产品，即 $2 \times 2 \times 2$ 模型。这与李嘉图比较利益学说的假设前提有根本的区别，H-O 模型认为产品至少要用两种或两种以上的要素才能生产出来，而李嘉图认为劳动是生产产品的唯一要素。H-O 模型的这一假设前提实质上是以要素论代替了劳动价值论，而且为国际贸易中资本—劳动比的存在和分析不同国家中不同的资本—劳动比对比较成本的作用确定了前提。

（2）两国在生产同一产品时，技术方法相同，技术水平一样，具有同样的生产函数，产量只是要素投入量的因变量。相同的要素具有相同的生产率，这一假设意味着当同一要素在两国具有相同的劳动生产率时，贸易仍然可能发生。因此，作为斯密、李嘉图解释国际贸易发生原因的劳动生产率的绝对、相对差异，在贸易发生的过程中并不起根本的作用。

（3）产品、要素市场属于完全竞争市场，要素在一国内可以充分流动，在国际上完全不能流动，这可以保证同种产品在一个国家之内具有相同的价格，而在国际上则存在价格差异。

（4）两个国家的最大区别在于要素禀赋的差异，其中一个是资本存量相对丰富的国家，因而资本的报酬——利息率相对较低，另一个是劳动存量相对丰富的国家，因而劳动的报酬——工资率较低。

（5）在两种产品中，其中一个在生产过程中使用的劳动相对更多一些，是劳动密集型产品；另一个则使用的资本要素要相对更多一些，是资本密集型产品。

（6）影响贸易的一些其他因素，如运输成本、需求偏好、规模效益、贸易壁垒等在分析中被抽象掉，不予考虑。

2. H–O 模型的基本命题分析

在上述假设前提下，赫克歇尔与俄林提出了 H–O 模型的四个基本理论点。

（1）每个国家以自己相对丰富的生产要素从事产品的专业化生产和国际交换，就会处于比较有利的地位；相反，如果以自己相对稀缺的生产要素从事专业化生产和国际交换，那么就会处于相对不利的地位。因此，在国际贸易体系中，一国出口的总是那些用自己相对丰富的要素生产的产品，而进口的则总是那些需要用本国相对稀缺的要素生产的产品。

（2）只要两个国家生产要素存量的比例不同，即使相同生产要素的生产率完全一样，也会产生生产成本的差异，从而使两国发生贸易关系。

（3）国际产品交换的结果，往往是使各个国家之间的要素报酬差异趋于减小，出现要素价格均等化趋势。

（4）在这一理论中，还存在着雷布津斯基定理和斯托尔珀—萨缪尔森定理。前者的内容是说明要素禀赋的变化对生产结构的影响：当价格不变时，一种要素使用的单一增加，将造成密集使用该种要素生产的产品的产量增加，而使密集使用另一种要素生产的产品的产量减少。后者的内容主要是解释收入变化的：如果资本密集型产品的价格上升，则资本的实际回报会增加，而劳动的实际收入会减少。我们将在下一节详细介绍这两个定理。

3. H–O 模型的内在逻辑关系

与斯密、李嘉图的国际贸易理论一样，H–O 模型认为，同样的产品存在的价格绝对差异是国际贸易的直接基础，而产品在交换时的价格绝对差异是由生产成本的绝对差异决定的。但是，在解释成本差异产生的原因时，H–O 模型与其他理论有着重大的区别。在 H–O 模型看来，生产产品的成本的绝对差异是由生产时使用的要素价格之间的差别决定的；要素价格绝对差异是由要素存量比率，即一国中不同要素相对存量的不同决定的；要素存量比率差异又是由要素供求决定的；要素的供给则是由要素禀赋决定的。其基本内在逻辑关系示意图如图 2-2 所示。

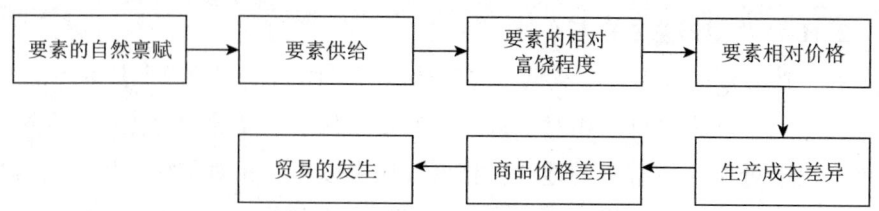

图 2-2 H-O 模型的基本内在逻辑关系示意图

在产品生产中,一个国家要素的自然禀赋状况,即劳动或资本的多寡,决定着该国劳动或资本的基本供求状况。如果劳动要素相对丰富,则劳动供给丰富,工资率就会相对较低。不同国家要素存量比例的不同,即资本—劳动比的相对差异,则是构成生产成本差异的原因。这样,即便要素的生产率在绝对或相对意义上一致,只要不同国家要素存量的比例存在差异,要素价格不同,生产成本就会不同,产品的价格差异就会产生,最终导致贸易的进行。

4. H-O 模型的政策含义

H-O 模型最基本的政策含义是发挥一个国家要素上固有的相对优势,从固有的要素存量的相对优势出发进行国际分工,从事贸易,将自己由于要素价格低廉而能够产生出的价格低廉的商品推向国际市场。

(二)对 H-O 模型的评价

(1)该理论考虑了更多的影响国际贸易产生和利益分配的因素,比斯密、李嘉图的理论更贴近事实,更能反映实际情况,更具有说服力。

(2)或许可以认为自然禀赋是国际贸易发生的必要条件,但并不能认为它是贸易发生的充分条件,因为社会因素在确定一国对外开放的战略中具有极其重要的地位,离开社会因素,很多问题都无法得到有说服力的解释。同时,H-O 模型比较强调静态结果。事实上,一国的资源优势除了自然禀赋外,更有由于社会经济发展而产生的后天优势。

(3)H-O 模型在假设条件上排除了技术进步的因素以及许多实际存在的情况,这点在今天的国际贸易中是违背世界经济发展的事实的,如果坚持这一观点,就会使世界经济结构凝固化。

(4)这一理论对需求因素并未予以充分的重视。

第三节　H-O 模型相关定理与里昂惕夫之谜

【案例 2-2】对待自由贸易的种种主张

各国不时就民众对待自由贸易的态度进行民意调查。一项由全国选举研究会（NES）于 1992 年在美国所做的调查包括了以下问题：

有人建议对来自国外的进口设置限制以保护美国就业。另有人说这些限制会提高消费者价格和伤害美国出口。您是赞成还是反对设置进口限制或者是还没有好好考虑过这个问题？

受访者要么回答他们"赞成"设置进口限制，这意味着他们不支持自由贸易；要么回答他们"反对"限制进口，这意味着他们支持自由贸易。这些答案与受访者的特征（诸如工资、技能和所在行业）相比较有所不同。

根据特定要素模型，从短期来看我们不知道劳动从贸易中受益还是受损，但我们确实知道出口部门的特定要素受益，进口部门的特定要素受损。想一想该模型的扩展式，在该模型中，除了工资以外，劳动还赚取了所在产业的部分特定要素租金。例如，这个假设对这些农民而言是正确的，他们在农业工作并可能拥有土地；对在制造业工作的工人来说也可能是正确的，如果其薪水包括了以资本赚取的利润为基础的奖金。在这些情况下，我们会期望出口产业的工人支持自由贸易（因为该产业的特定要素受益），但进口竞争性产业的工人会反对自由贸易（因为该产业的特定要素受损）。由此，从短期来看，工人所在行业会影响其对自由贸易的态度。

然而，在长期的赫克歇尔—俄林模型中，所在产业不会有影响。根据斯托尔珀—萨缪尔森定理，出口品相对价格提高有利于密集地用于生产出口品的生产要素，有损于其他要素，不论这些生产要素实际上在哪个产业发挥作用（记住，从长期来看，每个生产要素在不同产业赚取相同的工资或租金）。在美国，出口产业往往密集地使用熟练劳动从事研发和其他科研工作。从长期来看，出口品相对价格提高有利于熟练劳动，不论这些工人是受雇于出口导向产业还是进口竞争性产业。相反，出口品价格提高会损害非熟练劳动，不论他们受雇于什么产业。由此，从长期来看，工人的技能水平会决定其对待自由贸易的态度。

斯托尔珀—萨缪尔森定理（Stolper-Samuelson theorem）
从长期来看，当所有要素都可以流动时，一种产品的相对价格提高会提高密集地用于生产该产品的要素的实际收入，降低其他要素的实际收入。

自由贸易
自由贸易是指市场上商品交换双方在没有外力干预下自愿互利让渡商品的原则。体现了买卖双方地位平等、等价交换、自愿让渡的一种意志关系。

生产要素
生产要素是指进行物质生产所必需的一切要素及其环境条件。生产要素一般被划分为劳动、土地、资本和企业家才能这四种类型。

在1992年的全国选举研究会民意调查中，所在行业在解释受访者对待自由贸易的态度中是重要的，但技能水平更为重要。就是说，出口导向产业的工人赞成自由贸易的可能性稍大一点，而进口竞争性产业的工人赞成限制进口的可能性稍大一点，但这种统计关系并不很强。一个更重要的决定对待自由贸易态度的因素是工人的技能水平，一般用工资或受教育年限来衡量。工资较低或受教育年限较短的工人可能更赞成限制进口，而工资较高和受教育年限较长的工人可能更赞成自由贸易。这个发现表明，像赫克歇尔—俄林模型所预言的那样，这项调查的受访者是根据其长期收益来回答问题的，而不像特定要素模型所预言的那样，是根据短期的所在行业来回答的。

然而，这些发现还有一个有意思的扩展。该项调查还询问了受访者他们是否已成家。结果表明，那些家在当地产业面临大量进口竞争的社区的人更有可能反对自由贸易。在东北部各州城镇中从事纺织业的那些人，或在中西部各州城镇中从事汽车、钢铁和其他重工业的那些人，就是这方面的例子。但那些家在其产业得益于出口机会的社区的人可能更支持自由贸易，比如在波士顿或加利福尼亚硅谷的高科技地区工作的人。我们可以把一座房子看成一个特定要素，因为它不能移动区位。因此，在全国选举研究会调查中关于这方面的态度与短期的特定要素模型相一致：人们十分在意其家庭的资产价值，就像我们模型中的特定要素所有者在意其生产要素赚取的租金一样。

资料来源：罗伯特·C.芬斯特拉.国际贸易[M].北京：中国人民大学出版社，2011.

一、核心概念

这部分共包括五个核心概念，分别是要素价格均等化定理、雷布津斯基定理、斯托尔珀—萨缪尔森定理、里昂惕夫反论以及要素密集度逆转。

1. 要素价格均等化定理

当代美国著名经济学家萨缪尔森在赫克歇尔—俄林定理的基础上，提出了要素价格均等化定理（factor-price equalization theorem）。这一定理可以被描述为：在严格的假设前提限制下，国际贸易将使不同国家间的同质生产要素的相对和绝对收益均等化。

2. 雷布津斯基定理（rybczynski theorem）

如果产品的价格不变，则一种要素使用的单品种增加，将造成密集使用该种要素生产的产品的产量增加，而密集使用另一种要素生产的产品的产量减少。

3. 斯托尔珀—萨缪尔森定理（stolper-samuelson theorem）

自由贸易会使得产品价格上升的出口行业中使用的要素价格上升，而价格下降的进口替代部门中使用的要素价格下降。另外，自由贸易会造成一国相对丰富的要素所有者的实际收入得到提高，而使相对稀缺的要素所有者收入下降，这意味着尽管国际贸易会提高一国整体的福利水平，但由于要素所有者收入分配格局会产生变化，因此并不是所有人都可以水平地分享这一福利水平的增长。

4. 里昂惕夫反论（leontief paradox）

里昂惕夫在 1953 年和 1956 年对美国 1947 年和 1951 年的进出口贸易统计资料进行分析，用每百万美元的出口产品与每百万美元的进口替代产品中的要素含量来作比较，发现美国参加国际分工是建立在劳动密集型专业化分工基础上的，而不是建立在资本密集型专业化分工之上的，即美国是通过对外贸易来安排剩余劳动力和节约资本的。这与人们传统上的看法不同。传统上，人们认为美国属于资本要素存量相对丰富的国家，因此，它的对外贸易结构应该是以出口资本密集型产品、进口劳动密集型产品为主。由于上述检验结论和 H-O 模型理论推测相反，因此被人们称为"里昂惕夫反论"。

5. 要素密集度逆转（factor intensity reversal）

同一种商品在一个国家属于资本密集型产品，而在另一个国家则属于劳动密集型产品。即同一种产品是劳动密集型或资本密集型产品并没有绝对的标准界限。

二、要素价格均等化定理、雷布津斯基定理与斯托尔珀—萨缪尔森定理

（一）要素价格均等化定理

1948 年，美国经济学家保罗·萨缪尔森对 H-O 模型进行了研究，把要素报酬趋同的命题表述为：国际贸易将使不同国家间的同质生产要素的报酬均

等化。这一推论被称为要素价格均等化定理,也称 H–O–S 定理。

图 2–3 是表示一国生产的埃奇沃思盒状图,图中以 O 为原点,X_1 和 X_2 两条曲线是 X 产品的等产量线,它们的经济含义是:在同一曲线的任一点上的生产要素的组合,都只能生产同等数量的 X 产品,离原点距离越远的等产量线,代表的产量越高,在图中即 $X_2 > X_1$,同理可得 Y 产品的生产情况。连接 O、E、D、O' 的连线,在西方经济学中称为契约曲线(contract curve)。契约曲线上的任何一点,都表明在既定的资源情况下,充分利用资源所能够生产出的不同产品的最大组合。在图中的 D 点,在该国的总资源中,OL 的劳动与 OK 的资本被用来生产 X 产品,而其他资源则被用来生产 Y 产品,这时所达到的产出总量是最大的。

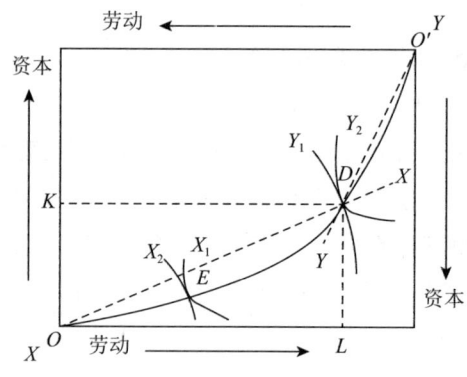

图 2–3 埃奇沃思盒状图

注:埃奇沃思盒状图是由两个图合成的,即一个以 O 为原点的 X 产品的生产函数图,另一个以 O' 为原点的 Y 产品的生产函数图,其中第二个图翻转了 180°,两个图合成为一个盒状图。

我们将两个上面的埃奇沃思盒状图组合在一起,即为 A、B 两国的盒状图的组合,便可以用图形论证 H–O–S 定理。图 2–4 中原点 O_x 是 A 和 B 两国 X 产品生产的共有原点,Y 产品生产的原点是分离的,O_y 是 A 国 Y 产品生产的原点,O_y' 是 B 国生产 Y 产品生产的原点。在两国发生贸易之前,A 和 B 两国的国内生产的均衡点分别处于 D 和 C 两点。两国之间贸易发生之后,生产形成专业化趋势,B 国转向专业化生产 X 产品,A 国转向专业化生产 Y 产品。B 国的生产点由于专业化生产 X 产品,会沿着 O_xO_y' 线向上移动;A 国的生产点由于专业化生产 Y 产品,会沿着 O_xO_y 线向下移动。我们可以发现,当 A

国生产点移动到 E 点，B 国生产点移动到 E' 点时，A 国和 B 两国的 X 产品生产的要素比率相等，即出现了下面的比率情况：

$$\frac{O_xK_b}{O_xL_b} = \frac{O_xK_a}{O_xL_a}$$

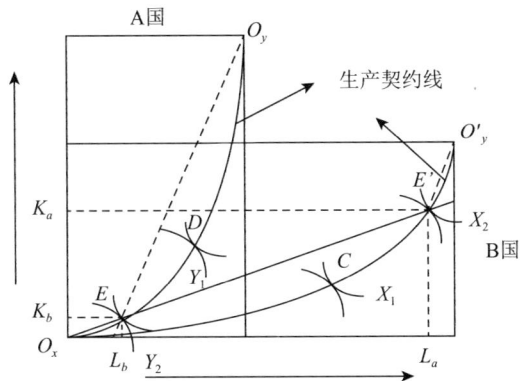

图 2-4　要素价格均等化定理证明图解

注：在图中从原点 O_x 射出的射线，过 E 和 E' 点，因而是矩形 $O_xL_bEK_b$、$O_xL_aE'K_a$ 的对角线，从 O_y 点和 O_y' 点射出的两条射线是平行的，因而说明要素的价格是一样的。

此外，我们还可以发现，A、B 两国 Y 产品生产的要素比率也处于相等状态，因为从图 2-4 中可以清楚地看到，O_yE 射线与 $O_y'E'$ 射线是平行的。这样，由于国际贸易的发生，分工和专业化造成了 A 和 B 两国的要素在 X 和 Y 两产品生产中有了重新配置，要素使用的比率趋于一致，两国中的要素价格也趋于相等。

（二）雷布津斯基定理

雷布津斯基定理研究的是：各国的要素禀赋如果发生变化，有的生产要素增长得更快一些，有的生产要素增长相对要慢一些，则这种要素禀赋增长差异会对国际贸易产生怎样的影响。

雷布津斯基定理的含义是：如果产品的价格不变，则一种要素使用的单一增加，将造成密集使用该种要素生产的产品产量增加，而密集使用另一种要素生产的产品产量减少。

假设 X 产品为劳动密集型产品，Y 产品为资本密集型产品。图 2-5 显示，由于劳动要素的增长，生产可能性曲线外移，生产能力提高，但生产能力提高的趋势是：X产品生产的扩张速度快于Y产品生产的扩张速度，并在此基础上形成新的生产可能性曲线。在劳动要素增长之前，生产点在A点，生产量为OX_1和OY_1，在劳动要素增长之后，生产点移动到A'点。比较两个生产点A和A'，就会发现X产品的产量增长而Y产品的产量下降，即$OX_2 > OX_1$，但$OY_2 < OY_1$。

雷布津斯基定理具有较强的政策含义。例如，根据这一理论，一国如果过度生产某种优势产品，会伤及国内其他产业的发展；再如，引进外资时，单一扩大劳动密集型产业，会伤及其他产业发展，应注意两种资源的协调利用问题。

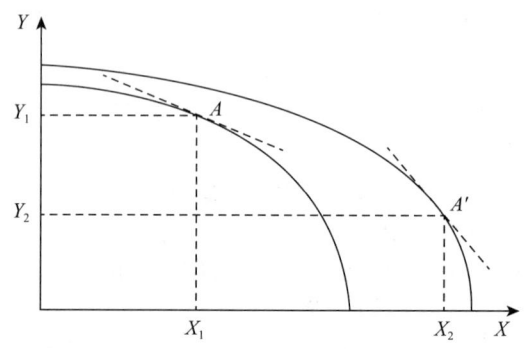

图2-5 雷布津斯基定理图解

（三）斯托尔珀—萨缪尔森定理

斯托尔珀—萨缪尔森定理说明的是产品价格的变化与要素价格、收入分配之间的关系。根据斯托尔珀和萨缪尔森的研究，自由贸易中产品价格的变化，会使得在生产中使用的要素价格以及不同要素所有者的收入情况发生变化。他们的研究表明：自由贸易会使得产品价格上升的出口行业中使用的要素价格上升，而价格下降的进口替代部门中使用的要素价格下降。另外，自由贸易会造成一国相对丰富的要素所有者的实际收入得到提高，而使相对稀缺的要素所有者的收入下降，这意味着尽管国际贸易会提高一国整体的福利水平，但由于要素所有者收入分配格局会产生变化，因此并不是所有人都可以同水平地分享这一福利水平的提高。

图2-6中横轴代表劳动（L），纵轴代表资本（K），等产量曲线为X与Y，分别代表X与Y产品的生产情况。单位成本的等成本线AC，分别与等产量曲

线 X 和 Y 相切于生产点 H 和 F，这时单位劳动的报酬为 1/OC，单位资本的报酬为 1/OA。如果产品 X 的价格不变，但 Y 产品的价格由于大量出口而得到提高，则等产量曲线内移动，为 Y'，单位等成本线变为 BD，生产点变为 E 和 G 点，显然单位劳动的报酬改变为 1/OD，单位资本的报酬改变为 1/OB，对比两条等成本线，有 1/OD > 1/OC，即劳动的报酬提高，同时有 1/OA > 1/OB，即资本的报酬下降，另外，CD/CO > FI/FO，这表明劳动报酬的相对变化大于产品 Y 的价格变化。图中的情况还表示，由于要素价格的变化，产生了产业内要素的替代和产业间要素的流动，正是这种替代与流动使得要素的充分就业保持不变。从图中可以看出，在 X 与 Y 产品的生产中发生资本替代劳动的情况，两种产品的生产要素投入的资本—劳动比得到了提高。

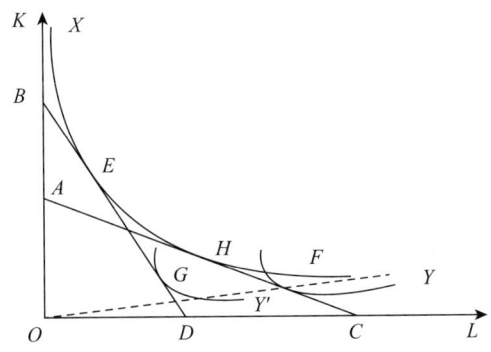

图 2-6　斯托尔珀—萨缪尔森定理图解

李嘉图理论强调比较优势来自劳动生产率的差异，并认为两国之间劳动生产率的差异构成了比较优势的理论基础。而赫克歇尔和俄林则认为比较优势是由各国生产要素禀赋的差异引起的。要素禀赋是指一国具有的一些资源（如土地、劳动力和资本）的丰裕程度。不同国家具有不同的要素禀赋，而不同的要素禀赋产生了不同的要素成本，一种要素越丰富，其成本越低。赫克歇尔—俄林理论预测一国将出口密集使用本国充裕要素的产品，进口密集使用本国稀缺要素的产品，从而试图解释我们观察到的世界经济中的贸易模式。赫克歇尔—俄林理论一直是国际经济学中最有影响的理论之一。赫克歇尔—俄林理论一直因它的影响力而受到许多的实证检验，其中，最为著名的是里昂惕夫悖论。

三、里昂惕夫悖论

（一）里昂惕夫悖论的基本内容

美国一直是世界各国经济中的一个特例，人们也许会认为，美国是一个资本密集型产品的出口国。经济学家瓦西里·里昂惕夫（Wassily Leontief，1973年诺贝尔经济学奖获得者）在1953年发表了一篇著名研究论文，发现美国出口产品的资本密集程度要低于其进口产品的资本密集程度。这一结论被称为里昂惕夫悖论，又称里昂惕夫之谜。

里昂惕夫在分析中用投入—产出模型研究了美国200个产业的情况，分别考察了美国的出口产品与进口替代产品中的资本和劳动的含量，结果是，1951年的投入—产出情况为：出口产品中资本含量为2 256 800美元，劳动的投入为174年工；进口替代产品中的资本含量为2 303 400美元，劳动的投入为168年工。以人均年资本量表示的进口替代产品与出口产品的比值为13 726美元·年工/12 977美元·年工，即1.06。1958年的投入—产出情况为：出口产品中的资本含量为1 876 000美元，劳动的投入为131年工；进口替代产品中的资本含量为2 132 000美元，劳动的投入为119年工。以人均年资本量表示的进口替代产品与出口产品的比值为18 000美元·年工/14 200美元·年工，即1.27。1974年的投入—产出情况为：出口产品中的资本含量为2 550 780美元，劳动的投入为182年工；进口替代产品中的资本含量为3 091 339美元，劳动的投入为170年工。以人均年资本量表示的进口替代产品与出口产品的比值为18 180美元·年工/14 010美元·年工，即1.30。多次检验均说明，美国的出口产品与进口替代产品相比是更为劳动密集的，即美国的出口产品属于劳动密集型产品。

而传统上，人们认为美国属于资本要素存量相对丰富的国家，因此，按照H-O模型的原理，它的对外贸易结构应该以出口资本密集型产品、进口劳动密集型产品为主。由于上述经验检验结论和理论推出相反，因此被人们称为"反论"。

（二）相关争论

1. 里昂惕夫对悖论的解释

他认为，美国对外贸易结构出现出口劳动密集型产品而进口资本密集型产品的原因，在于美国的就业者具有比其他国家工人更好的劳动生产率。所以美国是劳动要素相对丰富而资本要素相对稀缺的国家，对外贸易格局必然体现为用劳动密集型产品换取资本密集型产品。

2. 要素密集度逆转观点的解释

持这种观点的人认为，某种商品在资本相对丰富的国家属于资本密集型产品，而在劳动相对丰富的国家则属于劳动密集型产品。这样，在他国属于劳动密集型产品的，在美国国内可能就是资本密集型产品。

3. 资本密集型产品需求偏好论

随着经济的发展，不仅供给因素对国际贸易格局有着重要的影响，而且消费者的需求因素也对国际贸易格局有着重要的影响。

第四节　本章其他概念

赫克歇尔—俄林定理与大国经济

放松小国经济的假设，将使我们面临两个大国之间的贸易问题。在这种情况下，以小国假设为前提的赫克歇尔—俄林定理是否仍然有效呢？回答是肯定的。即只要这两个大国的要素禀赋是不同的，那么它们通过国际的专业化分工而进行贸易，仍然可以实现各自的比较利益而使它们两国的国民福利得到改进。

进一步分析表明，两个大国的专业化生产与贸易可以使各自的福利得到改进，而且还会使这两个国家的要素价格出现均等化的趋势。究其原因，主要是因为大国经济把价格由小国经济下的外生变量变成了内生变量。结果，当一个资本要素相对密集的大国专业化生产资本要素密集的 y 产品时，它又会使得相对丰裕的资本变得稀缺起来；与此相反，另一个劳动要素相对密集的大国专业化生产劳动要素密集的 X 产品时，它又会使得相对丰裕的劳动要素变得稀缺起来。这两种方向相反的变化，会使两种生产要素的国际价格逐渐趋于均等化。伴随着要素国际价格均等化而来的将是这两个大国原先所具有的比较优势趋于消失，因此，生产要素价格的均等化可以说是这两个大国进行国际分工的一个临界点。

有必要指出的是，要素价格均等化只能是一种趋势，而不可能成为一种现实，这是因为，作为一种现实的要素价格的均等化需要满足很多条件，比如：规模收益不变；要素在生产中的可替代性；没有要素密集程度的转变；没有运输费用；市场完全竞争；没有贸易保护；以及不存在非贸易品；等等。所有以上这些条件在现实生活中显然是难以得到全部满足的，因此，要素价格的均等化只能是一种趋势。但是了解与把握这种趋势仍然是非常重要的，因为只要这种趋势确实是存在的，那么不管一个大国的要素禀赋是怎样的，只要其实行对外开放的经济政策，积极开展对外贸易，就可以利用这一趋势来增加本国丰裕要素的收益。

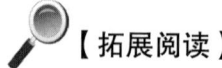

【拓展阅读】

书籍：

1．［美］萨缪尔森．经济学［M］．北京：人民邮电出版社，2008．

2．［美］保罗·R．克鲁格曼．国际经济学［M］．北京：中国人民大学出版社，2011．

期刊论文：

1．任保平．新常态要素禀赋结构变化背景下中国经济增长潜力开发的动力转换［J］．经济学家，2015（5）．

2．余永泽，张先轸．要素禀赋、适宜性创新模式选择与全要素生产率提升［J］．管理世界，2015（9）．

3．蒋为，黄玖立．国际生产分割、要素禀赋与劳动收入份额：理论与经验研究［J］．世界经济，2014（5）．

4．付明辉，祁春节．要素禀赋、投入结构与工业用水效率——基于2002—2011年中国地区数据的分析［J］．自然资源学报，2014（12）．

5．葛伟民．新要素禀赋论——信息经济条件下的国际贸易理论［J］．上海经济研究，2002（10）．

6．林谦．"列昂惕夫之谜"引出的方法论思考［J］．上海经济研究，1992（1）．

7．Wassily Leontief. Domestic Production and Foreign Trade［J］. The American Capital Position Re-Examined，1953（4）：332-349．

第三章

不完全竞争和制成品贸易

 本章学习提示

比较优势理论和要素禀赋理论实际上是强调国家在技术和资源禀赋上的差异性是贸易发生的原因，它们可以解释现实中的相当一部分国际贸易现象。但是，在现实中，发达国家之间在人口、资本、技术以及资源禀赋等方面是非常相似的，但它们之间的贸易规模却很大，且其中又有很大比重属于相互交换同类产品的贸易，包括制成品及中间产品，即产业内贸易。这种现象用传统贸易理论已经解释不通，因而必须扩展到现代国际贸易理论。

所谓现代国际贸易理论，一方面具有时间上的界定特征，即产生得较晚，如某些产业内贸易理论产生于20世纪七八十年代；另一方面也是一种内涵上的界定，如某些产业内贸易理论强调不完全竞争的市场结构，产品生命周期贸易理论强调动态的分析。

围绕产业内贸易的解释构成了现代国际贸易理论的重要组成部分，产业内贸易是指同一产业部门内的相同产品相互贸易。偏好相似理论是从消费者行为，即需求方面，解释国际贸易的起因的，该理论认为如果两个国家人均收入水平越接近，则这两个国家的需求结构重叠部分就越大，因而，两国的关系就越密切。产品生命周期理论从技术变化的角度，探讨了在产品的发展过程中比较优势的动态演变。

本章介绍自20世纪60年代以来对国际贸易实践中新现象解释，以规模经济、消费者偏好差异、不完全竞争以及产品生命周期理论为基本分析前提，对制成品的产业内贸易现象发生原因和利益分配进行探讨。

【重点概念】

产业内贸易、规模经济、需求偏好重叠理论、不完全竞争市场、产品生命周期理论

【重点问题】

（1）产业内贸易与规模经济。

（2）差别产品的需求偏好重叠理论。

（3）自由贸易制度下的垄断市场均衡。

（4）国际贸易的产品生命周期理论。

【知识脉络】

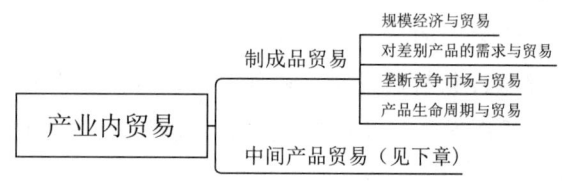

第一节　规模经济与贸易

【案例3-1】信息技术贸易和美国经济增长

美国的创新企业发明了我们今天使用的大部分信息技术，包括计算机和通信硬件、软件以及服务。在20世纪60年代和70年代，像IBM和DEG这样的公司开发出了信息技术的框架以及中期的计算机，产生了信息技术产业。20世纪80年代，这个产业增长的核心转向个人计算机以及类似英特尔、苹果、IBM、戴尔和康柏这样的创新型公司，这种情况有助于开发产品的大众消费市场。但是，在这条发展道路上，美国产业出现了变化——开始将硬件生产外包出去。 在20世纪80年代早期，计算机"商品零配件"的生产例如动态随机缓存芯片（DRAMs）转移到日本的低成	**产业内贸易** 发生在同一个产业内部的同质产品与异质产品的贸易。

制造商处生产，随后也转移到中国台湾和韩国生产。很快，硬件驱动器、显示屏、键盘、鼠标和大量其他零配件都外包给了外国制造商。到时间进入21世纪的时候，美国工厂只专业化生产价值最高的零配件，例如英特尔公司制造的微处理器以及最终的组装过程（例如戴尔在两个北美工厂组装个人计算机）。其他几乎所有零配件都在海外生产——因为那里成本更低。政治家和记者们对这种潮流给美国经济带来的可能负面影响产生了很多焦虑。按照评论的说法，信息产业中高工资的制造工作被出口到外国制造商处。

这种趋势会像评论所云不利于美国经济吗？根据研究，生产全球化使信息技术硬件比过去便宜了20%，价格下降带来了更多家庭和企业对信息技术的投资。因为计算机变得更便宜了，在美国普及更快了。随着企业使用计算机进行流水处理，这种信息技术的快速普及转而变成了更快的生产效率增长。在1995年到2002年，美国生产效率每年增长2.8个百分点，高于历史标准。根据学术研究者的计算，在每年增长中，其中大约0.3个百分点的生产效率增加可以直接归因于信息产业硬件价格的降低，而这是通过生产外包实现的。这期间每年0.3个百分点的生产效率提高转而带来美国国内生产总值累计增加了2300亿美元。简而言之，有一种观点认为，美国经济以更快的速度增长是因为信息产业硬件生产转移到了国外。

证据也表明，有可能是因为国际贸易，硬件价格下降在两个相关产业创造了大量工作机会——计算机软件和服务。在20世纪90年代，美国信息产业工作的数量增加了22%，是整个经济创造工作速度的两倍，而这一时期也是信息产业制造转移到国外的时候。增长可以部分归因为美国计算机软件和服务需求的稳定增长，同时也部分归因为外国对软件需求和服务的增长，其中包括那些现在生产更多硬件的外国。总体来说，一些人认为从外国购买而不是在美国生产计算机硬件，对美国经济有重要的正面影响，超过了制造业部门失去工作带来的负面影响。

资料来源：Charles W.L.Hill, Chow-Hou Wee, Krishna Udayasankar. International Business: An Asia Perspective.McGraw-Hill Education. 倪晓宁等翻译。

规模经济

源于固定成本的分摊和大规模生产所具有的专业化分工的细致化。一般来说，随着规模的增加，单位产品上固定资本分摊得越少，单位产品的成本下降越快；而分工的细化会大规模提高劳动生产率，进一步降低产品的单位成本。

一、核心概念

这部分共包括四个核心概念，分别是规模经济、产业内贸易理论、同质产品以及异质产品。

1. 规模经济

规模经济（economies of scale）描述的是产出增加的幅度大于要素投入增加的幅度的现象。它是各国厂商所普遍追求的利益。

2. 产业内贸易理论

产业内贸易理论（intra-industry trade theory）是在不完全竞争的市场条件下，考虑了规模经济与偏好而形成的当代贸易理论，主要解释在要素禀赋相似的国家之间所发生的贸易现象，讨论发生在同一个产业内部的同质产品与异质产品之间的贸易，即一国的某种产业既出口又进口该产业产品的现象。该理论中所指的产业必须具备两个条件：一是生产投入要素相近；二是产品在用途上可以相互替代。

3. 同质产品

同质产品（homogeneous products）又称相同产品，指产品之间可以完全相互替代，即产品需求的交叉弹性极高，消费者对这类产品的消费偏好完全一样。这类产品在一般情况下大多属于产业间贸易的对象，即它们被用来交换其他产品而非相同产品，但由于市场区位不同、进入市场的时间不同等要素，现实中也存在着相同产品间的贸易。

4. 异质产品

异质产品（differentiated products）即产品的异质性，也称差别产品，指产品相似但又不完全一样，存在一定差异，产品彼此之间不能完全替代但尚可进行一定程度的替代。大多数产业内贸易产品都属于这类产品。

二、规模经济贸易论

（一）规模经济

在西方经济学中，厂商的运行可能出现规模经济（递增）和规模不经济（递减），以及规模经济不变的情况，在图形中它们分别表现为生产可能性曲线凸向原点、凹向原点和直线。人们一般认为，规模经济产生于固定资本的分摊和大规模生产所具有的专业化分工的细致化。我们知道，通常随着规模的增加，单位产品上固定资本分摊的就越少，于是单位产品的成本下降便体现为经济利益，而分工的细化则可以大规模提高劳动生产率，从而降低产品的单位成本。

（二）规模经济与产业内贸易

一般而言，产业内贸易的利益主要源于规模经济和差异产品的可选择性。具有相似禀赋的不同国家，其中若有一国因规模经济而使某种产品的成本降低，它便会因此产生新的比较优势，从而在贸易中受益。规模经济是产业内贸易的基本原因。

三、产业内贸易理论的基本内容及评价

（一）产业内贸易理论的基本内容

1. 产业内贸易理论的提出

传统的国际贸易理论主要解释了国与国之间不同产业间的贸易，比如不同类型国家资本密集型产业与劳动密集型产业的产品之间的交换或初级产品与制成品之间的贸易。然而，随着世界经济的发展，传统的贸易理论越发难以解释不断增长的不同国家之间相同或相近产业之间贸易发生的原因。同时，传统国际贸易理论所依赖的假设前提，如完全市场的假设、不存在规模收益的假设等，也并不符合实际。很明显，各国都存在对产品、要素流动的鼓励与限制，又都在追求规模收益与外部收益，新的国际贸易理论——产业内贸易理论应运而生。

2. 产业内贸易理论的假设前提

产业内贸易理论的假设前提如下所示。

（1）理论分析基本是从静态出发的，简化的模型只侧重于分析产业内贸易发生的原因、结果，而并不强调过程。

（2）将不完全竞争（垄断竞争）市场作为分析的前提，而过去的贸易理论的前提大都为完全竞争市场，不完全竞争市场的假设更接近现代世界经济的现实。

（3）假设经济中具有规模收益，并将其作为解释国际贸易发生后的重要利益来源之一。

（4）在分析中分别考虑了需求不相同与相同的情况，即与其他理论相比较，产业内贸易理论更加重视需求方面的影响。

从上述这些假设前提可以看出，产业内贸易理论的出发点与其他贸易理论不同，更接近当代国际贸易的实际情况。另外，除了上述一般性前提外，由于解释产业内贸易所利用的分析模型不同，因此各个模型还有它们自身的假设前提。

3. 产业内贸易理论的内容

为了说明产业内贸易理论，首先必须了解"产业"的概念。我们所分析的产业最明显的特点是：组成产业的厂商的生产投入要素相近，产品用途可以相互替代。在产业内贸易理论中，符合上述特点的产业内贸易的产品被分为两类：即同质产品与异质产品，或称相同产品与差别产品。

（1）同质产品的产业内贸易。在这里讲的同质产品，在很大程度上是完全相同的产品。由于运输成本或季节等各种原因，现实中会出现一个国家的该类产品既出口又进口的现象：①不同国家间大宗产品的交叉型产业内贸易，如水泥、木材、玻璃和石油的贸易；②经济合作或因经济技术因素而产生产业内贸易，如各国银行业、保险业走出去引进来的情况；③存在大量转口贸易；④为调节市场供求而在不同的时间进出口，如季节性产品贸易；⑤跨国公司的内部贸易；⑥此外，产品统计分类的特点在统计上出现同种类型的产品既出口又进口的现象。

（2）异质产品的产业内贸易。在国际经济学中，产品的异质性被认为是产业内贸易发生的根本原因，这种差异在产品中体现为水平差异、技术差异和垂直差异三类情况，下一节将进行更详细的介绍。

（二）产业内贸易理论的评价

传统国际贸易理论向现代国际贸易理论的发展，反映出人们对国际贸易过程与规律的认识程度不断深化。产业间贸易理论强调优势差异决定贸易，产业内贸易理论强调规模经济、垄断竞争而形成贸易，两种理论反映了不同历史阶段人们对国际贸易的不同认识。

1. 产业内贸易分析更符合实际

产业内贸易理论的假定更符合实际——假定产业内贸易是不完全竞争的市场利益能够长期存在，这实际上说明现实中不存在自由竞争市场，因为其他厂商自由进入这一具有利益的行业受到限制。这符合今天世界经济的一般情况。此外,该理论不仅从供给方面进行了论述,而且从需求角度进行了考察,实际上将李嘉图理论中贸易利益等于国家利益的隐含假设转化为供给者与需求者均可受益。这一理论认为,规模经济是当代经济的重要内容,是各国都追求的利益,规模经济的利益是产业内贸易的利益来源。当然,产业内贸易的分析中也存在着一些严苛的不符合实际的前提。

2. 产业内贸易对福利的分析具有一定特色

产业内贸易发生的原因不是由于比较利益,也不是基于禀赋差异,因此不存在类似产业间贸易的利益。然而,产业内贸易的规模经济不仅可以降低成本,也导致更多差异性产品的出现,使得人们的选择性增多。这样的低价格和多样性产品的出现,引致的直接结果即是人们的福利水平得到提高。

3. 产业内贸易理论的不足

产业内贸易理论强调贸易的基础是规模经济,而在现实中,具有规模经济的产业部门大多为制成品生产部门,而它们又大多在收入相对较高的发达国家,因此发达国家在国际贸易中具有优势,而发展中国家由于产业较少且未获得规模经济,因此在产业内贸易中处于劣势。

第二节　对差别产品的需求与贸易

【案例3-2】韩国和全球在线游戏产业

大型多人在线角色扮演游戏(MMORPG)通过一系列非常有趣的事件从韩国起步,价值10亿美元的全球游戏产业中,差不多50%的游戏都是在线游戏。

当游戏产业起飞的时候,大部分还是离线游戏,当时的贸易限制使韩国人很难获得日本手持游戏和游戏机。考虑到成本,唯一可行的替代选择是在个人计算机上玩。另一个事实是,20世纪90年代,韩国政府强调发展通过当时的国有通信供应商能够转变为现实生产力的前沿技术。到20世纪90年代末时,韩国的许多建筑已经接入了宽带,很快大部分韩国家庭也能够熟练使用互联网了。

产品差异
即产品的异质性,指产品相似但又不完全一样,存在一定差异,产品彼此之间不能完全替代但尚可进行一定程度的替代。

当许多公司努力从1997年的亚洲金融危机中恢复时,小型商业获得了重要地位——其中前景最光明的是游戏馆,当地称之为"计算机吧"。整个韩国到处都是这种游戏馆,总数将近3万个,差不多每20个韩国人中就有一个玩在线游戏。

韩国的永恒之塔(NCSoft)公司是全球在线游戏产业的领袖企业,起步时间差不多就是那时候。1997年公司成立后,在1998年推出了一款多用户网络游戏(MUD)"宗谱"。十年后,这款游戏的升级版"宗谱II"仅在北美和欧洲就拥有10万并行的激活玩家,另一个游戏"激战"卖出了5百多万份特许权单元。

在全球的竞争舞台上,有一个单独的游戏比"宗谱II"更流行——暴雪娱乐公司的"魔兽世界"在全球差不多有1200万用户。这家总部在美国的游戏供应商也是全球最受欢迎游戏的开发商,包括"战网"(battlenet)和"暗黑破坏神"(Diablo)。与永恒之塔公司不同,暴雪公司在转向在线游戏和RPG游戏产业之前是离线游戏和游戏机生产企业。

在线游戏同样在中国火爆起来,中国的顶尖游戏运营商腾讯、盛大游戏和网易2009年的年收益分别是7.92亿美元、7.04亿美元和4.93亿美元。腾讯的"地下城与勇士"和"穿越火线"以及网易的"梦幻西游"自称已经有超过100万高峰并行用户。

资料来源:Charles W.L.Hill,Chow-Hou Wee,Krishna Udayasankar. International Business: An Asia Perspective.McGraw-Hill Education. 倪晓宁等翻译。

消费者偏好

是指消费者对一种商品(或商品组合)的喜好程度。消费者根据自己的意愿对可供消费的商品或商品组合进行排序,这种排序反映了消费者个人的需要、兴趣和嗜好。

一、核心概念

这部分共包括四个核心概念,分别是水平差异、技术差异、垂直差异以及需求偏好重叠理论。

1. 水平差异

水平差异(horizontal differentiation)是指产品相同属性的不同组合所产生的差异性。如烟草、香水、化妆品、服装等,这类产品的产业内贸易大多与生产者之间的竞争和消费者偏好的差异有关。

2. 技术差异

技术差异(technical differentiation)是指用新技术制造的新产品带来的差

异。处于不同产品生命周期的同类产品（如不同档次的家用电器、更新换代的药品）往往在不同类型的国家进行生产，继而在彼此间进行出口贸易，这样便会产生产业内贸易。

3. 垂直差异

垂直差异（vertical differentiation）是指产品质量方面体现出的差异。从供给方面讲，厂商为了占领市场就需要不断提高产品质量，以便能够在竞争中获得先机。从需求方面讲，一国的消费者，由于收入差距，未必能够追求昂贵的高质量产品，因此，发达国家在出口高质量产品的同时往往也会从其他发展中国家进口一些中、低质量的同类产品，以满足国内多层次的质量需求，这样便会由于质量追求的差异而产生产业内贸易，这种情况主要发生在汽车、计算机、乐器等产品上。

4. 需求偏好重叠理论

需求偏好重叠理论（preference similarity theory）认为国际贸易不同参与者具有相似的需求偏好，这是产业内贸易发生的一种可能动因，由瑞典经济学家林德提出。需求偏好重叠理论认为：

（1）国际贸易可以被看成一国国内贸易的跨国界延伸，因为一国的厂商进行生产首先是为了满足国内市场的需求，只有国内生产者为了满足国内市场需求而生产的产品才有可能出口。那些纯粹为国际市场需求而生产的产品，在国际经济中大多是外资生产的。

（2）实践中，收入结构在很大程度上决定着一个国家的需求结构。两国收入差距越小，人们的消费需求越类似。在发达国家与发展中国家之间会因消费品需求偏离收入结构而产生相同的消费群体和消费层次。

（3）林德认为，H-O模型可以解释不同禀赋国家之间产生的贸易，因此，传统的国际贸易理论并不是一无是处。但是禀赋类似的国家之间的贸易则需要用新的理论去解释，可以从需求的角度进行说明。

二、差别产品的产业内贸易

差别产品在国际贸易实践中被分成三种，即水平差异、技术差异和垂直差异的产品。

（一）水平差异

所谓产品的水平差异是指产品相同属性的不同组合所产生的差异性，如烟草、香水、化妆品、服装等，这类产品的产业内贸易大多与生产者之间的竞争和消费者偏好的差异有关。从供给方面看，厂商为了扩大销路、赢得市场和不断吸引新老顾客而努力推陈出新，大量有特色的产品诞生，对市场形成差异。但是，从水平差异方面看，产业内贸易产生的原因主要是消费者偏好的区别、需求的多样化，同类产品在品牌、款式、服务等特点上的不同可以适应不同的需求，而需求偏好的差异会引致既进口又出口的现象。具体地说，由于生产要素投入不同，如制作衣物所用的原料有毛、棉、麻、合成纤维的差异，又由于人们对这些差异存在着不同的偏好，因此便会出现一些国家进口自己偏好但又没有大量原料进行生产的服装，而出口自己有着丰富原料进行生产的服装，这会造成产业内贸易。此外，即便用近似的投入、近似的生产工艺生产近似的产品，如汽车、饮料、食品等，由于需求的多样性，为了满足需求，也可能产生制成品的产业内贸易。

（二）技术差异

技术差异是指用新技术制造新产品带来的差异，处于不同产品生命周期阶段的同类产品（如不同档次的家用电器、更新换代的药品）往往在不同类型的国家进行生产，继而在彼此间进行进出口贸易，这样便会产生产业内贸易。由于产品生命周期在高新科技时代更新速度加快，这就促进、加快了国际分工的专业化，因而促进了这类贸易的发展。例如，中国既是世界上名列前茅的一般IT产品（如键盘、鼠标、电源等）的生产与出口国，同时又是高新科技IT产品（如芯片、高档液晶显示器等）的进口国。

（三）垂直差异

垂直差异是指产品质量方面的差异，从供给方面讲，厂商为了占领市场，就需要不断提高产品质量，以便能够在竞争中获得先机。从需求方面看，一个国家之内的消费者，由于收入的差距，往往未必能够永远追求昂贵的高质量产品，即便是在相同收入的人们之间也存在着质量需求的差异，因此，发达国家在出口高质量产品的同时往往也会从其他发展中国家进口一些中、低质量的同类产品，以满足国内多层次的质量需求。这样便会由于质量追求的差异而产生产业内贸易，这种情况主要发生在汽车、计算机、乐器等产品上。

例如，不同国家的不同收入层次，对汽车的质量需求是有着很大差异的，为了代步，廉价耐用便是首选；为了显示身份，高档豪华车型则是首选。在计算机购买上也存在类似情况，国产的台式机、高档便携机的选购，就是不同阶层人们的不同偏好的体现。

以上三种情况，从供给方面分析都存在着规模经济，从需求方面看都存在着需求偏好方面的重叠，从经济环境方面看都存在着不完全竞争的条件。

三、需求偏好重叠理论

当今国际贸易的很大比重发生在经济水平类似的国家之间，产业内贸易在很多情况下也发生在水平差异产品之间的，即交易的产品属于同一组的各种类型，但在档次上可能是没有高低之分的。传统的国际贸易理论对这种现象缺乏有力的解释，因此需要从另外的角度即需求的角度进行探讨。

（一）需求偏好在国际贸易中的作用

当代国际贸易理论认为，在一些情况下，不同国家消费者的需求偏好重叠是说明这类产业内贸易发生的一种可能动因，它是由瑞典经济学家林德（R.Linder）提出来的。需求偏好重叠论认为：

（1）国际贸易可以被看成是一国国内贸易跨越国界的延伸，因为一国的厂商进行生产总是为了满足国内市场的需求，即总是首先为自己所熟悉的国内市场而创新、生产。只有国内生产者为了满足国内市场需求而生产的产品才有可能进行出口，而那些纯粹为了国际市场需求而生产的产品，在国际经济中大多是由外国投资生产的，例如，非洲生产的铀矿石，主要是一些国家的核电厂用来作为燃料或进行核试验所使用，这样铀矿的开发大多为外国投资进行。

（2）实践中，一个国家的收入结构在很大程度上决定一个国家的需求结构，需求又被人们分为日常需求与投资需求两类。在日常需求方面，如果经济体之间人均收入差距较小，人们的消费需求类似，则两国间便容易产生共同的消费群体，他们共同消费的产品也就容易由于共同的需求而在两国间流动。如果两国之间人均收入差距较大，则日常需求可能会偏离其收入结构，因为一国国内收入分配的不均等会造成二元结构，使穷国的富人和富国的富人有类似的日常需求，这样，只要两国市场之间的隔阂较小，信息传导通畅，两国之间就会发生贸易。但在投资需求方面,则由于富国与穷国在就业方面的压力很不一样,因此它们之间对于投资品的需求结构极为不同,穷国本身资本就相对缺乏,即便可以引进外资,但由于就业的压力也需要使用劳动密集的生产方法。

（3）林德认为,对于不同禀赋国家之间产生的贸易,H-O模型可以予以解释,因此传统的国际贸易理论并不是一无是处,而是在一定条件下可以解释一定的国际贸易现象,但禀赋类似的国家之间的贸易则需要用新的理论,更多地从需求的角度进行说明。

（二）需求偏好重叠理论的图形说明

假设有A和B两个国家,如图3-1所示,横轴代表不同的人均收入水平,纵轴代表不同的产品加工深度。在一定的价格水平下,收入相似的国家之间,由于需求发生重叠,因而易于产生贸易。图中A和B是两种不同的收入水平,OP是世界价格线,a和b是在A国和B国收入水平下消费的典型加工深度,它们之间的交叉区域便是双方都消费的加工深度,即发生需求重叠的区域,这种重叠是产业内贸易的基础,重叠区域越大,可供选择的产品也越多。

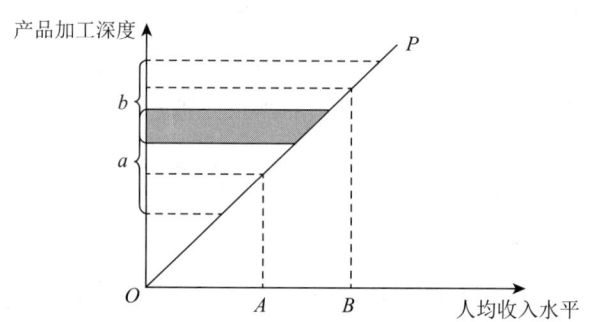

图3-1　需求偏好重叠理论图示

（三）需求偏好重叠理论的评价

用需求偏好重叠理论解释经济水平相近国家间发生贸易的原因在一定程度上是有说服力的。由于收入水平相近、消费结构相似、生产结构层次相似,因此,不同国家的消费者购买其他国家生产的同类产品以满足消费需求便成为可能,这极大地提高了消费者的选择余地,增加了消费者的多样性,提高了消费者的经济福利。

理论上,传统的国际贸易理论大多产生于"差异"——劳动生产率的绝对或相对差异、不同国家的要素禀赋存量比率的差异、技术差异与传导的差异、需求偏好的差异、人力资本的差异、信息不对称、研发的差异等,但是需求偏好重叠理论却从趋同角度来分析国际贸易的产生,认为收入趋同是贸易的原因,这在一定程度上丰富了国际贸易理论,使得人们对于国际贸易的产生原因的思考更加全面。

在实践中,需求偏好重叠引发贸易的设想也得到了验证,比如,在欧洲可以看到不同国家的人驾驶着来自同一国家的汽车,而同一国家的人却驾驶着来自不同国家的汽车。其中的重要原因是,欧洲人收入结构的相似性促成市场间的间隔较小,从而使日常消费多样性得以实现,这刺激和提高了欧洲的经济福利。

第三节 垄断竞争市场与贸易

一、核心概念

垄断竞争市场

大多数差别商品的国际贸易是发生在不完全竞争情况下的,不完全竞争市场包括垄断竞争市场、寡头市场和垄断市场。其中垄断竞争市场(monopolistic competition)是指在市场上有很多企业,并且每家企业都因商品差别化而有一定的市场影响力。

二、垄断竞争市场的均衡

(一)垄断竞争市场的均衡

当企业生产的产品有差异并能被消费者识别出来时,企业面临的需求曲线向下倾斜。企业这时是价格寻找者,因为如果它提高或降低一点价格,它的销售量就会下降或上升很多。

图 3-2 显示了在垄断竞争市场生产者的均衡状况。D 是它的需求曲线,向下倾斜;边际收益曲线位于需求曲线下方,为 MR,表示企业多出售一单

位产品总收入变化多少。由于企业会在平均成本递减的阶段进行生产，所以，平均成本曲线 AC 也是向下倾斜的，此时边际成本曲线 MC 位于平均成本曲线下方。

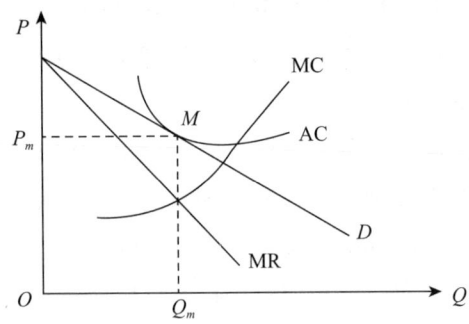

图 3-2　垄断竞争市场的均衡

企业会寻找利润最大化的点进行生产，所以会在 MR=MC 的点生产，产量为 Q_M，这个市场上每个企业的利润都为 0。如图 3-2 所示，对应的点是平均成本曲线 AC 与需求曲线 D 相切的点 M。产量 Q_M 和价格 P_M 代表了企业可达到的最优水平。

（二）自由贸易制度下垄断竞争市场的均衡

开放经济条件下规模经济的实现靠的是贸易所带来的市场需求量的扩大。在这里，所要分析的问题是：在贸易双方都存在规模经济，且双方生产的产品具有相互替代性（这是由制成品贸易的性质所决定的），而各自的市场结构又均为垄断竞争型的情况下，贸易双方是如何通过相互开放市场来增加市场需求量的？

为了回答这个问题，首先作出某些前提假设：

（1）两个国家的要素禀赋与密集度完全相似；

（2）两国在进行贸易之前均同时生产 M_1 与 M_2 两种制成品，厂商在决定生产多少 M_1 与 M_2 时，不存在转换成本，即两种产品的生产是可替代的，并且 M_1 与 M_2 这两个产业都存在规模经济，而其市场结构又都是垄断竞争型的；

（3）两国消费者的偏好完全相似，在消费者预算给定的情况下，它们将平分其消费支出，一半用来购买 M_1，另一半则用来购买 M_2，且对产品的供给厂商无特殊的偏好。

第三章　不完全竞争和制成品贸易

根据以上假设，可以发现，当这两个国家通过贸易而进行专业化分工，其中的一国专业化生产 M_1，另一国专业化生产 M_2，那么这两个国家的垄断竞争市场中的厂商均可实现各自的规模经济。这是因为在两国实行专业化分工的情况下，每一个国家事实上都把其中一个产业的市场需求让渡给了对方，从而不仅使对方，同时也使自己的垄断竞争市场的需求量扩大到了能够实现规模经济的程度。

在整个过程中，这两种产品的世界总产量没有发生变化，市场的结构也没有发生变化，但两国通过贸易以后的国民福利得到提高。假如整个过程结束后，这两种产品的价格均保持不变，那么两国的厂商因实现了规模经济而使利润得以增加；假如整个过程结束以后，这两种产生的价格均有较大程度的下降，那么这时不仅有厂商总利润增加了，而且消费者剩余也增加了。因此，不管最后出现的是何种情况，其结果对于贸易双方与整个世界来说都将是有利的。

第四节　产品生命周期与贸易

【案例 3-3】复印机的生命周期和贸易

从历史的角度来看，产品生命周期理论似乎完美解释了国际贸易模式。

静电复印机首先由美国的施乐公司于 20 世纪 60 年代早期发明，最初出售给美国用户。施乐公司最早主要将复印机从美国出口到日本和西欧发达国家。随着那些国家对复印机需求的增长，施乐进入合资企业模式，在日本（富士—施乐）和英国（兰克—施乐）创立了合资生产企业。

施乐在复印机方面的专利到期后，其他外国竞争者开始进入市场，例如日本的佳能公司和意大利的好利获得公司（Olivetti）。结果，美国出口的复印机数量下降了，美国用户开始为自己选购来自外国的低成本复印机，尤其是来自日本的复印机。

后来，日本公司发现在自己国家生产复印机成本太高，

知识产权带来的垄断
知识产权是权利人对法定的智力成果所享有的人身权和财产权的总称。一般而言知识产权包括专利权、商标权、著作权等。知识产权是一种权利的垄断，知识产权人可以因此而获得巨大的竞争优势。

于是开始将生产转移到发展中国家去，例如泰国。这样，最初是美国，现在是其他发达国家（例如日本和英国）从复印机出口国转变为进口国。

复印机的国际贸易模式演化与产品生命周期理论所指出的情况保持了一致，即成熟的产业倾向于从美国转移到拥有低加工成本的地区生产。

资料来源：Charles W.L.Hill, Chow-Hou Wee, Krishna Udayasankar. International Business: An Asia Perspective.McGraw-Hill Education. 倪晓宁等翻译。

替代品
是指功能或用途基本相同的不同种类的商品，在满足消费者需求时可相互替代。例如，有两种物品A和B，如果A物品的价格上升加大了B物品的需求，同时，反过来也成立，那么就称物品A与B互为替代品。

一、核心概念

产品生命周期理论

国际贸易的产品生命周期理论（product cycle theory）是将产品周期理论与国际贸易结合起来，认为国际贸易的发生是由于不同国家生产技术方面存在差距，技术差距的产生与缩小会改变国际贸易中的比较利益，从而使国际贸易中所谓比较利益从静态发展成为动态，即比较利益从一个或一类国家转移到另一个或一类国家，一类产品的生产优势因而从一国转移到另外的国家，国际贸易的格局也因而发生改变。

二、产品生命周期理论的基本内容及评价

（一）产品生命周期理论的基本内容

1. 产品生命周期理论的提出与前提假定

产品生命周期原本是市场营销的概念，指产品与有生命的事物一样，要经历生产的投入、成长、成熟和衰退等时期，最终归于消亡。美国经济学家弗农和威尔士提出的国际贸易的产品生命周期理论是将产品周期理论与国际贸易结合起来，认为国际贸易的发生是由于不同国家之间在生产技术方面存在着差距，技术差距的产生与缩小会改变国际贸易中的比较利益，从而使国际贸易中所谓比较利益从静态发展成为动态，即比较利益从一个或一类国家转移到另一个或另一类国家，一类产品的生产优势因而从一国转移到另外的国家，国际贸易的格局也因而发生变化。

2. 产品生命周期理论的基本内容

弗农与威尔士认为，国际贸易中产品生命周期包括四个阶段。

第一阶段，即产品创新阶段。弗农认为，由于种种原因这一阶段在美国发生。人们在探讨产品创新所需要的各种条件时就会发现：从供给方面分析，美国因为具有世界上最强大的科研力量，创新人才多，又有相当充足的科研经费，因而其技术、产品创新思路会不断出现，并且美国还有着高水平的生产厂商，能够轻易地将创新的思路、技术、产品很快转化为商业过程。从需求方面分析，美国人本性喜好新产品、追求新产品，美国市场具有兼容性、极为广大的特点，美国人具有相应的购买力来购买新产品。这样从供求方面讲，创新大多在美国出现就不足为奇了。另外，在这一阶段，由于美国和其他国家之间的技术差距，美国的厂商对创新产品拥有生产和市场上的垄断地位，别的国家尚不具备条件模仿美国的创新产品，因而美国厂商获得了国内外的垄断性利润。

第二阶段，即外国开始模仿生产该种产品的阶段。这时因为这一创新在技术上已经基本成熟，生产过程已经标准化，因此其他国家进行模仿生产已经没有绝对的技术、管理障碍，可以进行模仿性生产了。不仅如此，模仿国在规模生产的基础上，一般还具有劳动成本或其他资源方面的优势，因而产品价格比美国更低，美国产品的竞争力相对甚至绝对下降，出口到模仿国的市场份额下降，但在其他国家的市场份额仍然能够保持。在这一阶段，美国这种产品的总出口份额开始下降。

第三阶段，即外国模仿者以低成本为基础开始向第三国出口的阶段。在这一阶段，由于模仿国的大规模生产不仅满足了本国的需求，而且开始向第三国出口该种产品，因此美国对于该种产品在世界市场上的垄断地位逐渐丧失，对外出口大幅度下降，模仿国的产品在第三国市场上逐渐取代了美国产品的销售地位。

第四阶段，即外国产品进入美国市场的阶段。在这一阶段，美国对于这种不再是创新的产品，开始从出口国转变为进口国，由于该产品在美国的生命周期基本结束，因此生产该产品的比较优势从美国转移到了模仿国。

上述四个阶段结束之后，即该产品在美国完成了自己的生命周期之后，随着比较优势的动态转移，便在模仿国开始并进行着自己新的生命周期。这个过程有点像接力棒传递过程一样，从先进国家的创新、生产开始，然后转移、传导到其他相对落后的国家,再转移、传导到相对更为落后的国家与经济体,由它们进行生产和经营,在生命周期延长的过程中,该产品能够尽量为人们创造利润收入。

3. 产品生命周期理论的图形说明

如图 3-3 所示,在 T_0 点,创新国开始在国内生产并消费某种新产品,当生产超过消费时,即在 T_1 时,创新国开始出口该种新产品。创新国在 T_2 时达到出口高峰,之后由于其他国家的模仿生产,自我供给消费,创新国出口开始下降,而到 T_3 时出口为 0,即创新国在该种产品的生产上已经失去了比较优势。T_3 点之后该创新国开始进口。模仿国在 T_1 点之间对创新产品或者没有认识,或者由于其他原因而未进行消费;在 T'_1 时,开始进口、消费该种产品。到 T'_2 时,模仿国的厂商认识到这种产品可以带来利润,开始模仿生产这种产品。在 T'_3 时,该种产品在模仿国的生产、消费达到自给,模仿国开始停止出口该种产品。T'_3 之后,模仿国由于规模生产或其他比较优势而开始以低成本出口该种产品。在实践中,T_1 与 T'_1 之间的水平距离取决于创新国与模仿国之间的收入差距;而 T_3 与 T'_3 之间的水平距离表明模仿国会先向别的国家出口,再向创新国出口。

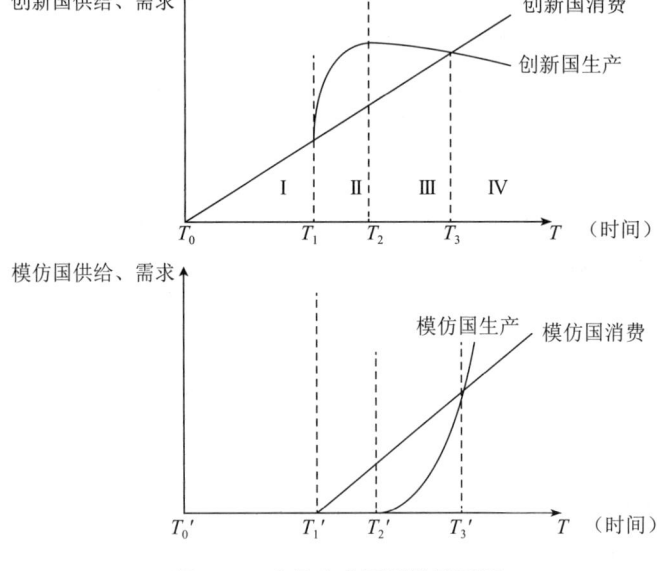

图 3-3 产品生命周期模型图解

4. 产品生命周期理论的动态意义

国际贸易产品生命周期理论很快为人们所接受，尤其是发展中国家在对外经贸活动中很大程度上反映了这一理论，因此，该理论具有重要的理论与实践意义。

（1）产品生命周期理论考察了当周期发生变化时，比较利益由于不同国家之间存在的技术差距，是怎样从一个国家转移到另一个国家的，这使得解释国家贸易的比较利益学说、H-O 模型摆脱了静态分析，进入了动态化的分析阶段。

（2）这一理论隐含着一层意思，即在产品生命周期的不同阶段，产品所含有的要素密集度也在发生变化。如在产品生命周期的第一阶段，技术、产品的创新要求大量的研究与开发的投入；在产品生命周期的第二阶段，由于生产已经成熟化、标准化，成本占有重要地位，生产规模要急剧扩大，因此要求大量的资金投入；而在产品生命周期的第三阶段，由于生产已经完全标准化，技术障碍已经消除，因此资本因素的重要性也相应下降，竞争要求大量的低成本劳动力的投入，以进一步降低成本，等等。这种在生命周期的不同阶段投入的要素的密集度不同的理论，对相对落后的国家在国际分工中确定自己的地位和参与格局具有指导性意义，可以使其在产品生命周期的一定阶段参与相应的国际分工，并且关注在发展过程中进行生产结构的升级、改造。

（3）相对落后国家也要不断检讨本国要素优势的变化以应付新的挑战。随着发展中国家的经济的发展，原有的比较优势会发生变化，如果不从动态角度适应本国比较优势的变化，进而加入国际分工，那么发展中国家的经济发展就会受到影响。

（二）对产品生命周期理论的评价

国际贸易的产品生命周期理论使得比较利益学说、H-O 模型从静态发展为动态。事实上，国际贸易的新理论把人才、管理、科技、外部经济等因素引入了解释国际贸易的模型，并分析了这些要素在不同国家和经济体的动态变化过程，以及这样的变化如何形成新的比较优势，这显然比国际贸易的传统理论前进了一步。在世界经济中，产品生命周期理论在国际贸易中也得到了相应的印证。但是，由于经济生活中存在着各种不确定性因素，各国面临的产业发展方向和环境不同,故产品生命周期的循环并不是国际贸易中一成不变的、必然的现象;而且在这种动态中创新者与模仿者的地位有着某种程度的固定,发展中国家往往生产着大量的劳动密集型产品,尽管它们很想转换产业结构,但现实经济的格局却往往使它们的努力失败。接受较为先进国家转移下来的产业,这虽然对发展中国家的经济发展有一定的促进作用,却同时制约了它们的经济发展。

【拓展阅读】

书籍:

1.[美]罗伯特·J.凯伯.国际经济学(第13版)[M].北京:中国人民大学出版社,2013.

2.[美]巴格沃蒂.今日自由贸易[M].北京:人民邮电出版社,2004.

3.[美]保罗·R.克鲁格曼.国际经济学(第八版)[M].北京:中国人民大学出版社,2011.

期刊论文:

1.黄卫平,韩燕.产业内贸易指标述评[J].财贸经济,2006(4).

2.范涛.西方产业内贸易理论述评[J].经济评论,2003(1).

3.徐洁香,邢孝兵.战略性贸易政策研究综述[J].商场时代,2008(14).

4.黄瑞.国际贸易扭曲理论述评[J].对外经济贸易学报,2010(3).

相关网站:

1.关于更多产业内贸易的数据可查阅美国普查局,www.census.gov/foreign-trade/sitcl.

2.关于国家之间竞争优势变化的更多资料可查阅世界经济论坛,www.weforum.org.

第四章

国际生产分工和中间产品贸易

 本章学习提示

随着经济全球化不断加深,跨国企业的国际生产布局以及国际分工进一步细化,中间产品贸易在全球贸易中所占的比重日益提高。目前,煤、石油、铝土矿等原材料或者生产资料,又或者是钢材、纺织品、铝、机械这样的已加工材料所构成的中间产品贸易已成为各国参与国际经济活动和国际分工的重要方式之一。

中间产品贸易理论是近十年来国际贸易分工理论的一个新的研究方向和理论视角。该理论的盛行与近年来国际工序外包活动迅速增加及国际产品生产分工趋向垂直化这些现实形势分不开。人们对中间产品分工与贸易理论的探讨早在 20 世纪五六十年代就开始了,当时提出了阶段生产模型(Stage Production Model)和中间产品模型(Intermediate Goods Trade Model)。而后,在 20 世纪 90 年代,中间产品分工与贸易理论发展形成了理论雏形。到 20 世纪 90 年代末和 21 世纪初,该理论得到进一步发展。到 21 世纪开始时,中间产品分工与贸易理论的发展融合了传统国际贸易理论、新制度经济学以及信息经济学的相关研究成果,从微观企业行为中寻找分工动因及其贸易影响和福利效应。

该理论的发展经历一段时期的探索,现已步入规范发展的时期。本章将在产品内分工全球铺展的背景下,对中间产品分工与贸易理论的发展历史及其内在逻辑进行系统的阐述。

【重点概念】

国际分工、中间产品贸易

国际经济学与国际经济分析

【重点问题】

(1) 国际生产分工的产生与发展。

(2) 中间产品贸易理论的基本内容。

(3) 中间产品贸易效应的分析。

【知识脉络】

中间产品贸易 ── 发生在不同国家的企业之间的中间产品贸易
　　　　　　 └─ 发生在跨国公司内部的中间产品贸易

第一节　国际生产分工

【案例 4-1】今日的贸易不同于以往吗？

　　第一次世界大战前的一段时间，是国际贸易发展的"黄金时代"，由于交通运输业的不断发展和进步，各国的贸易水平（由进口额、出口额均值与 GDP 的比值衡量）达到了历史高点。在两次世界大战之间，世界贸易水平有所下降，之后慢慢回升，但各国都花费了几年时间才使其贸易水平恢复到第一次世界大战之前的水平。然而，今天的贸易类型与过去的贸易类型不同吗？

　　答案是肯定的，不单单是因为世界贸易总额上升了，而且贸易商品种类也发生了变化。根据商品在经济社会中的使用方式，我们将进出口货物分为五大类：一是食品、饲料、饮料类；二是工业用品和材料；三是资本商品；四是消费成品；五是汽车。通过这一分类，我们能够清楚地看到美国贸易类型所发生的转变。图 4-1 表明了美国在 1925—2005 年这五类商品的进出口比例情况，其中图 4-1（a）为进口，图 4-2（b）为出口。

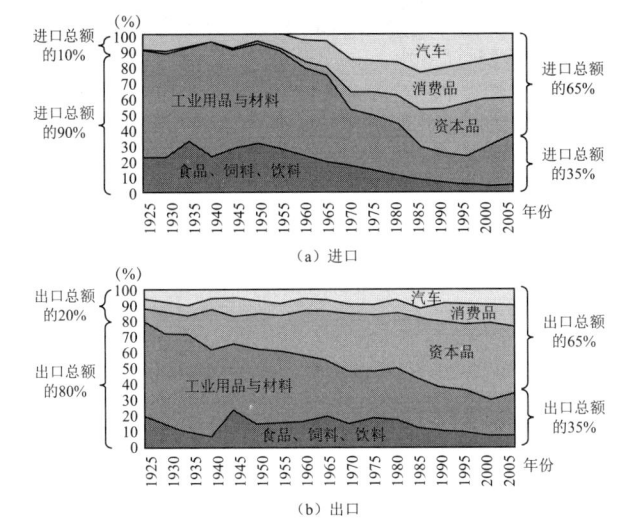

图 4-1 1925—2005 年美国进出口产业变化

说明：图中所描述的是这五类商品在进出口中所占的比例。1925年，资本品与消费品合起来占进口的 10%，出口的 15%，而这两个比例到 2005 年都超过了 50%。资本品、消费品以及汽车这三类商品最有可能通过外包将其某些生产活动转移至海外。

在图 4-1 中我们可以看到，美国的贸易品已经从农业和原材料类产品转向了制造业产品，食品、饲料、饮料类和工业用品与材料类商品占美国进出口的份额不断减少，这两类商品的进口份额之和从 1925 年和 1950 年的超过 90% 下降到了 2005 年的 35%，出口份额之和也从 80% 下降到了 35%。工业用品与材料类商品主要是一些原材料和基础加工品，如钢铁、新闻用纸、纺织原料等。这些不是通过外包而有利可图的商品类型；相反，这些商品往往是在一国生产之后再出口到其他国家。资本品和消费品的外包业务量有了大幅上升。资本品与消费品及汽车的份额之和分别从 1925 年占进口额的 10% 和出口额的 20% 上升到了 2005 年的 65%。资本品（包括所有电子零部件）、消费品（包括所有家居用品）和汽车这三类商品最有可能通过外包方式将其部分生产过程转移到海外。同时，从这三类商品不断上升的进出口份额这一事实中我们也可以发现，今天的贸易类型与过去相比已经发生了巨大的变化。

外包

是指企业为了改善服务和产品质量、缩短生产周期、降低成本，把一些重要但非核心的业务委托给专业的外包商。企业更专注于最能创造价值的业务，以最大化这些业务的潜在效率，从而提高企业的核心竞争力。业务外包的类型有：生产外包、营销外包、研发外包以及人力资源管理业务外包等。

中间品贸易

又称产品内贸易，中间产品是指涵盖传统所指的中间过程产品、加工中物品以及被选出准备在世界市场上进行交易的自然资源。从世界经济的发展深度来看，世界生产向全球价值链方向发展，而中间产品成为贯穿世界市场与世界生产最重要的贸易商品。

尤其是在20世90年代后,资本品的进口量大幅上升,在整个20世纪80年代进口份额增幅超过了50%。这一趋势表明中间投入品与制成品贸易在美国贸易中扮演着越来越重要的角色。同时,制成品贸易份额的不断上升也是外包业务上升的一个标志。

资料来源:罗伯特·C.芬斯特拉.国际贸易[M].北京:中国人民大学出版社,2011.

一、核心概念

国际分工

国际分工（international division of labor）是指世界各国之间的劳动分工。它是社会发展到一定历史阶段,国民经济内部分分工超越国家界限而形成的国家之间的分工。其表现形式是各国货物、服务和要素的交换。

二、国际生产分工的产生与发展

（一）萌芽阶段

此时期为资本主义以前的各个社会经济形态,包括16—18世纪中叶,由于自然经济占主导地位,只存在着不发达的社会分工和不发达的地域分工。

11世纪随着生产力的发展,欧洲城市兴起,手工业与农业逐步分离,商品经济有了较快的发展。特别是在15世纪末到16世纪上半期的"地理大发现"和随后的殖民地开拓,使市场大大地扩展了,并促进了手工业向工场手工业的过渡。这种过渡体现了社会分工水平的进一步提高。从此,资本主义进入了资本原始积累时期。殖民主义国家用暴力和超经济的强制手段,在亚、非、拉殖民地开发矿山,建立甘蔗、烟草等农作物的种植园,为本国生产提供农作物原料,同时扩大本国工业品的生产和出口。此时,出现了宗主国和殖民地之间最初的垂直国际分工形式。

（二）发展阶段

此时期包括18世纪60年代到19世纪60年代。这个阶段发生的第一次工业革命,大机器生产为国际分工的发展奠定了物质基础;首先完成工业革命的英国，通过殖民统治和强大的经贸实力，将亚、非、拉国家的落后的农业经济纳入国际分工和世界市场中，成为国际分工的中心；伴随着工业革命的完成，资本主义经济体系得以确立，世界市场开始出现大宗商品如小麦、棉花、羊毛、咖啡、铜、木材等产品的贸易，促进了各国之间产业间的分工，为工业化的深化奠定了基础。

（三）形成阶段

此时期包括 19 世纪中叶到第二次世界大战。这个时期发生了第二次产业革命，石油、汽车、电力、电器工业的建立，交通运输工具的加快更新，苏伊士运河（1869 年）和巴拿马运河（1913 年）的开通，电报、海底电缆的出现，大大促进了资本主义产生的发展，确立起资本主义经济体系。在这个时期，完成产业革命的法国、德国、日本、美国等发达国家都进入国际分工中心国家的行列；发达国家间出现部门分工：挪威专门生产铝，比利时专门生产钢铁，芬兰专门生产木材和木材加工产品，芬兰和丹麦专门生产农产品（主要是肉类和乳品），美国成为谷物的生产大国；随着国际分工中心国家的增多，亚、非、拉殖民地和后进国家原有的垂直型分工在加深，产品生产进一步单一化，主要生产和出口一两种中心国家生产和生活需要的农矿产品，而这些国家所需的工业品和消费品则从中心国家进口。世界各国间相互依赖关系加强，生产和消费逐渐变成世界性的。

（四）当代国际分工

第二次世界大战以来，世界经济和政治发生了重大变化。

1. 国际分工的形式多样化

（1）垂直型国际分工。垂直型国际分工（vertical international division of labor）是指经济发展水平不同的国家之间的纵向分工，主要指发达国家与发展中国家之间制造业与农业、矿业的分工。

（2）水平型国际分工。水平型国际分工（horizontal international division of labor）是指经济发展水平高或发达国家之间的横向分工，主要指发达国家在工业部门上的分工。

（3）混合型国际分工。混合型国际分工（mixed international division of labor）是指垂直型与水平型混合起来的国际分工。例如德国曾是这一类的典型代表，对发展中国家是垂直型分工，而与其他发达国家则进行水平型分工。

（4）外包型。这是公司将某些业务由本身内部分工剥离出来，跨越国界的分工。这种分工形式正在世界中兴起。

（5）网状型。这是跨国公司通过直接投资，进行全球性生产和经营所形成的网状国际分工体系。它随着跨国公司的国际分工发展而发展，作用在不断加强。

2. 国际分工格局发生改变

（1）发达国家处于国际分工的主导地位。在国际分工形成和发展的过程中，发达国家一直处于主导地位。主要表现在：发达国家处于科技发展的领先地位，发达国家产业结构的纵深发展使社会分工向广化和深化发展；以发达国家为母国的跨国公司成为当代国际分工的营造者；发达国家是经济全球化的引领者，以发达国家为主和为中心的地区经济贸易集团在众多的地区经济贸易集团中效益最为显著，影响也最大。

（2）部分发展中国家和地区离开外围。第二次世界大战后，随着发展中国家的经济发展，出现了新兴的工业化国家和地区，其中包括：巴西、中国、印度、韩国、马来西亚、墨西哥、菲律宾、新加坡、泰国和土耳其。这些国家在与发达国家间的分工形式上，形成了初步的水平型分工，与其他发展中国家形成垂直型分工。

（3）区域性经贸集团内部分工加强。经贸集团内部通过贸易和投资等的自由化，通过各种计划，协调和扩大成员内部产业之间的分工，使内部贸易占整个对外贸易的比重逐步提高。

（4）地区性区域分工在加强。如日本在汽车业的生产中，形成了与东南亚国家之间的分工。例如，在日本丰田汽车部件中，印度尼西亚和泰国集中生产柴油机、脚踏和电动设备；菲律宾生产传动系统；马来西亚生产驾驶连杆和电动设备；新加坡办事处协调和管理各种贸易。

（5）服务分工尚未形成固定形式。20世纪80年代以后，国际分工从有形商品领域向服务业领域扩展，并出现了相互结合、相互渗透的趋势，尚未形成固定的形式。但服务业的国际分工，出现了两个特点。第一，发达国家居于世界服务业分工的主导地位；第二，在服务业的国际分工中，发达国家以高新技术、金融、信息和资本密集型的服务参与服务业国际分工，一些发展中国家以建筑工程承包、劳务输出等劳动密集型服务参加服务业国际分工。

三、对国际生产分工的简要评价

（一）国际分工是国际贸易的基础

国际分工来自对外贸易的发展，在资本主义生产方式下，国际分工变成对外贸易的基础，各国参与国际分工的形式和格局决定了该国对外贸易的结构，对外地理方向和贸易利益等。与此同时，各国对外贸易又是国际分工利益实现的途径和枢纽，各国对外贸易的模式与措施影响着国际分工的发展。由此，国际分工与国际贸易二者相辅相成，互为因果。

（二）国际分工促进国内分工的发展

国际分工是发达国家国内社会分工发展的结果。发达国家国内各种产业跨越国界形成国际分工，这种分工被强加给后进国家，形成国际分工体系。这种分工体系对发达国家而言，又促进了他们国内的分工、扩大了国内市场，促进新兴产业的诞生；对后进国家而言，打乱了原有的社会分工体系，形成了新的分工体系，出现了新的产业。

（三）国际分工推动世界市场的扩大

国际分工是社会生产力发展的结果。国际分工使各国在其具有相对优势的部门或产品上，扩大生产规模，形成规模经济，取得规模收益，增加产品数量。国际分工使各国生产要素得到有效的配置，节约了社会资本，提高了效率，又大大推动了整个世界社会生产力的发展。世界社会生产力的发展加深了国际分工的深度和广度，从而扩大了世界市场。

（四）国际分工影响国际贸易格局

在国际分工的基础上，形成了不同国家国民经济参与国际分工的形式和格局。发达国家一般处于国际分工形式的优位和格局中的中心地位，发展中国家处于劣位和外围。这种地位决定了各类国家国际贸易的主次地位和贸易利益获得的多寡，形成了国际贸易中的秩序和矛盾，这种秩序和矛盾推动着国际分工的改善，推动着国际贸易秩序的改革和重新构建。

第二节　中间产品贸易

一、核心概念

中间产品贸易

中间产品贸易（intra-product specialization theory）又称产品内贸易，中间产品是指涵盖传统所指的中间过程产品、加工中物品以及被选出准备在世界市场上进行交易的自然资源。从世界经济的发展深度来看，世界生产向全球价值链方向发展，而中间产品成为贯穿世界市场与世界生产最重要的贸易商品。

二、中间产品贸易理论的基本内容

（一）中间产品贸易理论的提出

概括而言，经济学中的国际分工理论大概经历了产业间分工理论、产业内分工理论和中间产品分工理论三个阶段；国际贸易理论相应地经历了传统比较优势贸易理论、新贸易理论和当下流行的中间产品分工贸易理论。其中，中间产品分工贸易理论是现代主流贸易理论重点研究的方向，它研究的现实基础是产业链的全球铺展导致某种产品的生产工序在空间上分离，从而产生了相应的贸易形式和经济后果。

（二）中间产品贸易产生的前提条件

一般来说，中间产品分工研究的经济对象，或者说是生产形式，必须满足以下三个条件：一是产品的生产必须存在一个或者多个工序；二是产品生产跨越国界，两个或者多个国家为产品价值形成提供生产服务；三是至少一个国家在工序生产中运用了国外进口投入品，并且一部分生产出的最终产品或者中间产品必须出口到别国。

所以，和传统贸易理论不同的是，产品贸易理论关注的交易行为的贸易内容不再是最终产品，而是中间产品的贸易。由此，中间产品分工理论研究的经济现象实质便是生产工序跨国空间分离及其由此产生的经济问题。

（三）中间产品贸易的分类

从中间产品贸易产生的原因来看，中间产品贸易可以定义为中间品生产的外部化。因为有了中间品生产的外部化，所以才会有中间产品的分工与贸易。根据生产主体不同，可以将中间产品贸易分为两大类。

第一，发生在不同国家的企业之间的中间品贸易，可以是国际采购，也可以是国际外包，采取这样的方法可使参与此种贸易的双方突破生产要素短缺的瓶颈。

第二，发生在跨国公司内部的中间品贸易（即通常所说的垂直一体化），其方法是通过建立海外分公司、子公司，通过利用当地某种特定的生产要素而获取最大利润。

（四）对中间产品贸易理论的简要评价

中间产品分工理论讨论了生产链全球铺展对要素流动及其价格、生产和贸易模式以及各国及世界整体福利的影响，这也是传统国际贸易理论注重研究的问题。同时，中间产品分工理论同样沿承了传统贸易的比较优势概念、新贸易理论的规模经济范畴，以此解决新的贸易形式及其演变。可以看出，中间产品贸易理论并没有改变传统贸易理论研究目的和经典研究范式，它仍致力于解释国际贸易的基本问题，即分工怎样导致世界贸易模式、贸易所得的转变及这种转变对各国福利的影响。所以，中间产品分工理论无疑是面对新的贸易现实而产生的新型理论体系，它脱胎于传统理论和新贸易理论，又结合现实发展出了新的理论解释工具，是符合国际贸易理论发展传统思路的。

三、中间产品贸易的效应

关于中间产品贸易带来的经济效应，可以从以下几个方面来看。

（一）贸易流量效应

中间产品分工不仅使得产品成本下降，生产总量上升，而且会导致贸易总量的增加，因为贸易的形式不再拘泥于制成品贸易。

近年来中间产品贸易量大大增加，其增长的速度已经远远超过了制成品贸易，中间产品贸易正在成为世界贸易的重要组成部分。

中间产品分工对于贸易流量的促进效应主要体现在两个方面：第一，通过内部产品（中间品）的外部化而导致贸易总量的增加；第二，通过分工深化而导致贸易流量的增加，因为中间品贸易的发生机制是特定生产要素的非对称性分布，而不是由传统的相对成本差异、或者新古典贸易理论所说的禀赋差异，以及新贸易理论所说的规模经济和异质性需求等因素引起的，所以中间产品贸易的发展将会创造出一种新的贸易模式而导致贸易总量增加。

（二）规模报酬效应

中间产品贸易在增加国际贸易流量的同时，也因为基于特定生产要素的专业化生产而带来了规模报酬递增效应。一国借助于中间产品贸易进行专业化生产，如果该产业具有规模经济效应，则专业化生产将使同样的投入带来更大的产出。

（三）价格效应

中间产品贸易会导致生产的集中，从而造成在市场上仅仅存在少数几家公司进行寡头垄断竞争的市场结构，这样的结构将使那些拥有市场垄断力量的公司获得更加强大的溢价能力。但是，正如在上文中所分析的那样，专业化生产也为这样的公司带来了由规模经济而创造的额外收益。

这样，究竟是由专业化生产所引起的成本下降进而导致价格下降的作用力大，还是因为市场从完全竞争变成寡头垄断所带来的价格上涨的作用力大，将对中间产品贸易的价格效应产生决定性的影响。

这两种作用力的大小取决于生产某种中间的特定要素的多寡。在规模经济既定的情况下，对于那些特定生产要素供给量丰裕的产品来说，由于其垄断程度相对较低，垄断者的溢价能力也就变得相对较低，结果，中间产品贸易的价格上涨效应会变弱。反之，则相反。

（四）技术扩散与外溢效应

中间产品分工与贸易的发展将导致跨国公司在各地建立分支机构或者是生产基地，而留在发达国家国内的往往是研发和核心生产部分。这样的空间分布无疑会产生技术扩散或外溢效应。

这种外溢效应大致是通过以下两个渠道来传递的：其一，通过在发展中国家建立分公司、子公司或者生产基地把技术扩散到发展中国家；其二，通过同业竞争把技术外溢到东道国的本土企业。

第一种扩散效应是不可避免的，跨国公司为了实现中间产品分工不得不将生产技术转移到发展中国家，以便获得更高的利润；第二种外溢效应则是跨国公司不愿意看到的，因此跨国公司会制定一定的公司准则来避免技术的外溢。这样，在由中间产品贸易所产生的技术转移问题上，就产生了技术垄断和技术进步同时并存的局面，目前技术垄断的主要表现就是技术标准垄断。

（五）收入分配效应

中间产品贸易产生的贸易所得在不同国家间的分配并不公平。

从静态效应来看，由于中间产品贸易往往使得各行业只留下几家可以制定技术标准的寡头垄断企业，而这些企业大多数来自发达工业化国家，因此，发达的工业化国家可以因此获得垄断利润，从而中间产品贸易创造的所得的分配对发达工业化国家有利。

从动态效应来看，中间产品贸易所得的分配具有不确定性。对于发展中国家来说，中间产品贸易促进了它们的就业与贸易流量，因此对于增加它们的收入是有好处的，由此产生的收入增长效应增加了这些国家的福利水平。但是，由于垄断企业集中在发达工业化国家，可以利用市场权利来推高产品价格，从而造成发展中国家贸易条件的恶化。因此，产品分工所产生的收入分配的动态效应并不确定。

【拓展阅读】

书籍：

1.［美］萨缪尔森.经济学［M］.北京：人民邮电出版社，2008.

2.［美］保罗·R.克鲁格曼.国际经济学［M］.北京：中国人民大学出版社，2011.

3.［美］多米尼克·萨尔瓦多.国际经济学基础（第三版）［M］.北京：清华大学出版社，2013.

期刊论文：

1.Amighini, Alessia. China in the international fragmentation of production: Evidence from the ICT industry［J］. The European Journal of Comparative Economics，2004（2）：203-219.

2.Feenstra Robert C. Intergration of Trade and Disintegration of Production in the Global Economy［J］.Journal of Economic Perspectives，1998（12）：31-50.

3. 龙世国,湛柏明.中间品贸易对中国增长的效应研究[J].国际贸易问题,2018(2).

4. 李海莲,张彤.中国-东盟FTA原产地规则对中间品贸易的影响与启示[J].亚太经济,2018(1).

5. 祝树金等.中间品贸易自由化与多产品出口企业的产品加成率[J].中国工业经济,2018(1).

6. 彭支伟,张伯伟.中间品贸易、价值链嵌入与国际分工收益:基于中国的分析[J].世界经济,2017(10).

7. 周金凯,戴臻.基于灰色关联度分析法的中国中间产品贸易影响因素分析[J].国际商务(对外经济贸易大学学报),2017(7).

第五章

贸易保护理论

 本章学习提示

根据国际贸易理论,一国应采取不干预对外贸易的态度,但现实中,出于各种原因,许多国家名义上承诺自由贸易,实际上倾向于干预国际贸易,以保护那些重要政治集团的利益或者重要的国内生产商的利益。总的来说,一国干预国际贸易的手段主要包括两大类:关税和非关税壁垒。

实际上各种干预手段和措施,即对外贸易政策,基本思想都来自重商主义的"奖出限入",即鼓励出口限制进口的贸易观。一国政府要干预对外贸易,最简便的方法就是对进出海关的货物征收关税。但经过关贸总协定(GATT)和世界贸易组织(WTO)的不断努力,各国的关税税率不断下降,基本上达到了非常低的水平,因此,以关税干预对外贸易的作用变得非常有限,于是各国干预自由贸易的非关税措施即非关税壁垒变得越来越重要,种类繁多且手段更为隐蔽。

本章主要介绍关税、配额、反倾销以及对幼稚行业的保护等关税与非关税壁垒的贸易保护形式,以及关税同盟的贸易创造效应与贸易转移效应。通过这一章的学习需要了解和掌握国家贸易中贸易保护理论的基本内容和贸易保护政策的主要措施。

【重点概念】

贸易保护、关税、幼稚产业、倾销与反倾销、关税同盟

【重点问题】

(1)贸易保护的主要形式。

（2）关税的局部均衡与一般均衡分析。

（3）幼稚产业保护。

（4）倾销与反倾销的经济分析。

（5）关税同盟的贸易创造和贸易转移效应。

【知识脉络】

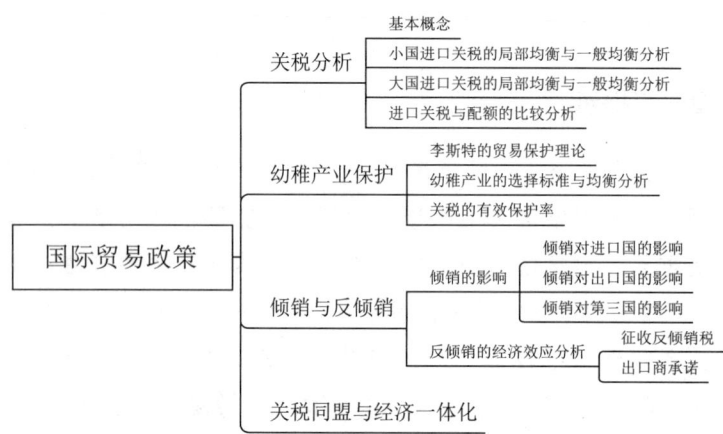

第一节　贸易保护的形式

【案例5-1】世界金融危机以及贸易保护主义

20世纪80年代以来，国际贸易呈现出了两个明显的特征：首先，世界贸易总体规模每年都在不断攀升，这也带来了世界经济体之间越来越紧密的联系；其次，世界贸易中的障碍明显减少。在1990—2007年国际贸易的整体规模每年上升6%左右。同时，世界商品进口关税率也从1986年26%的平均水平下降到了2007年的8.8%。随着2008年美国爆发金融危机，且迅速向世界蔓延，上述国际贸易的情形现在发生了改变。由于全球市场的商品需求量下降，信贷紧缩导致国际贸易融资规模的缩减，进而也使得国际贸易总规模下降。在2008年国际贸易总体规模下降了2%，这是自1982年以来，国家贸易规模首次下降。

2008年美国金融危机
这次金融危机最初爆发于房地产市场，之后迅速蔓延，波及信贷市场、资本市场，继而冲击全球的金融机构与金融市场。美国次贷危机爆发，逐步演变为金融危机并向世界各国的实体经济扩散，演化为全球性的经济危机。

上文所述的国际贸易规模缩减是给我们的警示。在历史上，由于一国在面临国外商品需求下降而试图保护国内就业时，国际贸易的急剧缩减将会带来更为强烈的贸易保护主义倾向。上述情形曾在20世纪30年代发生过，国际贸易规模迅速下降使得国际贸易壁垒迅速增多，其中大部分贸易壁垒都是提升进口关税。然而这种做法却使得当时的经济情况更糟糕，最终出现"大萧条"局面。

20世纪30年代以后，出现许多新变化，出现了众多贸易协议。这些协议限制了政府提高贸易壁垒的权利，其中最为显著的是世界贸易组织明文规定限制成员增加其贸易壁垒。但是，世界贸易组织的相关规定并非完美。有足够的证据表明，一些国家还在不断为提升本国贸易壁垒寻找途径。一些发展中国家确实拥有在世贸组织规则下提升对外贸易关税额的自由度。根据世界银行的调查，在2008年和2009年的较早时间里，有些发展中国家确实采取了类似的措施，例如厄瓜多尔提高了600种商品的进口关税率，俄罗斯提升了二手车进口关税，印度也在某些钢铁产品上提升了进口关税率。

然而，根据世界银行的调查，发生在2008年和2009年较早时间里的贸易保护措施，其中的2/3是依据世界贸易组织的规定设置的非关税保护措施。例如，印度尼西亚政府规定，包括服饰、鞋类以及玩具类产品在内的特定进口商品，只能从五个港口进入该国。由于这些港口的吞吐能力有限，这一措施限制了国外公司向印度尼西亚本地市场销售产品的规模。阿根廷对一系列产品（例如汽车零部件、纺织制品以及电视机）发放了自由裁量权许可要求。若无法取得自由裁量权许可，则无法向阿根廷销售商品。中国则设置产品安全条例以及引用环境保护条例，取消了一系列从欧洲的食品和饮料制品的进口。

一般情况下，发达国家并没有采取相似的措施，但是发达国家为一些陷入困境的生产商提供大量的政府补助，使其与国外没有政府补助的竞争者竞争，因此扭曲了本国贸易。其中，最典型的例子是2008—2009年的汽车产业补贴。从2008年中期开始到2009年早期，为了保护国内汽车生产商，保护该行业就业以及避免破产的危机，包括美国、英国、加拿大、法国、德国、意大利和瑞典在内的发达国家为汽车制造商提供了约450亿美元的政府补贴。这项补贴政策的问题在于，它将使得整个汽车产业从一个高效率的行业退变为一个低效率的行业，根源就是政府的补贴扶持。尽管世界贸易组织有反对扭曲贸易补贴的相关规定，但是与反对贸易关税壁垒方面相比，它的执行机制较为无力。并且到目前为止，采取了扭曲贸易补贴政策的相关国家并没有被惩罚。

贸易保护主义
贸易保护是指一国利用国家权力，制定高额关税以及各种限制进口的措施，防止外国商品竞争，以保护本国市场和产业的政策。

贸易壁垒
是指一国对外国商品和劳务的进口实行的各种限制措施。贸易壁垒一般分为关税壁垒和非关税壁垒两类。

贸易扭曲
是指在涉及对外贸易活动时，一国由于实施了关税和非关税措施导致对自由贸易的阻碍而产生的扭曲。

和上述情况类似的事情也发生在制药产业。例如，印度制药公司仿制其他地方发明的新药。印度政府在1970年停止认可药物的生产专利权，但是依旧尊重药物生产方法专利权。这项决定使得印度公司可以反向研究西方国家制药技术而无须支付专利费用。这导致国外制药厂商在印度的市场份额从1970年的75%下降到2000年的30%。

例如，一家印度制药公司销售一种拜耳公司已申请专利保护的抗生素环丙沙星药物，每片药物价值12美分，然而在美国的售价却为5.5美元。在世界贸易组织知识产权保护协议（TRIPS）下，印度政府在2005年同意采取并强化国际药物专利体系。与此同时，关于这些独家专利如何使得发展中国家和欠发达国家居民无法支付包括救生药物在内的基本药品的问题激起了更为广泛的争论。

损害知识产权的行为在某些产业领域被认为是一个地域性问题。最为明显的是软件以及音乐产业。世界贸易组织认为降低在如医药、计算机软件以及音乐等产业的盗版率，对于世界贸易总量会产生极大的影响；同时也会激发创作者对创新知识产权的投资。总之，一旦消除了盗版行为，每年世界将会产生更多的药品、电子软件以及音乐作品。这紧接着也会刺激经济增长，提升社会福利水平和世界经济增长率。因此，对于世界贸易组织成员而言，对知识产权的保护与尊重符合其切身利益。尽管1995年的乌拉圭协议为世界贸易组织的成立奠定了基础，也通过知识产权保护协议在知识产权保护方面迈出了重要的一步，但是依然有人认为这些规则还需要进一步深化，且成员也需要做出更多的承诺。

资料来源：Charles W.L.Hill, Chow-Hou Wee, Krishna Udayasankar. International Business：An Asia Perspective.McGraw-Hill Education. 倪晓宁等翻译。

一、核心概念

这部分共包括两个核心概念，分别是贸易保护和贸易自由。

1. 贸易保护

贸易保护（trade protection）是指一国利用国家权力，制定高额关税以及各种措施限制进口，防止外国商品竞争，以保护本国市场和产业。第二次世界大战后，发达国家一直推行贸易保护政策，发展中国家为了保护自己的幼弱民族工业也实行必要的保护贸易措施。

2. 贸易自由

贸易自由（freedom of trade）是贸易保护的对称概念，指市场上商品交换双方在没有外力干预下自愿互利让渡商品的原则，体现了买卖双方地位平等、等价交换、自愿让渡的意志关系。它反映了交换双方谋求共同利益的要求。商品经济条件下的交换行为，涉及双方当事人的利益关系，双方都要在交换中谋求和维护各自的利益。这样买卖双方就形成了一致的意志关系——自愿让渡，即在没有外在力量干预和没有其中任何一方强迫下，互相让渡商品所有权。

二、贸易保护的主要形式

从贸易保护定义出发，贸易保护的主要形式可大致概括如下。

（1）进口关税。进口关税是各种保护措施中最为基本与典型的一种。其做法是在外国商品进入本国时，对它们征税。这种税收可以采取从价税的形式，也可以采取从量税的形式。

（2）进口限额。进口限额通常通过签发进口许可证来实施。签发许可证的总额就等于对进口总量的限制。

（3）国家垄断贸易。由国家授予国营（或国有）企业垄断某些商品进口的权利来达到限制进口商品数量的目的。

（4）外汇管制。如果一国政府对涉及进口的外汇支付实施管制，就意味着只有获准从中央银行购买外汇以支付进口的单位才有能力进口商品，这样，即使没有什么保护措施，也起到了限制进口的目的。

（5）禁止进口。这是最严厉也是最有力的限制进口措施，一般针对会对本国利益或经济发展产生重大不利影响的商品，如低收入国家对奢侈品进口的禁止等。

（6）本地购买法。当一种进口商品在本国也能生产时，为了保护本国企业的发展，政府可以颁布法令，要求进口商优先购买本国企业生产的商品。

（7）非关税壁垒。如烦琐的报关手续、卫生检疫以及其他各种可能导致进口交易费用增加的进口障碍。

第二节 关税理论

【案例 5-2】为什么全球食品价格上升了？

20世纪80年代后，受生产率的提高和世界农业部门产出增加的影响，全球食品价格持续下降，直到2007年下降的趋势骤然停止。在2007年9月，世界小麦价格从5月的200美元/吨开始上涨到超过400美元/吨，达到史上最高价格记录。玉米价格（黄色品种的）飙升至175美元/吨，比2006年的均价上升了约60%。根据《经济学人》杂志从1845年开始进行的统计，根据通货膨胀调整的食品价格指标在2007年12月达到其最高水平。

食品价格持续上涨的原因之一是需求上升。需求的上升是由于发展中国家发展迅速，食品消费增长。其中影响最显著的是中国和印度。尤其是肉类食品消费的上升导致了对谷物类食品需求的增长。每生产1公斤牛肉需要消耗8公斤谷物，所以，对肉制品需求上升，牧牛消耗的谷物会激增。农场主现在需要比20年前多使用2亿~2.5亿吨谷物来饲养动物，因而刺激了谷物价格上涨。

食品价格上涨的另一个原因是生物燃料补贴。美国和欧盟都采取政策来提高乙醇和生物柴油产量，以此缓解全球变暖（虽然这两种产品对于减排能产生多大效果依然存在广泛争议，但这两种产品二氧化碳排放量更少）。2000年，约1500万吨美国玉米转化成了乙醇；2007年的转化量达到了8500万吨。为了推动产量增长，政府给农民补贴。在美国，每公升乙醇的补贴在0.29~0.36美元。在欧洲国家补贴高达每公升乙醇1美元。不出意料，该补贴激励农民种植更多可转化成生物燃料的农作物（主要是玉米和大豆）。这样一来，种植食用玉米和大豆的土地转移至种植生物燃料农作物，因为没有生物燃料补贴，种植食用农作物例如小麦的土地供给下降。这种高补贴引起的需求似乎对玉米和大豆的需求产生了显著影响。例如，2007年，美国对于以玉米为原料的乙醇需求的增长占据了超过半数的世界玉米需求的增长。

关税
是指进出口商品在经过一个国家的关境时，由海关代表国家向进出口商征收的一种赋税。

补贴
是指本国政府对于有竞争优势的出口厂商，为了鼓励其出口更多产品，基于直接或间接的补助。

世贸组织（WTO）
成立于1995年1月1日，前身是关税及贸易总协定GATT，其基本原则是最惠国待遇和国民待遇，以自由贸易来推动世界经济的发展。

第五章 贸易保护理论

然而，许多进口产品被计征高昂关税，因此，生产者无法使用替代产品生产生物燃料，其中要数出口至美国和欧洲市场的甘蔗最出名，这让形势更为复杂。巴西有世界上最高效的甘蔗生产商，但出口至美国市场至少要被计征25%的进口关税，出口到欧盟市场关税则高达50%。这提高了美国和欧盟的进口甘蔗的价格。相比由政府补贴的玉米和大豆来说，甘蔗失去了竞争力。这非常不幸，因为甘蔗是公认的生产生物燃料最为环境友好型的原材料，比玉米或大豆更为优良。甘蔗使用肥料比玉米或大豆少，并且就作物的能量含量而言，每公顷产量更高，还可以从甘蔗处理过程中废弃的纤维中提取乙醇，这些纤维过去被人们当作废品。

然而，如果政策制定者自主行事，情况会变得更差。美国和欧盟在规划中都提倡提高生物燃料产量，但没有任何政治团体赞同降低甘蔗的关税壁垒，或取消对生物燃料生产所使用的玉米或大豆施加的具有贸易扭曲倾向的补贴。巴西对此没有袖手旁观。2007年，巴西要求世贸组织调查美国为制造乙醇而向玉米农场主发放的补贴。

资料来源：Charles W.L.Hill, Chow-Hou Wee, Krishna Udayasankar. International Business：An Asia Perspective.McGraw-Hill Education. 倪晓宁等翻译。

一、核心概念

这部分共包括六个核心概念，分别是关税、从价税、从量税、复合税、禁止性关税和配额。

1. 关税

关税（tariff）是进出口商品在经过一个国家的关境时，由海关代表国家向进出口商征收的一种赋税。征收关税一般是为了保护国内市场，但也有为了财政收入的目的而征收关税的，因此关税被分为财政关税和保护关税。政府对进出口商品都可以征收关税，但进口关税最为重要，是主要的贸易措施。关税具有透明性、非歧视性、稳定性和市场功能性等特征，同时能够防止寻租，保障国家利益。

2. 从价税

从价税（ad valorem tariff）是指按进口货物的价值征收一定百分比的税负。

3. 从量税

从量税（specific tariff）是指对进口货物每个单位量征收定量的税费。例如，每吨小麦征收 3 美元关税。

4. 复合税

复合税（compound tariff）是指从价税和从量税两种方法混合使用。例如，小麦征收 5% 的从价税后，再征收每吨 3 美元的从量税。

5. 禁止性关税

禁止性关税（prohibitive tariff）是指通过征收高额进口税，形成对外国商品进入本国市场的阻碍，可以提高进口商品的成本，从而削弱其竞争能力，起到保护国内生产和国内市场的作用。当进口关税税率足够高时，便形成了所谓的"禁止性关税"，即进口为关税所制止。

6. 配额

配额（quota）是指一国政府在一定时期内，对某些商品的进口数量或金额加以直接限制的措施。在实践中，存在着超过配额不得进口（绝对配额）与对超额进口部分实行惩罚性关税（关税配额），以及针对国别与全球发放进口配额的做法。

二、关税的具体分析

（一）小国关税的局部均衡与一般均衡分析

1. 小国关税的局部均衡分析

经济意义上，国际贸易中的小国是指某国在市场中只是既定价格的被动接受者，而非价格的决定者，即它对国际贸易市场中的价格没有影响。

如图 5-1 所示，小国关税的局部均衡分析模型利用一个国家可进口商品的需求与供给曲线，并假定由于关税导致国内进口商品价格的上涨，其价格上涨幅度与关税相等。关税分析模型讨论了关税的局部均衡效应、关税的若干经济效应以及对消费者剩余和生产者剩余的影响。

第五章 贸易保护理论

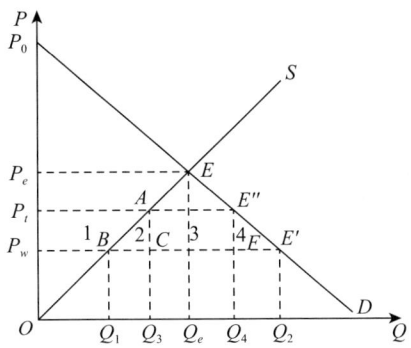

图 5-1 小国关税的局部均衡分析图

说明：图 5-1 是局部均衡的进口关税分析。在供给水平与需求偏好不变的情况下，图中 P_e 与 Q_e 是封闭条件下的均衡价格和生产、消费量。P_w、P_t 是自由贸易条件下和征收关税后的价格，$P_w < P_e$，国际价格低于国内价格，出现 Q_1Q_2 的供给缺口，这一数量在自由贸易下则为进口，通过进口来满足国内需求。该国为了保护本国市场以维持国内生产，决定征收进口关税，图中 P_w 上升到 P_t，这时进口因为价格上升而下降，本国生产却因为征收关税有所保护而上升，图中 Q_3Q_4 为在征收进口关税后的价格下的进口量。

（1）保护效应。其数量为 Q_1Q_3，也叫进口替代效应，即征收关税后，国内价格上升而导致国内供给增加。保护效应的大小取决于生产产品的供给弹性的大小，供给弹性越大则保护效应越大，反之则越小。

（2）消费效应。其数量为 Q_2Q_4，表示消费的减少。它是价格上升造成需求下降，人们消费水平收缩，继而这部分消费消失的结果。这一效应的大小一般取决于需求弹性的情况，需求弹性越大则效应越大，反之则越小。

（3）贸易效应。它是保护、消费效应之和，即替代进口部分加上消费的减少所造成的进口的下降，并因而带来贸易量的变化，即 Q_1Q_3 与 Q_2Q_4 之和。

（4）税收效应。其数量为 $(P_wP_t) \times (Q_3Q_4)$，它是政府对进口商品征收关税所得的财政收入。

（5）国际收支效应。它是进口下降所引起的对外支付降低，即外汇的节约，其数量等于 $(Q_2Q_4+Q_1Q_3) \times OP_w$。

与自由贸易时相比，生产者剩余增加 P_wP_tAB 部分，即图中 1，消费者剩余减少 $P_wP_tE''E'$ 部分，即 1+2+3+4，其中 1 以生产者剩余的形式转移给生产者，3 以税收的形式转移给政府，而 2 和 4 则是征收进口关税的净损失，这在经济学中称为无谓损失，整个福利的变化也称再分配效应。

2. 小国关税的一般均衡分析

一般均衡分析考虑的是多种产品和多个市场的均衡过程。小国关税的一般均衡分析考虑的是关税的福利分析。

如图 5-2 所示，某国原来的优势在于生产 Y 产品并对 X 产品征税，这样因 X 产品价格上升，生产 X 产品有利可图，因此资源转而增加生产 X，生产点从 A 移至 A'，国家按国际价格交换，消费者按税后的国内价格交换，该国福利的变化由无差异曲线表示，福利水平和征收关税之前相比有所下降。

此时，该国的均衡条件为，生产 OB 的 X 产品、A'B 的 Y 产品，消费 ED 的 X 产品、BF 的 Y 产品。按照国际价格与国内交换，该国作为整体与该国消费者用 Y 产品交换的 X 产品数量不同。这种情况是由关税造成的扭曲所致，但国家福利受到损失，主要是由国内、国际价格差异所致。

从小国征收进口关税的分析中能够得到的政策启示是：任何阻碍自由贸易的做法，尽管会使得征收进口关税的国家的国内生产增加、财政收入增加，但从总体上看，征收进口关税必然使得该国的福利有所下降，导致该国经济福利的净损失。

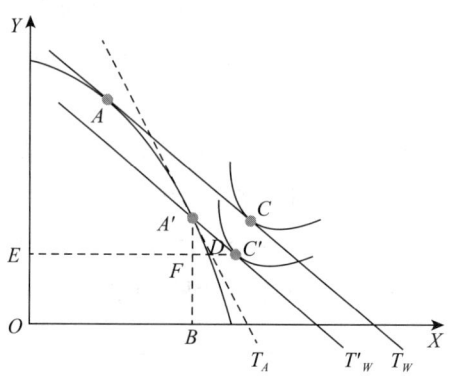

图 5-2 小国关税的一般均衡分析图

（二）大国关税的局部均衡与一般均衡分析

1. 大国关税的局部均衡分析

如图 5-3 所示，某国在征收关税后消费者剩余下降 $a+b+c+d$，其中 a 转变为生产者剩余，是消费者剩余转移过去的福利，c 为关税收入，$b+d$ 为保护后即征收关税后的净损失。但大国与小国相比，区别在于它可以左右价格，即利用征收关税后需求下降造成的供大于求，将关税负担转移给国外出口商，这使得出口商为了保护市场而将价格压低为 P'_w，于是国内消费者支付了 $P_t-(P_w-P'_w)$，出口商得到了 P'_w 而非 P_w，分担了关税负担。

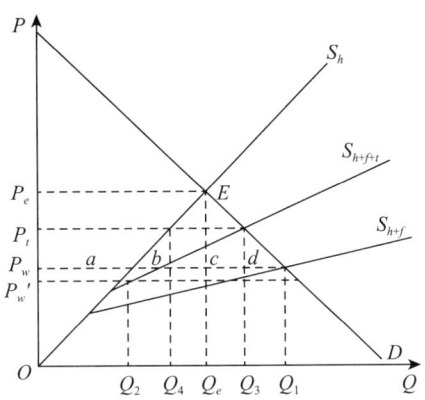

图 5-3　大国关税的局部均衡分析图

说明：图中有三个价格，即国际价格 P_w，征收关税之后的价格 P_t，以及该国利用自己大国地位所压低的价格 P'_w，S_h 为国内供给曲线，S_{h+f+t} 为总供给曲线，S_{h+f} 为税后供给曲线，税前消费量为 OQ_1，其中 OQ_2 为国内供给，Q_1Q_2 为外国厂商供给。税后消费量降为 OQ_3，国产 OQ_4，进口 Q_3Q_4。

大国征收进口关税的结果有三种情况：如果征收进口关税后，贸易条件的改善大于关税保护的代价，则征收进口关税有净收益；如果征收进口关税后，贸易条件的改善等于关税保护的代价，则征收进口关税无损失；如果征收进口关税后，贸易条件的改善小于关税保护的代价，则征收进口关税有净损失。

2. 大国关税的一般均衡分析

大国关税的一般均衡分析可以利用两个国家的提供曲线予以说明，国际价格是过原点和均衡点 E 的一条射线 OT，征收关税后的价格曲线 OH 显得更为平缓，经济意义上即为贸易条件向有利于 B 国的方向倾斜。如图 5-4 所示，OA、OB 为 A 和 B 两国的提供曲线，Tr 为消费者税后实际价格线，E 为均衡点。B 国征税后，X 产品价格提高，进口下降，如 A 国对 Y 产品需求不变，B 国贸易条件好转，OB 变为 OB'，OT 价格线变为 OT'，此时 B 国用较少的 Y 产品可以换得较多的 X 产品。OT 价格线变为 OT' 就是贸易条件效应。

一般情况下，大国在征收关税后，其保护作用往往不那么强，这是由于出口国会降低价格来抵消进口国的价格上升，以便保持自己在进口国的市场份额，结果抵消了进口国征收关税的效果。因此，大国征收关税的保护效应相对小国会小一些。大国征收进口关税造成的进口下降比小国要小，得到的收益会比较大，这是由其大国地位决定的，即在大国征收进口关税的压力下，出口国不仅要被迫减少出口量，而且出口价格也要降低。

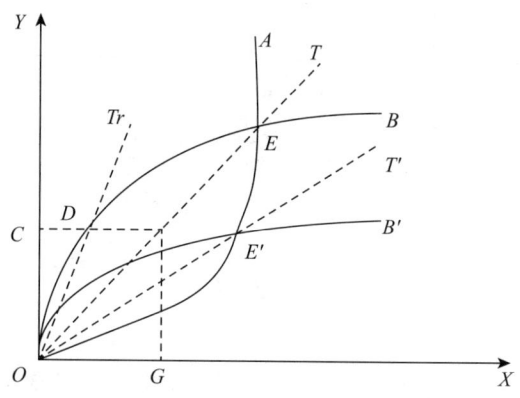

图 5-4 大国关税的一般均衡分析图

（三）进口关税与配额的比较分析

进口配额是指一国政府在一定时期内，对某些商品的进口数量或金额加以直接限制的措施。在实践中，存在着全球配额和国别配额等做法。

1. 进口配额与等效关税的进口数量分析

如图 5-5 所示，一项进口配额与（相应的）进口关税具有相同的消费和生产效应。如果政府在一个竞争性市场上将进口许可证拍卖给最高的出价者，其收入效应是相同的。需求和供给曲线的平移在存在进口配额的时候会引起国内价格的调节，在存在关税的情况下会引起进口数量的调节。在国内需求发生变化、消费量增加时，若该进口国采取等效关税而非配额的措施，则进口关税税率不变，在这样的情况下，需求曲线升为 D'_x，但价格仍为 P_Q，国内生产并未因需求上升而改变，但国内消费量增加为 OQ_7，增长了 Q_4Q_7，等效关税并未同步增加保护作用。

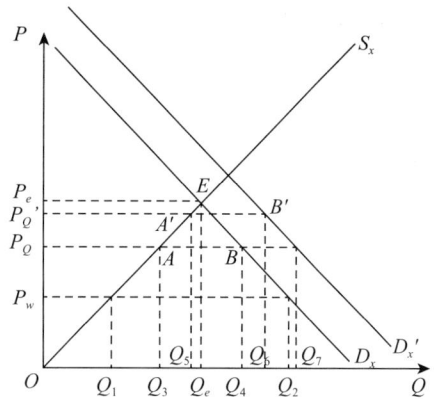

图 5-5 进口关税与配额的比较分析图

说明：图形中 S_x 与 D_x 曲线分别是该国的国内供给曲线和需求曲线，由于 $P_w<P_e$，国际价格低于国内价格，因此该国存在进口，Q_1Q_2 为 P_w 价格自由贸易下的进口。为限制进口，该国设置了 Q_3Q_4（AB）的进口配额，而 P_Q 价格是设置 Q_3Q_4 进口数量限制而形成的消费者的新价格，在某种意义上这种做法可看成等同于设置 P_Q 的进口税，国内需求为 OQ_4。需求偏好发生变化后，形成了新的需求曲线 D_x'，国内供给曲线不变，在此基础上可以分析得出进口配额与等效关税之间的差异。

2. 进口配额与等效关税的政策含义比较

第一，在实行进口配额时，国内需求上升，结果是国内该种商品的价格升高，国内生产增加，而实行与配额等效的关税时，上述情况的结果则是，这种商品的国内价格不变，国内生产不变，但消费与进口量要变化。所以，实行进口配额的结果是价格的调整，而实行等效关税的结果是进口量的调整。进口配额排除了市场机制，是对市场力量的取代；而等效关税是对市场力量的贯彻，因为国内外价格之差一般不会超过进口关税税率。

第二，在实行进口关税时，政府会得到相当于关税数量的财政收入。在实行进口配额时，进口许可证如果采用拍卖的方法，则拍卖收入归政府财政，这与等效关税是一样的。如果对配额进行无偿分配，则等于将这部分收入转让给了得到进口配额的进口商。一般认为，进口配额的垄断性分配易于导致进口商的寻租行为。

第三，实行进口配额限制，能够进口的数量是明确的，但实行进口关税则因供求曲线的状况不同而结果不同，即实行进口关税的结果因为供求曲线不明而无法掌握。

总的来说，实行进口关税事实上无法彻底限制竞争，国内生产厂商无法形成完全的垄断，价格无法抬得过高。实行进口配额，因允许的进口数量明确而对国际贸易自由程度限制清楚，限制性更强，所以国内厂商更愿意采用。一般而言，发展中国家大都愿意实行后者这种明确简单的做法。

第三节 幼稚产业的保护

【案例 5-3】中国企业的产业保护

2001年12月1日，中国加入了WTO。在此之前，中国通过严厉的关税和配额措施对许多产业进行保护。例如，在20世纪80年代初，汽车进口关税曾高达260%，到1996年，调整为80%~100%。此外，中国还对汽车进口实施配额限制，一些地方政府甚至还实施额外的配额。到2006年（在中国于2001年加入WTO后），汽车关税降至25%，进口配额也随之取消。

近年来，中国的汽车需求急剧增长，现已超过日本成为仅次于美国的世界第二大市场（按汽车销售量衡量）。目前已有许多外资企业在中国生产汽车，其中有一些正计划向其他国家出口它们在中国制造的汽车。中国的汽车产业能成为幼稚产业保护的一个成功典范吗？从目前生产和汽车出口中获得的收益已超过了以前实施关税和配额时付出的代价了吗？

中国的产量从20世纪80年代初开始，中国准许外国厂商与当地的中国合伙人建立合资企业。第一家是建立于1983年的北京吉普。它是由美国汽车公司（AMC——后被克莱斯勒公司收购）与北京当地一家企业组建而成的合资企业。第二年，德国大众签订了一份为期25年在上海制造小轿车的合同，法国标致也同意一个在广州制造小轿车的项目。

虽然一系列的合同协议为外国汽车制造商试水中国市场打开了一扇窗户，但它们的参与度仍受到不少限制。外国制造商不能拥有合资企业的多数股权——大众公司的外资股权最高，为50%。中方还控制了合资生产的汽车销售网络。上述种种规定，再加上高关税，至少有助于一部分新建合资企

幼稚产业

某种产业由于技术经验严重不足，劳动生产率低下，产品成本高于世界价格，因而无法与国外产业竞争，但在关税、补贴等保护措施下继续生产，经过一段时间能够在自由贸易条件下获利，达到其他国家的水平而自立，形成良性发展，这样的产业就是幼稚产业。

业取得成功。在这些规章制度的保护下,上海大众汽车无疑是个赢家。到20世纪90年代末,其汽车年产量超过20万辆,是所有其他汽车厂的两倍多。大众公司的成功还得意于上海市政府的某种支持。对排气量的各种限制性规定,以及向购置大众车的城市出租车提供补贴等措施,都有助于确保只有大众汽车可以在上海市场销售。显然,上海大众汽车厂具有地方垄断性。

大众的竞争对手就没有这么幸运了,北京吉普从未为自己的高底盘车找到过大规模的市场。整个20世纪90年代,该公司年产量不足2万辆。标致的合资企业情况更糟,1997年它就撤资了。然而,1998年该厂又与日本本田公司达成新的协议,开始在中国生产小轿车。也是在1998年,大众公司还同长春第一汽车制造厂一起开设了一家新厂,每年生产大约10万辆轿车。日本大发公司与天津汽车制造厂组建了一家合资企业,年产大约10万辆夏利轿车。从那时起,丰田也紧随其合伙公司大发之后,开始在天津制造汽车。通用汽车公司在上海开了两家厂,分别投了15亿美元和25亿美元,使它在中国的生产能力每年增加到50万辆。福特和其他汽车制造商也打算进一步扩大在中国的经营活动。

消费者成本 整个20世纪90年代,中国利用关税和配额将轿车进口数量控制在相当低的水平,从1993年进口量较高的22.2万辆,到1998年进口量较低的2.75万辆,再到2005年的16万辆。因为1996年汽车关税税率为80%~100%,受此关税影响,进口轿车价格几乎翻了一番。但是,要是对汽车进口实施配额的话,完全可能对进口和国产轿车的价格产生更大的影响。当母国厂商处于垄断地位时,配额对国内价格的影响尤其大。上海大众合资企业的销售就属于这种情况。它在销售其汽车产品时享有地方垄断地位。

这种地方垄断的后果是,它大大抬高了上海市场的汽车价格。在图5-6中,我们列出了1995—2001年各汽车厂家在中国市场销售的汽车价格与边际成本之比,即加成率。上海大众的加成率最高,1998年达54%,到2001年才回落至28%,1995—2001年,年均42%。与此相对照,天津汽车制造厂的平均加成率才19%,上海通用为14%,其他生产厂家的加成率甚至更低。

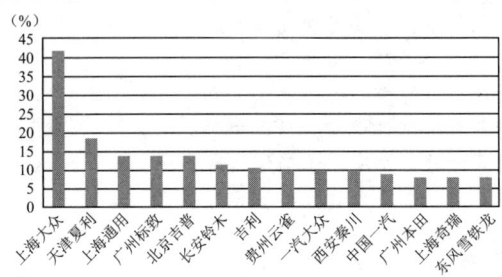

图 5-6 1995—2001 年各汽车厂家在中国市场销售的汽车加成率

说明：本图显示了 1995—2001 年各汽车制造商在中国销售的汽车加成率（价格对边际成本之比）。加成率最高的是上海大众，它在上海具有地方垄断性。

上述事实清楚地表明，上海大众之所以能大幅度提高其价格，是因为地方政府赋予其垄断势力。况且，在 20 世纪 90 年代，上海大众生产的捷达和奥迪车型都已经过时。尽管价格不菲、车型陈旧，可是该厂 2001 年全年产量还是达到最高峰，因此上海及其周边地区的大量消费者承担了地方保护成本。这个例子说明了母国垄断厂商是如何以牺牲消费者的利益为代价从保护中获利的，同时也说明了实行保护是如何抑制厂商引进最新的车型和生产技术积极性的。

生产商所得　中国以幼稚产业保护为由实施关税和配额，它们本应在未来成本出现较大下降后，不再需要保护。但中国没有完全做到这一点，因为它仍对汽车征收 25% 的关税，不过，该关税税率比起过去要低得多。并且，一些生产商目前正打算从中国出口汽车，该事实表明它们能在没有政府任何帮助下从事生产和销售活动。所以，我们完全有理由得出结论，某些生产商的平均成本已降至接近世界价格水平了。这是幼稚产业保护的一个成功样本。

然而，我们不禁要问，平均成本的下降是否一定是以前保护的结果，或者是否是由某些其他原因造成的。毫无疑问，从前的保护有利于吸引外资企业进入中国市场。在 2001 年中国加入 WTO 之前进入中国的所有外国汽车公司在高度保护状态下这样做，找到当地合伙人是它们在当地销售的唯一途径：因为过高的关税难以对中国大量出口。并且，由于中方合伙人受益于外方转移过来的技术，使当地生产成本不断下降。我们可以得出一个结论，关税保护加上对合资企业股权的限制，已经使得中方合伙人学到了很多知识和技术，并降低了成本。

> 上述例子说明，中国最早出口汽车的很可能是那些没有从关税或技术转让中受益最多的厂商。所以，关税和配额并非是中国汽车产业成功的唯一原因。起码与关税本身同样重要的是中国收入的迅速增长，它导致了国内汽车销售的繁荣，吸引了其他厂商进入该市场。关税曾有助于外资流入，但却是中国消费者促使厂商提供用最有效的工艺技术制造最新车型。因此，中国实施的高关税和配额制是否与目前中国汽车产业的成功有关，或是否导致了阻碍汽车产业今后一步发展的那种价格高昂、车型设计落后的状况，我们还难以下结论。
>
> 资料来源：罗伯特·C.芬斯特拉.国际贸易[M].北京：中国人民大学出版社，2011.

一、核心概念

幼稚产业

某种产业由于技术经验严重不足，劳动生产率低下，产品成本高于世界价格，因而无法与国外产业竞争，但在关税、补贴等保护措施下继续生产，经过一段时间能够在自由贸易条件下获利，达到其他国家的水平而自立，形成良性发展，这样的产业就是幼稚产业（infant industry）。

一般认为，具有比较利益的产业处于幼稚状态时，经过保护可获得现实的比较利益，从而在自由市场的条件下得以发展。但是，成本递增型产业是不能算作幼稚产业的。在国际经济学中，幼稚产业的标准有穆勒标准、巴斯塔布尔标准和肯普标准等。

二、幼稚产业的保护

（一）李斯特的贸易保护理论

李斯特于1841年出版《政治经济学的国民体系》一书，系统地提出了保护幼稚产业的学说。李斯特在书中对古典贸易理论提出批评。认为李嘉图等的自由贸易理论没有考虑到世界各国之间的差异，在实际中未必对相对落后的国家有利。李斯特的贸易保护理论建立在生产力论的基础上，认为财富的生产力或生产财富的能力，比财富本身更重要。从动态的角度研究财富、研究生产，这是李斯特思想的精华之处。

李斯特的核心思想包括：

（1）关税保护对象：工业中重要的工业部门、经过发展能与外国商品竞争的部门和技术部门应该重点保护；对于不太重要的经济部门，如奢侈品部门，只能采取低层次的保护；对于虽然是新生工业但国外并无强有力竞争的部门，则不需要保护。

（2）关税保护措施：可以根据国家的特有环境及其工业情况决定对工业品采取禁止输入或适当规定的税率的办法。对输出加以禁止或征税，以及对自然产物的输入加以征税，不是通常的办法；退税的办法只对那些仍然要从国外输入的半制成品使用；为使本国工业品能在第三国参与竞争而使用奖励金的办法则是不恰当的。

（3）课收关税应当有一定的限度。

（4）关税保护措施的实施应当有步骤进行。关税保护制度的变化应由比较落后的国家根据它与比较先进的国家关系中的特有情况以及相对情况来决定。

李斯特的观点是用民族主义代替古典学派的世界主义。李斯特看到了不同国家在国际贸易中的利益冲突，并分析了关税政策对国内经济的影响。李斯特不仅仅着眼于国际分工的静态利益，而且注意到了贸易对一国产业结构动态调整的影响。李斯特的理论成为后来各种贸易保护主义的重要理论基础。

（二）幼稚产业的选择标准与均衡分析

1. 幼稚产业的选择标准（M-B-K 标准）

（1）穆勒标准。某种产业由于技术不足，生产率低下，成本高于国际市场，无法参与竞争；而在保护下，能够在自由贸易中获利，使得潜在的比较利益转化为现实的比较利益，可以自我投资发展。这样的产业即为幼稚产业。但是在保护时应注意两点：一是保护的时间应限制在产业学习新技术的过程中；二是保护必须具有很强的针对性。

（2）巴斯塔布尔标准。在确定幼稚产业时，除了坚持穆勒的产业自立原则之外，还可以将经济学中的成本—效益分析方法引进来予以应用。同时，保护、扶植幼稚产业所需的社会成本不能超过该产业将来收益的限值，符合条件的即为幼稚产业。这样实际是将幼稚产业的确定，从仅使用静态的方法发展成为兼用动态的方法。但是，对于这一标准提到的收益是指产业的收益还是整个社会的收益，该标准并没有予以表明。

（3）肯普标准。美国经济学家肯普认为，确定幼稚产业还应该考虑产业在保护时期内的外部效应问题。如果该产业具有外部性，其技术可为其他产业所获得，使其他产业利润增加，而使得本产业利润无法增加，将来所获利润无法补偿投资成本，那么国家应该予以保护。但是，如果该产业在学习技术、经验时，具有很强的内部性，这种产业就不需要予以保护。

上述三个标准大抵只是从私人产业的角度来考察幼稚产业问题，只是强调私人产业的利润能否弥补成本，即便考虑了现值，从静态转化为动态，也仍然没有从社会福利的角度对幼稚产业加以考察。

2. 幼稚产业的均衡分析

如图5-7所示，图中供给曲线位置很高，表明国内供给方是幼稚产业，生产成本很高，在自由贸易条件下，由于国际价格很低，国内价格过高，因而国内生产完全无法对国内形成供给，任何需求都无法从国内生产中得到满足，国内的需求要完全由国际市场来供应满足；经过一段时间的有效保护，该国的供给能力得到提高，供给曲线从 S 移动至 S'，这时进口停止，全部的国内需求均由国内生产提供；如果供给曲线进一步移动至 S''，这时由于该国成本很低，该国产品便可参与国际竞争。

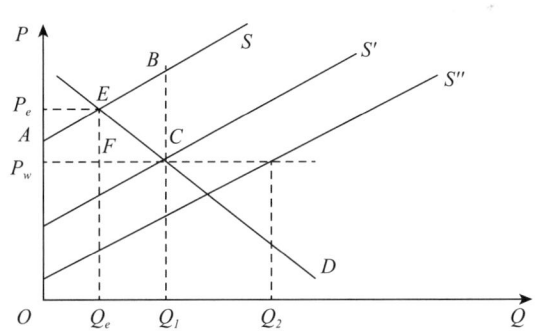

图5-7　幼稚产业的均衡分析图：国内生产

对幼稚产业予以保护是为了使该产业得到发展；而作为一个国家经济的总体，实行保护政策，是希望现有产业得到发展，希望本国的产业结构得到改善。在绝大多数情况下，产业结构的转化总是一国经济发展的过程与结果，相对落后国家也总是希望通过产业结构转化达到经济发展的目的。在发展经济学中，经济相对落后与经济发达的重要区别就在于经济结构的落后，即存在着二元经济,而经济发展的过程就是克服经济二元结构的过程,因此产业结构的转换是经济发展的重要任务。在国际经济的现实中,如韩国等一些经济得到一定程度发展的国家,被认为其经济结构得到了成功的转换

如图5-8所示,在实行贸易保护之前,该国比较利益在于生产、出口X产品(生产点为A,消费点为C),之后随着生产力向Y产品方向发展,比较利益在于生产、出口Y产品(生产点为B,消费点为C)。比较利益随着产业结构的变化而得到了转换,说明保护的目的达到了。

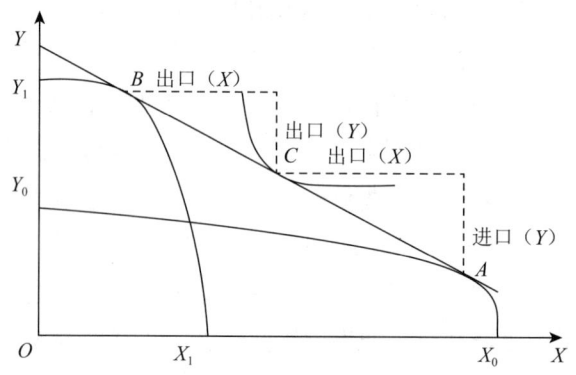

图5-8 幼稚产业的均衡分析图:贸易优势

(三)关税的有效保护率

1. 关税保护与关税的有效保护

征收关税的目的在于保护国内生产和市场,一个进口关税税率存在着名义保护与有效(实际)保护。名义保护率为其名义税率,即对最终制成品进口征收的进口关税税率,其经济含义为,因征收进口关税,本国生产增加所替代的进口数量。名义关税税率的有效保护是指对受保护行业单位附加值增加率的保护。这里的附加价值是指最终产品价格减去进口原料和中间产品的价格,即进口后投入的价值。只有进口关税的有效保护率,才真正反映出本国产品在关税保护下的实际竞争能力。

2. 关税有效保护率的计算

进口关税的有效保护率(rate of effective protection,ERP)的计算公式如下:

$$ERP=(V'-V)/V$$

式中,V'为附加值,即最终产品价格减去原材料(或中间产品)的价格;

V' 是带有税收的附加价值；V 为新加入的价值，即在不征收关税时单位产品的附加价值，在很大程度上它是活劳动的贡献。

3. 关税有效保护的政策含义

关税有效保护对于不同的国家，尤其是发展中国家在选择对外贸易政策时具有特殊的意义，关税结构选择得不恰当，会使发展中国家对外经济的发展陷入一种两难的境地。

（1）对最终产品征收进口关税的名义税率不变时，对进口原料和中间产品征收的关税税率越低，该名义关税税率的保护作用（有效保护）越大。因此，在国际贸易的现实中，发达国家一般对最终产品征收关税，但对进口原料大多免税，即根据进口产品加工程度的差异征收不同的关税。

（2）一国如果用进口原料进行加工、对原料征税，则其结果将是降低产品的竞争力。这样贸易政策的取向应该是对这部分原料予以照顾，因此，大多数国家采取了出口退税的做法，一方面可以增强出口竞争力，另一方面可以避免偷逃进口关税。

（3）有效保护对于发展中国家是两难问题。发展中国家在选择本国的关税结构时，空间要比发达国家小，需要从更加广泛的角度而不仅仅从关税的角度来确定本国对产业实行保护的措施。

第四节　倾销与反倾销

【案例 5-4】美国镁业寻求保护

> 镁是生产某些汽车零部件和镁容器的主要原材料。在 2004 年 2 月，美国唯一在市场竞争中幸存下来的镁生产商美国镁业公司向美国国际贸易委员会提出诉求，称进口激增对美国镁产业的雇佣、销售、市场份额和利润都造成了实质性损失。美国镁业公司表明，俄罗斯和中国生产商以明显低于市场价值的价格销售金属制品。2002—2003 年，美国镁金属进口量增长了 70%。而价格下降了 40%，进口所占的市场份额从 25% 上升至 50%。

"美国曾经是世界上最大的镁生产国",美国镁业公司一位发言人在其上诉期间说,"真正可悲的是,即便你拥有工艺水平和现代技术,但如果中国人以每小时低于90美分的价格发工资,他们绝对可以借此将你逐出市场。正因如此,我们才要寻求救济。"

在持续一年的调查中,国际贸易委员会在争议中听取了各方意见。在美国的外国镁生产商和消费者认为,2002年至2003年间镁价下滑仅仅反映了供给和需求的不平衡。这种不平衡是因为有新的产能进入市场,但该产能并非源于俄罗斯和中国,而是源自2001年加拿大投产的新建工厂和一家计划建立的澳大利亚工厂。后来,加拿大工厂在2003年停产,澳大利亚工厂则一直没有投入生产,镁价在2004年再度上升。

美国镁消费者也向国际贸易委员会表示,对外国进口的镁金属征反倾销税会使美国镁价明显高于世界市场价格水平。美国铝业公司是一家用镁铝合金制造容器的公司,其发言人预测,如果征收反倾销税,美国高昂的镁价将迫使美国铝业公司将部分生产从美国转移出去。美国铝业公司同时强调,美国镁业公司在2003年无法满足美国铝业公司对镁的全部需求,使得美国铝业公司求助于进口。汽车行业的镁消费者坚持认为,美国镁价走高会迫使工程师设计不使用镁的汽车或将生产转移至别处,最终反使各方受损。

国际贸易委员会的六名成员没有被这种观点说服。在2005年3月,国际贸易委员会认为中国和俄罗斯都在美国进行倾销。政府决定对从中国进口的镁实行50%~140%的反倾销税。俄罗斯生产商面临着19%~22%的反倾销税。该反倾销税征五年,五年后国际贸易委员会重新审核有关情况。在2011年初,国际贸易委员会决定撤回对俄罗斯的反倾销税,但继续对从中国进口的镁实行反倾销税。

据美国镁业公司显示,这项对其有利的裁定使该公司在过去几年中对工厂进行投资,在2005年底提高了25%的生产能力,获利近5千万美元。在评论这项有利政策时,美国镁业公司发言人指出:"一旦市场上不存在不公平竞争,我们可以和任何对手竞争。"然而,美国镁业公司的消费者和竞争对手认为,2002年至2003年期间双方并未进行不公平竞争。尽管实施反倾销税无疑会保护美国镁业公司和其雇佣的400多名员工,但美国镁产品消费者担心自己才是损失的终极承担者。

资料来源:Charles W.L.Hill, Chow-Hou Wee, Krishna Udayasankar. International Business:An Asia Perspective.McGraw-Hill Education.倪晓宁等翻译。

倾销

法律上所指的倾销,有三个构成要件:
(1)产品以低于正常价值或公平价值的价格销售;
(2)低价销售的行为对进口国产业造成了损害;
(3)损害与低价之间存在着因果关系。

反倾销税

是指进口国海关对外国的倾销货物,在征收关税的同时附加征收的一种特别关税,其目的在于抵消他国的补贴。反倾销税的征收期限不超过五年。

一、核心概念

倾销

倾销（dumping）的法律定义通常以《1994年关税及贸易总协定》第六条规定为根据，即指出口商以低于正常价值的价格向进口国销售产品，并因此给进口国产业造成损害的行为。根据这个定义，法律上所指的倾销，有三个构成条件：

（1）产品以低于正常价值或公平价值的价格销售；
（2）低价销售的行为对进口国产业造成了损害；
（3）损害与低价之间存在着因果关系。

倾销一般分为偶然性倾销、掠夺性倾销和长期性倾销三种。

二、倾销的影响

（一）倾销对出口国的影响

第一，挤占出口国其他企业的海外市场份额。无论从事倾销的生产厂商出于何种目的，客观上都可以在短期内扩大其在海外市场的份额。这样，倾销厂商就可能抢夺原本属于未进行倾销的本国（出口国）企业的海外市场的份额。进口国厂商也可以通过对倾销产品进行简单加工后低价出口到第三国，使在第三国市场上进行正当竞争的出口国的有关生产厂商受到打击，缩小或失去出口市场。所以，倾销相对于出口国的其他非倾销企业而言，也是一种不公平竞争的行为。

第二，损害出口国消费者的利益。倾销厂商可以利用倾销手段，处理其库存或剩余产品，从而维持其在国内市场的垄断价格，以弥补其在海外市场的损失。在此情况下，出口国的消费者被迫支付比正常价格还要高的费用，而使之对其他消费品的购买力受到不同程度的丧失。实际上，倾销企业在海外市场的扩张以侵害出口国消费者的利益为代价。

第三，扰乱出口国市场秩序。由于倾销往往不是出口产品的生产厂商劳动生产率高的反映，因而其低价销售行为会创造一种虚假的竞争优势，引发国内其他生产厂商的过度竞争，进一步助长假冒伪劣产品的泛滥，阻碍生产企业的进步，从而扰乱出口国市场的价格形成机制和公平竞争的秩序。

（二）倾销对进口国的影响

第一，阻碍进口国相应产业的发展。由于倾销的存在，进口国相应产业被迫与外国产品进行低价竞争，其结果是进口国生产商利润下降以至于经营亏损。显然，随着倾销产品的进入，将剥夺进口国生产相似产品的生产能力及阻碍相关产业在正常情况下可能出现的增长与发展。

第二，扭曲进口国市场秩序。由于倾销产品价格低廉，对进口国消费倾销产品的产业来说，会因接受错误的低价信号而扩大生产，所以一旦出口国停止了倾销，该进口国产业将无法保持扩大了的生产规模，从而造成资源的错配与浪费。另外，倾销产品会引起消费者对产品的过分注意，从而引导进口国市场的过度价格竞争，扰乱进口国市场的正常竞争秩序。

第三，威胁和抑制进口国产业结构调整和新兴产业的建立。当前世界各国都在进行产业结构的调整和升级，特别是发达国家在此方面已率先完成或正在为此进行过渡。发达国家这些新兴产业生产的产品对发展中国家的倾销，将直接威胁发展中国家相关的新兴产业发展，阻碍甚至摧毁这些国家为建立新兴产业和进行产业结构调整而进行的努力。

（三）倾销对第三国的影响

在自由贸易条件下，任何一个国家的国内市场都很难只为本国企业或某一外国的生产厂商所占有，通常都会有多个国家的生产厂商在相互竞争。在进口国市场上存在第三国出口产品竞争的情况下，倾销产品也会对第三国产生损害，即导致进口国对第三国产品的市场需求下降，使第三国在进口国的市场份额和利润减少。与进口国所受到的影响有所不同的是，第三国生产商是在其国内消费者没有享受到低价倾销产品好处的情况下受到损害的。由于倾销所产生的影响并非仅限于进出口国之间，而是会波及所有在进口国市场进行公平竞争的第三国企业，所以倾销对国际贸易正常秩序的危害性不容低估。

三、反倾销的经济效应分析

通常的反倾销措施包括征收反倾销税和出口商承诺。

（一）征收反倾销税

如果是偶然性倾销，则进口国生产者一般不会受到实质性损害，消费者却可以享受到物美价廉的进口商品,按理政府允许这种倾销行为的存在。长期倾销如果是为了获得政府的补贴,则其影响以及政府征收反倾销税的经济效应与补贴和反补贴的效应是类似的。

如图 5-9 所示,假设垄断企业在进口国征收反倾销税前所面临的需求曲线与边际收益曲线分别为 D 与 MR,则为获得最大利润的生产均衡点应为边际成本 MC 与边际收益 MR 两曲线的交点(设垄断企业在该国的市场份额在其总市场份额中仅占较小的比重,故 MC 为一条水平线)。此时垄断企业在该国的销售量为 Q,价格为 P。假设进口国政府对倾销商品征收额度为 SP' 的反倾销税,这意味着国内价格要比进口价格高出 SP',垄断企业所面临的需求就会相应减少,及需求会向下移动一个 SP' 的垂直距离,即由 D 变为 D',边际收益曲线也相应由 MR 变为 MR′。这样,垄断企业就要针对减少的需求减少销售量,在边际成本曲线 MC 与新的边际收益曲线 MR′ 的交点处,产量为 Q',即表示垄断企业必须将在该国的销售量由 Q 减至 Q',才能获得最大利润,这时对应的价格为 P'。

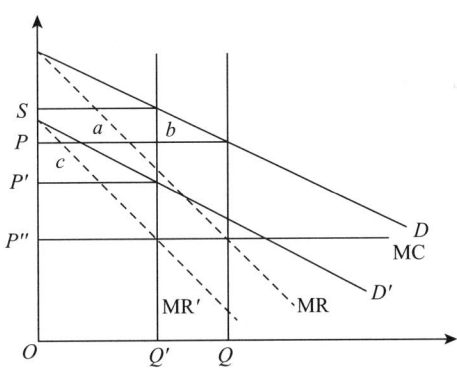

图 5-9 反倾销的经济效应分析图

征收反倾销税后,进口国政府获得了 $Q'O \times SP' = (a+c)$ 的收入即矩形面积 a 和矩形面积 c 的收益,国内消费者则损失了矩形面积 a(转移为税收)和三角形面积 b 的利益,政府收益减去消费者损失为面积 $(c-b)$,若 $c>b$,则为净收益;若 $c<b$,则为净损失。事实上,只要政府根据需求弹性,适当调整反倾销税额 SP',就可以像征收最优关税那样,使 $(c-b)$ 变得最大,即通过征收反倾销税使该国国民经济获得最大的净收益。此外,从整个世界的角

度来看，反倾销税不过是损人利己的手段，结果是世界遭受损失。如图面积 c 部分，实际上是出口国垄断企业损失的一部分。除此以外，垄断企业还因销量减少 $Q'Q$，从而损失了数额为 $Q'Q\times(OP-OP')$ 的利益，世界的净损失为 $b+Q'Q\times(OP-OP')$。

（二）出口商承诺

倾销价格与损害的初步确定，将导致进口国采取征收临时反倾销税的措施。但如果出口商承诺采取某种行动以消除倾销所造成的损害性影响，则进口国反倾销调查当局有可能终止正在进行的反倾销调查。

第五节 自由贸易区、关税同盟与经济一体化

【案例5-5】北美自由贸易协定和美国纺织行业

北美自由贸易协定在1994年正式生效。许多人都认为美国纺织业会因此出现大量失业。因为纺织企业将大量的生产车间从美国转移到墨西哥。北美自由贸易协定的反对者言辞激烈，认为该项协定不应该被通过，因为这将对美国就业状况产生消极影响。

通过对北美自由贸易协定通过后10年间的有效数据进行简单分析，可以看出那些批评者确实有一定道理。在1994年至2004年间，美国境内的服装生产下降了40%，纺织业产量下降了20%，但是在同时间，美国境内的服装需求却上升了约60%。在同一时期，美国境内的纺织工厂数量从478 000家下降至239 000家，而相关产业的就业量也下降很多。但是这一时期从墨西哥出口到美国的服装贸易总额却从12.6亿美元激增至38.4亿美元。这一组数据表明生产从美国转移到墨西哥造成了就业岗位的损失。

有一件轶事佐证了上述结论。在1995年，美国最大的内衣生产公司鲜果生活公司曾表示，该公司将在美国国内关闭6个生产车间，并且在另外两个生产车间削减运行机构。这将导致约3 200名工人下岗，而这也占到了该公司在整个美国雇佣工人人数的12%。该公司宣称，关闭工厂的目的是将运营机构搬迁至生产成本更低的外国生产基地，主要是墨西哥。在关闭工厂之前，该公司有略低于30%的缝纫业务是在美国

经济一体化

从最浅层次到最高层次分别是自由贸易区、关税同盟、共同市场、经济同盟，以及最终的政治同盟。

自由贸易区

经济一体化组织较低层次的形式，在自由贸易区内，各个成员国之间存在的各种贸易壁垒和障碍被予以取消，但任一成员国对于自由贸易区之外的其他国家仍然维持自己原有的独立的关税。

以外的地区完成的，但是该公司计划将其主要生产部分转移至墨西哥。对于纺织业生产商而言，在墨西哥当地生产的优势包括了廉价劳动力和低廉投入成本。墨西哥劳动力平均成本每天10~20美元，而美国相同的纺织工人劳动力成本则是每小时10~12美元。

然而，美国纺织行业就业岗位流失并不代表北美自由贸易协定所产生的影响都是消极的。自1994年开始，由于生产已从高成本的美国生产者转移到了低成本的墨西哥生产者手中，美国服饰价格相应下降。因此获益的消费者，可以结余更多的资金投入到其他产品上。例如，一件经典的名牌牛仔裤，售价从1994年的55美元下降至2004年的48美元。空白T恤在1994年售价为12件24美元，2004年则是12件14美元。

除了低物价之外，将纺织产业转移到墨西哥对美国经济产生的影响还表现在其他方面。除了将面料生产和服饰生产转移到墨西哥之外，美国的纱线出口激增。而这些纱线生产者集中在化学工业。在北美自由贸易协定通过之前，来自美国的纱线生产者例如雷内杜邦公司，只向墨西哥提供一小部分产品。然而，当服饰生产从美国转移到墨西哥，美国对墨西哥的面料和纱线出口激增。美国的供应商将其70%的原料出口到墨西哥的缝纫工厂。1994年至2004年，美国向墨西哥出口的棉花和纱线总额从2.93亿美元上升至12.1亿美元。

此外，尽管美国纺织工业损失了部分就业岗位，但是北美自由贸易协定的支持者认为，价格低廉的服装以及出口至墨西哥的面料与纱线的增加可以使美国经济获益。该协定的支持者认为本协定已经创造了贸易往来，并且美国国内的消费者和一些部门的生产厂商也从贸易往来中获益。像往常一样，一个自由贸易区的建立必定会出现获益者和损失者。在上述案例中，美国国内纺织工业的雇佣工人会受损。但是北美自由贸易协定的支持者认为，北美自由贸易区的建立利大于弊。

资料来源：Charles W.L.Hill, Chow-Hou Wee, Krishna Udayasankar. International Business: An Asia Perspective.McGraw-Hill Education. 倪晓宁等翻译。

北美自由贸易区（NAFTA）
1994年1月成立的北美国家间区域性经济贸易集团组织，根据加拿大、美国、墨西哥三国于1992年签订的《北美自由贸易协定》而成立。

一、核心概念

这部分共包括五个核心概念，分别是经济一体化、自由贸易区、关税同盟、贸易创造和贸易转移。

1. 经济一体化

经济一体化（economic integration）是指为了一体化组织的共同经济利益参加的有关国家将部分经济权利让渡给一体化组织，根据共同利益和一定的规则来行使的过程与情况。

2. 自由贸易区

自由贸易区（free trade area）是经济一体化组织较低层次的形式。在自由贸易区内，各个成员国之间存在的各种贸易壁垒和障碍被取消，但任一成员国对于自由贸易区之外的其他国家仍然维持自己原有的独立的关税。自由贸易区的一体化程度是各种形式中最低的。

3. 关税同盟

关税同盟（customs union）是经济一体化中的一个阶段。尽管并不是所有的经济一体化组织必然要以关税同盟作为自己的出发点，但大多数经济一体化组织都存在关税同盟的正式安排，或将关税同盟作为经济一体化组织争取的目标之一。在今天，关税同盟的经济一体化程度高于自由贸易区，它除了在成员国之间取消关税壁垒，还采取共同的对外关税，或逐步实行统一的对外关税，关税收入按照既定的比例进行分配。

4. 贸易创造

贸易创造（trade creation）是指产品从生产成本较高的国内生产转向成本较低的关税同盟中的贸易对象国生产，本国从贸易对象国进口的一种过程和现象。这一过程还会出现以较低价格的产品消费取代原较高价格的国内生产的相关产品消费而获得的利益。

5. 贸易转移

贸易转移（trade diversion）是指产品从过去进口自较低生产成本国转向从较高成本的关税同盟国进口的过程和现象。这一过程还会产生消费者为降低成本而转向其他相关（替代）产品进行消费的情况。

二、经济一体化的经济分析

经济一体化的定义随着该经济现象的不断发展在不断深化。一般认为，经济一体化最早的定义来源于第一位诺贝尔经济学奖获得者丁伯根。丁伯根认为，经济一体化就是将有关阻碍经济运行的人为因素加以消除，通过相互协作与统一，创造最适宜的国际经济结构。巴拉萨认为，经济一体化是产品和要素的转移不受政府的任何歧视。金德尔伯格则认为，经济一体化就是要素的价格均等化。上述关于经济一体化的说法虽然还未获得经济学界的普遍认同，但人们基本认为经济一体化是指有关国家取消相关的歧视，实行经济合作与协调的过程。

根据当前人们的普遍看法，经济一体化是指参加的有关国家将部分经济权利，为了一体化组织的共同经济利益而让渡给一体化组织，根据共同利益、按照一定的规则来行使的过程与情况。从经济学理性化的角度分析，加入经济一体化组织的参加者一定要比不加入获得更大的利益，或者加入后尽管会受到一定的损失，但这一损失肯定比不加入要小，否则作为经济理性的结果，人们是不会加入经济一体化组织的。经济一体化是当前世界经济中的重大事件，突出的一体化组织有欧盟、北美自由贸易区等。但从历史与逻辑的角度出发，经济一体化的基本形态大致有自由贸易区、关税同盟、共同市场、经济联盟和完全的经济一体化。经济一体化的具体形态如下。

（1）自由贸易区。自由贸易区是经济一体化组织较低层次的形式。在自由贸易区内，各个成员国之间存在的各种贸易壁垒和障碍被取消，但每一成员国对于自由贸易区之外的其他国家仍然维持自己原有的独立的关税。

（2）关税同盟。关税同盟是经济一体化最原始的形式。关税同盟的经济一体化程度高于自由贸易区，它除了在成员国之间取消关税壁垒，还采取共同的对外关税，或逐步实行统一的对外关税，关税收入按照既定的比例进行分配。

（3）共同市场。在经济一体化中，共同市场以关税同盟为基础，在取消经济一体化组织成员国之间的关税壁垒、建立共同对外关税之外，还要求资本与劳动在成员国之间自由流动，同时要求在各国的货币之间建立逐步统一的制度，尤其是一致的汇率制度。

（4）经济联盟。经济联盟是经济一体化的高级形态。在这种形态下，商品、资本、劳动可以自由流动，成员国之间的金融、经济、社会政策进行进一步的协调，在成员国之间反对各种歧视的存在。对于成员国，经济一体化组织基本已经形成为一个经济实体，一体化组织内部各国之间的事务被看成国内事务来处理。

（5）完全的经济一体化。这是经济一体化的最高级形态。除了商品、资本和劳动在成员国之间自由流动外，经济一体化组织需建立统一的货币，实行统一的货币政策、财政政策和利率政策，并逐步建立统一调控的中央机构，对于一体化组织的经济、社会事务进行调控。同时，在政治领域中，一体化的进程也会显现出来。

三、自由贸易区的经济分析

自由贸易区是指由签订自由贸易协定的两个或两个以上的国家或地区组成的贸易区域。自由贸易区减免甚至取消关税与进口数量限制，同时，保留成员国各自原有的独立的对区域外国家的关税结构和其他贸易保护措施。典型的如1993年由美国、加拿大、墨西哥三国建立的"北美自由贸易区"和成立于1960年的"欧洲自由贸易联盟"。

自由贸易区的重要特点是区域内商品可以自由流动，真正实现了商品的自由贸易，但是它严格地将这种贸易待遇限制在成员国之间。自由贸易区的另一个重要特点是，成员经济体之间没有共同的对外关税。自由贸易区明确指出，各成员经济体之间的自由贸易，并不妨碍各成员国经济体针对非自由贸易区成员采取其他的贸易政策。

随之而来的问题是在执行自由贸易政策时很难分清某种商品是来自成员国，还是来自非成员国，因此，容易出现非成员国的商品借道关税率最低的国家把商品销往高关税的其他成员国，从而造成高关税成员国对外贸易政策的失效。为了解决这一问题，通常采用"原产地规则"。这一原则的内容是，只有产自成员国经济体内部的商品才享有自由贸易和免进口税的待遇。一般来说，所谓的原产地产品是指成品价值的50%以上是在自由贸易区内各成员国生产的产品；有的对某些敏感产品的原产地规定得更加严格，规定产品价值的60%甚至75%以上产自成员国才符合原产地原则的规定。比如，北美自由贸易区规定在多数产品中，只有产品价值的62.5%以上产自成员国的产品才属于原产地产品。

四、关税同盟的经济分析

（一）关税同盟的提出与发展

在历史上，自由贸易总被认为可以提高福利，但各国之间结成的贸易联盟却在一定程度上表现得比自由贸易更能提高成员的福利水平，而且实践中，不同的关税同盟此起彼伏，于是关税同盟的理论便出现了。

（二）国际贸易的次优理论：贸易创造与贸易转移

关税同盟的经济效应主要表现在贸易创造与贸易转移这两个方面，它可能增加一国的经济福利，也可能降低一国的经济福利。

（1）贸易创造：指产品从生产成本较高的国内生产转向成本较低的关税同盟中的贸易对象国生产，本国从贸易对象国进口的一种过程和现象。这一过程还会出现以较低价格的产品消费取代原较高价格的国内生产的相关产品消费而获得的利益。

（2）贸易转移：指产品从过去进口自较低生产成本国转向从较高成本关税同盟国进口的过程和现象。这一过程还会产生消费者为较低成本而转向其他相关（替代）产品进行消费的情况。

关税同盟的净效应等于贸易创造的收益减去贸易转移的损失。若结果为正，那么关税同盟对成员国有利；反之则不利。

（三）关税同盟的经济分析

1. 关税同盟的图形分析

为了进行分析，假设所涉及的国家是小国家，即该国是市场既定价格的被动接受者，分析是在局部均衡的基础上进行的。图 5-10 中，D、S 曲线为该国的需求与供给曲线，无关税时，该国从成本低的 A 国进口，在 P_a 下进口 Q_1Q_2，此时，B 国因成本高被排除在贸易之外。征收 P_t 的关税后，进口减为 Q_3Q_4，若此时该国与 B 国结成关税同盟，则两国间无关税，A 国被排除出贸易，该国以 P_b 价格进口 Q_5Q_6 的商品。

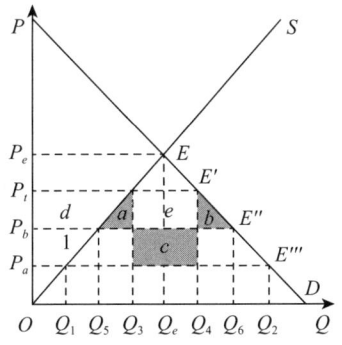

图 5-10 关税同盟的经济效应分析图

2. 关税同盟的福利分析

在图 5-10 中，某国与 B 国结成关税同盟，与 P_t 相比，由于消费者的价格降低到 P_b，产生净福利 a 和 b，消费者剩余增加 $a+b+d+e$。即 $P_bP_tE'E''$，生产者剩余降低到 d，e 是税收转移。但与 A 国结盟相比，消费者剩余减少 $P_aP_bE''E'''$，因为自由贸易的进口（从 A 国）必须转向 B 国，当然作为 1 区的生产者剩余增加了，但 c 部分作为税收也因此损失了。如果该国与 A 国结成关税同盟，则该国只有贸易创造而不会发生贸易转移。

3. 关税同盟的政策含义

关税同盟的成员国参加同盟是否获利更大，取决于若干条件。

（1）若关税同盟成员国与外部世界国家生产成本相差小，则结成关税同盟后利益大。

（2）若结成关税同盟前，成员国间关税高，则结成关税同盟后税收减免，利益大。

（3）若同盟成员国与非成员国之间的贸易壁垒低，成员国仍然有机会从外部进口，则贸易创造多。

（4）若关税同盟成员数目多，则低成本成员国存在的可能性大，故结成关税同盟后产生贸易创造的机会多。

（5）若关税同盟成员国间竞争性大于互补性，便会有成本更低者，则结成关税同盟的利益大。

（6）若地理位置近、运输方便，则结成关税同盟后利益大。

（7）若结成关税同盟前贸易量大、关系密切，则结成同盟后贸易创造大。

【拓展阅读】

书籍：

1.［英］罗伯特·J.凯伯.国际经济学（第13版）[M].北京：中国人民大学出版社，2013.

2.［美］保罗·R.克鲁格曼.国际经济学[M].北京：中国人民大学出版社，2011.

3.D.Salvatore. Theory and Problems of International Economics，4th ed.（New York：

McGraw-Hill，1996）．

4．［美］巴格沃蒂．今日自由贸易［M］．北京：中国人民大学出版社，2004．

期刊论文：

1．刘德伟，李连芬．相对竞争强度、利益集团与自由贸易政策［J］．制度经济学研究，2011（6）．

2．林龙辉，向洪金，冯宗宪．出口导向贸易政策与发展中国家间FDI竞争——基于寡占竞争模型的理论分析［J］．财经研究，2010（5）．

3．刘冰，陈淑梅．RECP框架下降低技术性贸易壁垒的经济效应研究——基于GTAP模型的实证分析［J］．国际贸易问题，2014（6）．

4．蔡鹏鸿．TPP横向议题与下一代贸易规则及其对中国的影响［J］．世界经济研究，2013（7）．

5．李丽．全球技术性贸易壁垒发展的新特点、趋势及对我国的启示［J］．WTO经济导刊，2013（Z1）．

6．Richard Baldwin，范连颖．21世纪的区域主义——弥合21世纪的贸易与20世纪贸易规则之间的差别［J］．经济资料译丛，2012（1）．

7．贾根良．国内经济一体化：扩大内需的政治经济学研究［J］．清华政治经济学报，2013（11）．

8．黄新飞，翟爱梅，程晓萍．区域经济一体化能否促进中国省区经济增长——基于ASW理论框架的实证检验［J］．学术研究，2013（8）．

9．宜昌勇，郭韶伟，晏维龙．从空间经济学看东亚区域经济一体化进程［J］．国际经济合作，2012（8）．

相关网站：

1．关于更多世界贸易情况和规则的资料请参见：www.wto.org．

2．关于经济一体化与国际经济秩序的更多资料可查阅世界经济论坛，www.weforum.org．

第六章

战略贸易理论

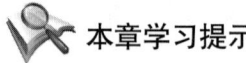 **本章学习提示**

　　传统的贸易保护政策被认为是造成市场扭曲和国民福利损失的主要原因，但新贸易政策理论认为，当市场本身出现失灵时，政府对贸易进行干预反而会导致福利的增进。新贸易理论建立在不完全竞争和规模收益递增的基础上，强调了需求偏好的相似性与多样性导致的产品异质性以及动态的规模经济和外部经济效应。不完全竞争贸易理论为贸易政策的实施提供了某些可能性，任何一个国家的政府有单独进行贸易干预的潜在动机，所以贸易理论家和许多政府就借助新贸易理论提供的分析工具或局部结论，努力寻找那些适合于不完全竞争的新的贸易政策。在这种努力中，最引人注目的和最具争议性的贸易政策就是20世纪70年代末出现的战略性贸易政策。

　　战略性贸易政策，是指一国政府在不完全竞争和规模经济前提下，凭借生产补贴、出口补贴或保护国内市场等措施和手段，扶持本国战略性产业的成长，获取规模经济收益，增强本国在国际市场上的竞争能力，夺取他国的市场份额。支持实施战略性贸易政策的理论观点主要有两个：一个是利润转移的论点；另一个是外部经济的论点。无论是利润转移理论还是外部经济理论，都认为在充满不完全竞争和贸易壁垒的世界里，单个国家有理由从本国利益出发，实行偏离自由贸易的政策，并使贸易政策发挥促进本国产品竞争力提高和经济增长的战略性作用。

　　本章主要介绍在不完全竞争条件下如何运用国家干预，消除或缓和经济环境的扭曲，确保一国在国际经济中的利益。

第六章 战略贸易理论

【重点概念】

战略性贸易理论、贸易扭曲、帕累托最优

【重点问题】

（1）战略性贸易政策理论的内容及评价。
（2）战略性贸易理论的政策结果分析。
（3）贸易扭曲理论的内容及其评价。
（4）消除贸易扭曲的政策措施。

【知识脉络】

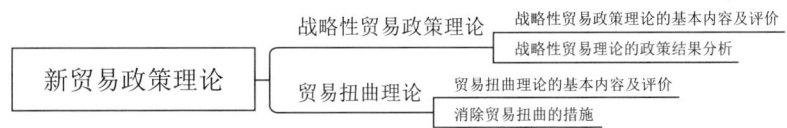

第一节 基本理论

【案例6-1】波音和空中客车的贸易纠纷

民用航空业的巨头

数十年来，民用飞机行业一直是美国的成功典范。到1980年，美国生产商实质上垄断了民用航空行业，美国在该领域的主导地位一直维持到了20世纪90年代中叶。当时，美国的两家公司，波音公司和麦克唐纳·道格拉斯公司（McDonnell Douglas）占据了世界市场2/3的份额。尽管波音公司十分强大，但自20世纪80年代中叶以来，美国在民用航空业的统治地位受到了崛起的空中客车公司的威胁。空中客车最初还只是处于竞争边缘的对手，业界认为它没有能力挑战美国波音公司的统治地位。然而，从1981年起，空中客车公司渐渐占领市场份额。如今，空中客车公司是欧洲宇航防务集团的一个分支机构。

空中客车

空中客车公司成立于1970年，是四家欧洲飞机制造商组成的联营公司：一家英国公司（持股20%）、一家法国公司（持股37.9%）、一家德国公司（持股37.9%），还有一家西班牙公司（持股4.2%）。

高昂的开发成本、主要由世界需求影响的盈亏平衡水平、大量的经验曲线和不稳定的需求市场，这四个因素决定了这个行业只能容纳几个主要的厂商。到21世纪初，波音公司收购麦克唐纳·道格拉斯公司，该行业仅剩下两家主要生产商。

愈演愈烈的贸易摩擦

在20世纪80年代和90年代初，波音公司和麦克唐纳·道格拉斯公司认为空中客车公司因为获得来自英国、法国、德国和西班牙政府的补贴而具有不公平的竞争优势。

根据美国商务部的一份研究显示，空中客车公司在1970年到1990年间获得了135亿美元政府补贴（如果按商业利率计算是259亿美元）。这些补贴大多是以低于市场利率的贷款或税收减免的形式发放的。补贴为研究和开发产品融资以及空中客车公司的顾客提供了诱人的贷款条件。

空中客车公司回应了这些控诉，并指出其成功并非由于补贴而是因为优质产品和良好的战略。空中客车公司辩称，波音公司和麦克唐纳·道格拉斯公司都长期接受美国政府的援助，而空中客车公司接受补贴仅仅是出于公平竞争。第二次世界大战期间，几乎所有的生产都有政府补贴，战后的政府补贴水平依旧很高。例如，波音707就是美国政府补贴军用交通项目的产物。波音公司的补贴项目包括B-17、B-29、B-45、B-52和K-I35，这还只是举几个例子。其非民航补贴项目包括民兵导弹、土星阿波罗和空间站项目。

欧洲委员会1991年的一项研究试图估计美国产业获得的补贴额。该研究提出，1976年至1990年，波音公司和麦克唐纳·道格拉斯公司分别获得了180亿美元和220亿美元的间接国家援助。该报告声明在1976年至1990年，民用航空行业通过国防部合同获得的运营收益约达63.4亿美元。此外，该报告称美国航空航天局在同期至少抽出了80亿美元的资金投入民用航空生产。而波音公司和麦克唐纳·道格拉斯公司分别获得了17亿美元和14亿美元的税收减免。

欧洲委员会的报告认为波音公司从每份军事或太空建造合同中直接获得额外5%的政府补助金用于商业活动。波音公司指出这种说法毫无根据，并辩称，在20世纪80年代波音公司只有3%的研究与开发费用由国防部出资，且只有4%由美国航空航天局出资。波音公司还认为，由于空中客车的四家控股公司从事的军事和太空工作是波音公司的两倍，他们一定接受了更多的间接政府补贴。

直到1992年中期，美国和四个相关的欧洲政府同意签订协议，才结束这场旷日持久的争端。虽然空中客车公司称争

战略性贸易

该理论认为在不完全竞争的市场条件下，政府应运用补贴、关税等各种政策工具，在对本国至关重要的生产领域中进行政府干预，创造出比较优势，为深度参与国际贸易创造条件。虽然这样的政策干预会扭曲完全竞争的市场环境，却可以提高一个国家的经济福利水平。

议已经解决，但波音公司官方人员声明他们依然会长期和政府补贴产品做斗争。

兼并再起风波

1996 年 12 月，波音公司宣布将在 1997 年 7 月完成以 133 亿美元估值兼并其长期竞争对手麦克唐纳·道格拉斯公司，这一消息震惊了航空航天业。驱动这次兼并的原因是波音公司希望加强在航空航天国防和太空领域业务中的影响力。

欧盟委员会听说此事立即向波音和麦克唐纳·道格拉斯公司发出反对兼并计划的声明，委员会声明该兼并有三个方面令人担忧：第一，它会限制大型商业喷气式飞机的市场竞争；第二，麦克唐纳·道格拉斯公司大量的国防和太空活动使得美国政府为国防和太空项目提供的资金更可能用于为发展民用喷气式飞机提供资金；第三，波音公司与美国航空公司、达美航空公司和大陆航空公司的独家供应商协议限制了民用航空市场竞争。

美国联邦贸易委员会在 1997 年 6 月 30 日正式发起对兼并的监管，以 4:1 的比例建议无条件通过该兼并。7 月 18 日，欧盟高级官员公开表明他们计划宣布该兼并违法，并坚持认为兼并会损害欧洲竞争，尤其是波音公司在此期间分别与三家大型美国航空公司成功签署了一项长期独家供应合同，这三家公司分别为：美国航空公司、达美航空公司（Delta）和大陆航空公司（Continental）。这些合同将指定波音公司为其 20 年内的独家飞机供应商。欧盟委员会表示该独家供应商合同不公平地将空中客车公司驱逐出全球市场之外。

在制止欧盟委员会宣布兼并违法的紧要关头，波音公司称其不会实施与美国航空公司、达美航空公司和大陆航空公司之间签订的 20 年条款。由于获得了这一让步，7 月 23 日，欧盟委员宣布同意波音公司的兼并。

追溯未来

波音公司在 2003 年决定着手建造其十年来第一架新飞机模型，波音 787。波音 787 可以飞行 8500 英里，是"点至点"长途航行运输的理想选择。并创造了新飞机史上最大的订单量，暗示着该飞机强烈的市场需求。

然而，令美国方面非常不悦的是，空中客车公司意图申请 17 亿美元的研发援助为 A350 飞机提供开发资金。就美国方面而言，这笔资金就是巨款。在 2004 年底，美国贸易代表罗伯特·佐利克发起一道声明正式放弃 1992 年协定，并呼吁空中客车公司停止发起政府补贴。

空中客车公司回击说，波音公司也享受着大量的政府补助，且该公司获得了来自美国航空航天局 120 亿美元的科技研发资助，其中大部分资金用于商业喷气式飞机的开发。欧盟方还辩护称波音公司会在波音 787 组装地华盛顿州政府处获得约 32 亿美元的税收减免，而生产波音 787 1/3 价值的日本三家供应商也获得了日本政府提供的超过 10 亿美元的贷款。此外，空中客车公司指出贸易战不会使任何一方受益，空中客车公司每年从美国公司购买约 60 亿美元的物资。

美国方面认为两国在这一方面的谈判丝毫不起作用，2005 年 5 月 31 日美国正式对世贸组织提出请求，建立争端解决小组解决这一问题。欧盟很快做出回应，向世贸组织提出反诉，称美国对波音公司的政府援助额度超越了 1992 年协定的条款规定。在 2007 年初，双方都向世贸组织提出了各自的观点：欧盟称，波音公司从联邦、各州和当地政府处获得了大量的政府补助，其补助金额高达 237 亿美元。波音公司辩护称，如果将低于市场利率的贷款按照市场利率重新计算，空中客车公司自成立以来从欧盟政府处获得了超过 1000 亿美元的援助。

2018 年 5 月 15 日，世界贸易组织（WTO）上诉机构宣判欧盟及其四个成员国——法国、德国、西班牙及英国非法补贴空客旗下的 A380 和 A350 客机，金额达 220 亿美元，此举损害了波音公司利益。但在 WTO 作出宣判后，美欧双方企业以及相关政府仍各执一词，均对外宣称是自己赢了。虽然这场持续了 14 年之久的补贴案已经正式收尾，但两大集团的贸易争端仍在继续。

资料来源：Charles W.L.Hill, Chow-Hou Wee, Krishna Udayasankar. International Business：An Asia Perspective.McGraw-Hill Education. 倪晓宁等翻译。

一、核心概念

战略性贸易政策

战略性贸易政策（strategic trade policy）认为在不完全竞争的市场条件下，政府应运用补贴、关税等各种政策工具，在对本国至关重要的生产领域中进行政府干预，创造出比较优势，为深度参与国际贸易创造条件。虽然这样的政策干预会扭曲完全竞争的市场环境，却可以提高一个国家的经济福利水平。

二、战略性贸易政策理论的基本内容及其评价

（一）战略性贸易政策理论的基本内容

1. 战略性贸易政策理论的提出

战略性贸易政策理论是 1985 年由斯宾瑟（B.Spencer）、布兰德（J.Brander）、格罗斯曼（G.Grossman）、迪克西特等以不完全竞争和古诺双寡头为条件，以产业组织理论、市场结构的分析为工具提出的，其目的是证明在一定条件下，自由贸易的最优性未必存在，而补贴、征收反补贴税、运用关税等手段，以国家干预为出发点，可以提高该国的经济福利。

2. 战略性贸易政策理论的前提假设

为了解释国际贸易中的新情况，战略性贸易政策理论改变了一般贸易理论的假设前提。

（1）存在规模经济。规模经济是指国民收入的增长幅度大于经济投入增长幅度的情况。它可以是扩大生产规模、固定投入分摊变化的结果，也可以是规模生产形成新分工的结果。在厂商的层次上，规模生产可以克服不可分割性，形成新分工，使单位产出的固定管理费用降低；此外，即使厂商层次的规模经济不存在，社会性的收益递增也会以外部经济的形式使得厂商获益，从而体现出规模经济的特点。

（2）市场的不完全性。规模经济的存在决定了在厂商价格行为与利润之间的差异，市场因而失去了完全竞争的基础。

3. 战略性贸易政策理论的基本内容

从规模经济的角度出发，扩大厂商的生产规模有多种途径。技术因素是厂商在生产中具有动态规模经济的重要来源之一，这样便将技术变化的因素归为推进国际贸易发展的内生变量，而技术变化的经常形式则是技术创新（innovation）以及所谓的干中学（learning by doing）。技术进步可以改变厂商的生产函数，表现为要素生产率的提高、质量的变化、新产品的开发、产品花色规格的变化等。这种技术因素生产的直接影响则是厂商的边际成本下降，在国际市场中的竞争能力提高，市场份额扩大。所谓干中学是指，随着产量的累积扩大，生产经验、市场经验、管理经验不断积累，边际成本就会降低，

从而改变生产函数，其图形如图 6-1 所示。

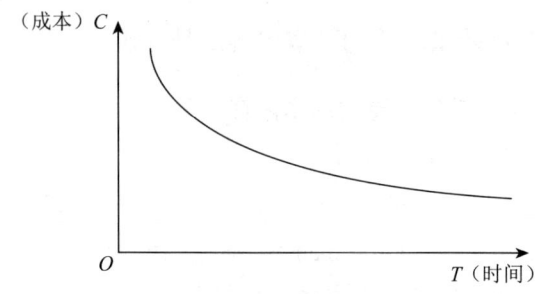

图 6-1　技术进步与成本降低

此外，技术本身存在着"外溢"的可能性，在投资、贸易的过程中，技术会在同行业之间、产业之间、国际上通过各种途径传导，形成新的生产函数。技术进步因素与贸易之间存在着密切的关系，市场竞争形成新技术的竞争，技术外溢给予技术的授受双方以经济利益，规模经济从而发生，贸易便产生动力。

在讨论传统的国际贸易理论与政策时，我们提到只有自由贸易才能增加世界或一国社会的经济福利，而政府干预会造成资源的扭曲配置，例如，关税、配额或补贴、反补贴，其结果都是造成世界或一国社会福利的降低。但新的贸易理论认为，在规模经济与不完全竞争的条件下，政府应用补贴（生产、出口、研究、开发等补贴）以及关税等手段，支持国内战略性产业的发展，会带动相关产业的发展，提升本国的国际竞争力，以规模经济的利益争取国际市场份额，提高本国的总体福利。

综上所述，战略性贸易政策理论是以不完全竞争和古诺双寡头为条件，以产业组织理论、市场结构的分析为工具提出的，其目的是证明在一定条件下，自由贸易的最优性未必存在，而适度的国家干预反而可以提高该国的经济福利。这是因为，垄断竞争可以使得产品的价格高于产品的边际成本，故生产者可以获得垄断利润。而且这些生产领域具有很强的各种前后连锁关系，不仅可以带动经济的发展，而且具有广泛的外部经济效益。在国际贸易实践中，贸易政策通过影响本国的厂商和贸易对手的决策行为转移了经济利益，使本国获得了在国际竞争中的战略优势。人们常常将该理论的落实称为"侵略性（积极）出口"和"侵略性（积极）进口"。该理论在政策实践中，往往与产业政策之间存在着密切的联系,在不完全竞争市场中,通过干预使得本国的贸易获取利益,促进经济的增长与发展。

(二)战略性贸易政策理论的评价

战略性贸易政策理论尽管出现的时间不长,但在理论和实践两个方面都显示出了它的重要性。

首先,战略性贸易政策理论在前提假设上做出了更符合实际的发展,极大地放松了传统贸易理论模型中不符合当今现实的完全竞争市场和没有规模经济的假设,从而使贸易理论的研究最大限度地贴近现实而非一般理想状态。

其次,战略性贸易政策理论更多地运用了经济学中的新成果和新工具,如信息经济学、博弈论、产业组织理论等现代理论,使得人们对于国际贸易理论的探讨不仅密切联系实际,而且具有新的可操作性的实施方法。

再次,战略性贸易理论具有一定的针对性,它是根据不同国家的特点、不同产业的差异、技术水平的区别和国家禀赋资源的特点提出鼓励出口的不同措施,而不是追求理论一般性的完美,因此它作为一国对外贸易政策措施的理论依据有着很强的实践性。

最后,战略性贸易理论对传统的贸易理论中有益的部分进行吸收,将完全竞争和存在规模经济看成是一种特例,而且比较优势原则在一般条件下仍然成立,它将比较优势的来源扩大了,认为劳动生产率的差异源于生产规模,而生产规模又源于国家的有效干预,强调了国家在经济生活中的作用。

三、用简单的博弈论模型阐述战略性贸易政策结果

在战略性贸易理论政策的分析中,人们往往使用所谓美国波音公司和欧盟空中客车公司假设的贸易政策结果分析来说明这一理论。假设在世界市场中,飞机制造业是一个极具规模经济的行业,即在这样的市场中,只能容纳一个进入者而获得全部的利润,如果两个公司同时进入这一世界市场,则会两败俱伤,两者都会遭到经济上的损失;反之,若一个公司在世界市场中立足,并获得超额利润,则另一方便会处于无法立足的境地,因此竞争基本情况利用博弈说明如下:对于一个具有上述特点的市场,这两家公司各自只有两种可能的选择,或者生产获利,或者放弃生产退出市场。在初始时,假设

波音公司在没有政府干预和补贴的情况下即在纯市场情况下能够更好地适应竞争,同时由于生产历史更为长久而占有全部的国际市场,而空中客车公司并未进行生产,情况见图6-2矩阵的方格Ⅰ,即波音公司获得100亿美元的利润,而空中客车公司并未进行生产(如果波音不生产,而空中客车单独占有市场,那么利润也将是100亿美元,即矩阵方格Ⅲ的情况)。此时如果空中客车在市场条件下挤入市场,结果是波音、空中客车两家公司均陷入亏损状态,各自亏损10亿美元,情况如矩阵的方格Ⅱ所示。如果没有其他政策支持,那么空中客车清楚进入市场进行生产的结局是亏损,因此不会从事生产。

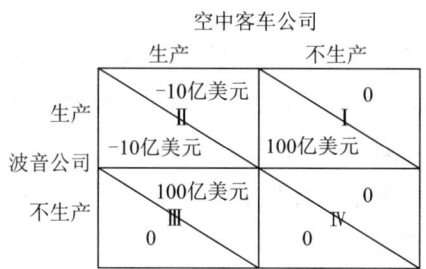

图6-2 双方公司没有补贴时的财务损益情况

如果欧盟非常想在国际飞机市场上分一杯羹,采用战略性贸易政策给予空中客车财务补贴,如20亿美元,以便空中客车可以从事生产、进行竞争,那么这时欧盟给予的补贴会使得国际飞机市场发生根本性变化。如果这时市场仅为空中客车进入市场,它的总利润为120亿美元,如果波音与之竞争,双方共同生产挤入同一市场两家公司的情况时,波音由于没有补贴,必然处于亏损状态,而空中客车在有补贴的条件下,减去生产亏损,还可以有10亿美元的盈利,因此会继续从事生产。事实上,这时的空中客车面临的情况是,只要从事生产,无论波音公司是否进入市场,均可盈利。因此,对于空中客车而言,决策已经很简单了,即不从事生产的选择已经出局,而只需要选择生产便可以了。与此同时,波音公司却面临着非常困难的局面——如果从事生产,因为空中客车的加入,必然亏损10亿美元,如果停止生产,则已有的优势会丧失殆尽,原属于自己的飞机市场,将拱手相让给空中客车。如果波音公司没有办法从美国政府获得相应的补贴,或通过世界贸易组织使得欧盟停止给予空中客车补贴，那么它在生产中就无任何利润，在竞争中将处于劣势，终将退出生产和市场，如图 6-3 所示。

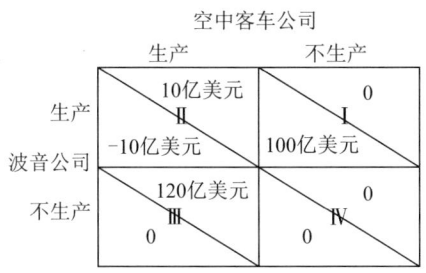

图 6-3　双方公司有补贴时的财务损益情况

以上分析说明，在不完全竞争的市场条件下，政府的干预对本国的厂商有着重要的作用，它可以改变具有不完全竞争和规模经济特质的厂商（行业）的竞争行为和竞争结果，达到取得竞争优势的目标。即通过本国政府的干预，使得本国的厂商在国际竞争中处于战略优势，从而提高本国的整体福利。但以上的分析也隐含着这样的可能，即波音公司也会通过美国政府的资助重新占领失去的市场，抵消欧盟补给空中客车带来的优势。

第二节　若干拓展

一、核心概念

帕累托最优状态

帕累托最优（pareto optimality），即社会处于这样一种状态——任何改变都无法再使任何人的福利增加而同时另一个人的福利不降低。要达到这种状态，必须要有两个必要条件：其一为任何一对生产要素的边际技术替代率应该相等，也即边际成本相等；其二为生产的产品与消费者的偏好一致，在完全竞争市场中产品的市场价格等于生产成本，即经济利润为零。在经济学中，上述情况被表述为私人成本等于社会成本，私人收益等于社会收益。

二、贸易扭曲理论的基本内容及其评价

(一)贸易扭曲理论的基本内容

国际贸易扭曲理论在 20 世纪 80 年代得到充分发展,它主要研究阻碍市场机制作用发挥,致使无法达到帕累托最优状态的扭曲形式、贸易扭曲的影响,探讨如何消除扭曲,使得自由贸易得到恢复。

1. 扭曲的发生

在完全竞争市场中,帕累托状态的简单含义为:社会处于这样一种状态,即任何改变都无法再使任何人的福利增加而同时另一个人的福利不降低。这是经济学中的一般论述。

(1)达到帕累托状态的条件。在经济学中这种状态的获得至少要具有两个必要条件:其一为任何一对生产要素投入的边际技术替代率应该相等,也即边际成本相等;其二为生产的产品与消费者的偏好相一致,在完全竞争市场中产品的市场价格等于生产成本,即经济利润为零。在经济学中上述情况被表述为私人成本等于社会成本,私人收益等于社会收益。

(2)开放条件下的帕累托状态。如果导入开放,加入国际贸易的条件,则帕累托最优状态的达到便会发生变化。只有当产品对消费者而言,在国内、国际市场上的边际替代率一致时,社会福利才有可能达到最大化。以上条件如果没有达到,则会出现扭曲。我们的讨论便是,在以上条件没有达到,帕累托状态被破坏时,如何恢复帕累托状态,或如何通过政策调整,达到次优状态。

2. 国际贸易条件下扭曲的形式

产品的边际成本不等于价格即为扭曲(即对帕累托状态的背离)。含有国际贸易的市场扭曲有四种形式。

(1)扭曲反映在国外市场上,即产品的边际进出口替代率不等于产品的边际转换率,但后者与产品消费的边际替代率相等,这时国外市场发生了扭曲。

(2)扭曲反映在国内市场上,即产品的边际转换率不等于产品的边际进出口替代率,但后者却等于产品消费的边际替代率,这时国内生产发生了扭曲。

（3）扭曲反映在国内消费上，即产品消费的边际替代率不等于产品的边际替代率，但后者却等于边际进出口替代率，这时国内的消费发生了扭曲。

（4）扭曲反映在要素市场上，即某一国家的边际技术替代率与另一国家的边际技术替代率不相等，生产点不在有效的生产可能性曲线上，这时要素市场发生扭曲。

以上四种扭曲形式，在经济学中均为背离帕累托最优状态、社会福利与私人福利背离、社会成本与私人成本背离的情形。

3. 产生扭曲的原因及影响

在国际贸易中引起扭曲的原因有两大类：政府政策干预造成的扭曲，市场不完全、要素无法充分流动造成的扭曲，这些都是对自由贸易的破坏。如果进行细分，则又可以将扭曲的原因分为：经济内部因素造成的扭曲，历史形成的所谓自生性政策造成的扭曲，为了达到某种目的而采取的某些工具性经济政策造成的扭曲。以上造成扭曲的这些原因、因素之间会产生交叉、搭配，如某些工具性政策与经济内部因素共同其作用造成的扭曲，等等。扭曲的最大结果是造成边际成本与边际价格相背离。人们为了纠正这些扭曲，往往要采取某些经济政策，甚至不得不人为地干预国际贸易的自由开展，因此有人认为它是贸易保护主义的根源之一。

（二）对贸易扭曲理论的评价

国际贸易扭曲理论反映了人们追求贸易自由化但又需要有一定程度的政府协调、干预的思想，它不仅在理论上而且在贸易政策实践上具有一定的意义和实用性。这一理论告诉我们，在对国际贸易扭曲进行干预时，需要有很强的针对性，干预要适度，在最优、次优的措施中寻找政策的有效搭配，做到这一点在实践中很不容易。在今天的国际贸易实践中，有针对性的适度干预在许多国家被实施，例如出口退税的实行、汇率的适度调整，被认为是纠正国际贸易扭曲的有效手段。

国际贸易理论的前提和归宿是为了达到帕累托最优状态，这一状态本身就是排除了一切不利条件后的理论上的理想经济状态，在实践中它很难存在，或者说根本不存在。国际贸易扭曲理论本身也忽视了收入分配、经济结构对贸易扭曲的作用且该理论也未对扭曲给经济带来的宏观影响进行较有意义的分析，因此该理论较难具有广泛的适用性。另外，国际贸易扭曲理论强调生产的封闭状态不利于要素流动，认定任何封闭都在阻碍要素的流动，这使得政策的宏观搭配在实际应用中也存在较大的困难。

三、消除贸易扭曲的政策措施

针对上述四种扭曲的形式，人们采取了不同的政策措施来进行纠正。消除贸易扭曲的政策措施应围绕贸易、生产、消费和要素的税收与补贴展开，在实行过程中除了使措施针对产生扭曲的根源，即要遵守"专一规则"之外，还需要注意因干预不当而产生的附加扭曲。另外，在干预的"度"的把握上，注意政策干预的力度与扭曲的程度要一致，要防止矫枉过正，避免造成在消除扭曲的利益和产生的意外损失之间的交换。

（一）自由贸易的定义

消除扭曲是为了恢复自由贸易。为了能够更好地理解对扭曲进行政策干预的做法，人们必须对自由贸易给出明确的定义。在这里关于自由贸易的定义为：人们对贸易本身不进行税收、补贴、法规方面的限制，但是允许对非贸易领域如国内要素市场、生产、消费进行税收等方面的干预。自由贸易与自由放任有本质的区别，前者允许间接的干预，而后者不允许任何的干预。因此，使用间接方法对贸易进行调节，并不破坏自由贸易。

（二）对扭曲的纠正

采用适宜的政策对扭曲进行纠正，需要具有一定的针对性，即扭曲表现为不同的形式，需要采用不同的政策措施。

【拓展阅读】

书籍：

1.［英］罗伯特·J.凯伯.国际经济学（第13版）［M］.北京：中国人民大学出版社，2013.

2.［美］保罗·R.克鲁格曼.国际经济学［M］.北京：中国人民大学出版社，2011.

3. D.Salvatore. Theory and Problems of International Economics［M］. 4th ed, New York：McGraw-Hill，1996.

4.［美］巴格沃蒂.今日自由贸易［M］.北京：中国人民大学出版社，2004.

期刊论文：

1.徐洁香，邢孝兵.战略性贸易政策研究综述［J］.工业技术经济，2017（4）.

2.石卫星.基于制造业技术创新的战略性贸易政策与我国产业结构优化研究［J］.国际贸易，2012（5）.

3.张建新.美国的战略性贸易政策［J］.美国研究，2003（3）.

4.龙晓柏，洪俊杰.战略性贸易政策与出口绩效的关系研究——基于我国省级效应视角［J］.南开经济研究，2002（6）.

5.荆林波，袁平红.战略性贸易政策理论评书［J］.经济学动态，2012（11）.

6.王珏.战略性贸易政策：发达国家与发展中国家的博弈［J］.国际贸易问题，2005（9）.

第七章

世界贸易体系的发展

 本章学习提示

许多经济理论强烈支持自由放任的贸易。尽管许多政府已经意识到了自由贸易理论的价值,但是依旧不愿彻底降低其贸易壁垒,因为他们担心其他国家并不会采取同样的削减贸易壁垒的措施。当两个邻国,如巴西和阿根廷,面临是否降低彼此间贸易壁垒的决定时,巴西政府可能会支持降低关税壁垒,但由于担心阿根廷政府不会采取同样措施,因此可能不会降低关税壁垒。巴西政府可能还会反过来担心阿根廷政府利用较低关税进入巴西市场,同时通过更高的贸易壁垒将巴西产品驱逐出阿根廷市场。而阿根廷政府或许也认为自己面临着同样的窘境。这一问题的关键是缺乏相互信任。双方政府都意识到各自会从降低贸易壁垒中获益,但由于害怕对方不采取同样的行动,因此任何一方政府都不愿意降低壁垒。

如果两个国家谈判,制定出一系列管理跨境贸易并降低关税壁垒的规则,这种僵局便会得以解决。但是,谁来监督政府,确保双方都遵照贸易规则行事呢?谁又能对违规的政府施加制裁呢?两国政府都应该组建一个独立团体充当裁判组,用来监督两国之间的贸易行为,确保双方遵守规则,并对违反贸易规则的国家施加制裁。

让政府在国家主权上作出让步服从于这样的协议,听起来也许像天方夜谭。不过第二次世界大战后,一个国际贸易框架正好起到了这样的作用。在其成立的第一个50年里,这个框架叫作关税与贸易总协定。自1995年后,更名为世界贸易组织。

第七章 世界贸易体系的发展

【重点概念】

关贸总协定，世贸组织，自由贸易，贸易壁垒

【重点问题】

（1）世界贸易体系的演进历程。
（2）世贸组织亟待解决的四大问题。
（3）多哈回合谈判的进展。

【知识脉络】

世界贸易体系的发展
- 从关贸总协定到世界贸易组织
  - 自由贸易的努力：从《谷物法》废除到大萧条
  - 1947—1979：关贸总协定，贸易自由化和经济增长
  - 1980—1993：保护主义趋势
  - 从乌拉圭回合到世界贸易组织
  - WTO：迄今为止的经验
- 西雅图会议和世贸组织的未来
  - 西雅图的世界贸易组织
  - 世贸组织的未来：悬而未决的问题
  - 新一轮回合谈判：多哈回合谈判

第一节 从关贸总协定到世界贸易组织

【案例 7-1】美国贸易所得估计

美国国际经济研究所发布了一份研究报告，试图估算自由贸易给美国带来的利益。根据这份调查，自从美国在关税与贸易总协定（GATT）与世界贸易组织要求下降低了进口关税税率，在 2003 年美国 GDP 比不实行降低关税政策的情况下高出了 7.3%。据粗略估计，这一经济红利达到了 1 万亿美元。换句话说，降低关税为每一户美国家庭每年额外带来了 9000 美元的收入。

这一报告对接下来的情况进行了估算，即如果美国与其所有的贸易伙伴都实现自由贸易，并且将所有商品和服务类贸易的进口关税税率下调至 0%，会发生怎样的变化。通过运用不同的方法估计其影响，该项研究显示，这将为美国带来

关贸总协定（GATT） 是一个政府间缔结的有关关税和贸易规则的多变国际协定，它的宗旨是指通过削减关税和其他贸易壁垒，消除国际贸易中的差别待遇，以促进国际贸易自由化。

每年约 4500 亿美元到 1.3 万亿美元的额外经济红利。根据此项研究报告的作者所述，最终达到自由贸易的阶段会给美国每户居民带来平均每年 4500 美元的额外收入。

　　该研究报告的作者也对由全面自由贸易所带来的就业损失的规模和成本进行了估计。如果一国完全消除了贸易壁垒，那么就业岗位会在某些部门消失，也会在其他部门获得。根据历史数据显示，由于扩大贸易规模，美国每年会丢失约 226 000 个工作岗位。然而丢失这些岗位的人群中，会有 2/3 的人在一年之后重新就业。但是他们的收入会比之前减少 13%~14%。该研究报告也得出结论：就业损失每年也会带来 540 亿美元的经济成本。而其主要表现形式是：在受到自由贸易的影响下，这些丢失工作的人的终生收入水平会比之前低。而其也带来了与之相匹配的好处，那就是自由贸易会引发更高速的经济增长。这将会带来每年 4500 亿美元到 1.3 万亿美元的经济红利，也会由此创造更多的就业岗位并提升美国居民的收入水平。换句话说，预计每年由贸易带来的经济收益会远大于预估就业损失带来成本。同时，更多居民转变到一个新的贸易体系中得到的经济利益也大于其成本。

　　资料来源：Charles W.L.Hill，Chow-Hou Wee，Krishna Udayasankar. International Business: An Asia Perspective.McGraw-Hill Education. 倪晓宁等翻译。

世界贸易组织（WTO）
成立于 1995 年 1 月 1 日，前身是关税及贸易总协定 GATT，其基本原则是最惠国待遇和国民待遇，以自由贸易来推动世界经济的发展。

自由贸易
是指市场上商品交换双方在没有外力干预下自愿互利让渡商品的原则。体现了买卖双方地位平等、等价交换、自愿让渡的一种意志关系。

贸易壁垒
是指一国对外国商品和劳务的进口实行的各种限制措施。贸易壁垒一般分为关税壁垒和非关税壁垒两类。

一、核心概念

　　这部分共包括六个核心概念，分别是自由贸易、关贸总协定、斯姆特—霍利关税法、世界贸易组织、乌拉圭回合谈判和自愿出口限制。

1. 自由贸易

　　自由贸易（freedom of trade）是指市场上商品交换双方在没有外力干预下自愿互利让渡商品的原则。体现了买卖双方地位平等、等价交换、自愿让渡的一种意志关系。

2. 关贸总协定

　　关贸总协定（General Agreement on Tariff and Trade，GATT）是一个政府间缔结的有关关税和贸易规则的多变国际协定，它的宗旨是指通过削减关税和其他贸易壁垒，消除国际贸易中的差别待遇，以促进国际贸易自由化。

第七章 世界贸易体系的发展

3. 斯姆特—霍利关税法（the smoot-hawley tariff act）

1936年美国国会通过该法案将进口货物的关税提高了60%，而在该法案通过后，其他国家纷纷对美国采取了报复性关税措施，使美国的进口额和出口额都出现了骤减。

4. 世界贸易组织

世界贸易组织（world trade organization，WTO）成立于1995年1月1日，前身是关税及贸易总协定GATT，其基本原则是最惠国待遇和国民待遇，以自由贸易来推动世界经济的发展。世贸组织主要负责监管世界贸易秩序和确保各成员国遵守世界贸易组织各成员国签署的贸易协定中规定的规则。

5. 乌拉圭回合谈判

乌拉圭回合（uruguay round）是关贸总协定举行的第八轮多边贸易谈判，这次谈判以其广泛的内容、丰硕的成果和世界贸易组织的诞生，成为关贸总协定发展史上的里程碑。

6. 自愿出口限制

自愿出口限制（voluntary export restriction）是进口国政府或工业出口国政府为相竞争的工业安排的、对后者出口的一种或数种产品在数量上加以限制的措施。按照这个定义，自愿出口限制是对所有限制出口协议措施的统称。严格说来，自愿出口限制是出口国单方面采取和执行的行动，称它为"自愿"，是指出口国具有取消或修改限制措施的正式权利。

二、自由贸易的努力：从《谷物法》废除到大萧条

自由贸易理论可追溯到18世纪晚期以及亚当·斯密和大卫·李嘉图的理论。1846年英国政府取消了谷物法，第一次将自由贸易采纳为政府政策。谷物法对从外国进口的谷物征收高额关税，目的是增加政府收入并保护英国谷物生产商。自19世纪20年代大卫·李嘉图成为议会议员起，议会每年都会有支持自由贸易的呼声。然而，撤销农业保护只是一场旷日持久辩论的结果，当时迫在眉睫的爱尔兰饥荒加重了英国收成不佳的影响。议会面对巨大困难和受苦的民众，对其长期坚持的立场进行了有限修改。

在接下来的80多年里，身为具有世界主导地位的贸易强国，英国推行了贸易自由提案。但是英国政府并没有得到其他国家的响应。其主要贸易伙伴

并没有响应英国单边的自由贸易政策。英国长期维持这项政策的唯一原因是：身为世界上最大的出口国，它在贸易战中的损失会比其他国家大得多。

到20世纪30年代，英国刺激自由贸易的努力被大萧条中的经济衰退摧毁。大萧条的根源，在于1918年第一次世界大战结束后世界经济没有实现持续的回暖。随着1929年美国股市崩盘和随之而来的银行系统挤兑，情况变得更糟。1930年美国通过斯姆特—霍利关税法后，经济问题变得错综复杂。斯姆特—霍利关税法案通过保护国内产业和转移本国消费者对外国产品的需求来降低失业，竖起了庞大的贸易壁垒之墙。美国向几乎所有行业征收"定制"关税。美国斯姆特—霍利法案关税激增的古怪之处在于：美国当时正面临国际收支盈余，而美国同时也是世界上最大的债权国。斯姆特—霍利法案冲击了国外就业，其他国家通过提高本国关税壁垒应对美国的措施，美国出口相应下跌，整个世界不知不觉陷入"大萧条"中。

三、1947—1979：关贸总协定，贸易自由化和经济增长

斯姆特—霍利法案开辟的以邻为壑贸易政策造成了经济损失。这对全球经济制度和第二次世界大战后的意识形态造成了深远影响。美国在战后崛起并在经济上占据主导地位。"大萧条"的阴霾消散后，美国国会强烈支持自由贸易。关贸总协定由美国主导，在1947年成立。

关贸总协定是一个多边协议。其目的是通过消除关税、补贴、进口配额等措施达到贸易自由。从1947年建成到它被世界贸易组织取代，关贸总协定的成员从19个增加到120多个。关贸总协定的关税削减经历了不少于八个回合的谈判。最后一个回合——乌拉圭回合谈判发起于1986年，于1993年12月结束。在这些回合中，所有成员相互协商，共同削减关税。这些成员承诺进口关税不高于谈判税率。关贸总协定的规则在互相监督的机制下实施。如果一个国家认为它的一个贸易伙伴违反了关贸总协定的规则，它可以要求关贸总协定的日内瓦总部机构进行调查。如果关贸总协定调查员认定上诉有效，成员有权对被起诉国施加压力，改变其政策。如果被上诉国不照做，它便会失去关贸总协定成员身份。

起初，关贸总协定总体上相当成功。例如，在1947年的日内瓦回合谈判和1973年至1979年的东京谈判间，美国平均关税下降了近92%。并且首次

提出与大卫·李嘉图理论相一致的观点：在关贸总协定下推动自由贸易可以刺激经济增长。最终结果是从 1953 年到 1963 年，世界贸易每年以 6.1% 的速率增长，世界收入每年以 4.3% 的速率增长。1963 年至 1973 年的成效则更好，世界贸易每年增长 8.9%，而世界收入每年增长 5.1%。

四、1980—1993：保护主义趋势

20 世纪 80 年代至 90 年代初期，由于世界各国保护主义势力抬头，由关贸总协定建立的世界贸易体系备受压力。在 20 世纪 80 年代，这些压力源于三个方面。

第一，日本经济复苏冲击着世界贸易体系。关贸总协定建立时，日本经济严重受损。然而，到 20 世纪 80 年代，日本变成世界上第二大经济体和最大的贸易出口国。日本在一些产业上很成功，如汽车制造业和半导体行业。这足以冲击世界贸易体系。西方世界普遍认为尽管关税和补贴较低，但日本市场通过管理贸易壁垒，将进口和外国投资拒之门外。

第二，作为世界第一大经济体的美国，其长期的贸易赤字同样冲击着世界贸易体系。1987 年美国贸易赤字达到巅峰，其赤字超过 1700 亿美元。到 1992 年底，其年度增幅依旧高达 800 亿美元。从政治角度看，美国对日本贸易赤字到 1992 年为 450 亿美元。外国生产商不断占据美国汽车制造业、机床业、半导体行业、钢铁行业和纺织业等行业的市场份额，随之而来的失业使得美国国会重新限制进口。

第三，许多国家找出了办法逃避关贸总协定管制。双方自愿出口限制（Voluntary Export Restrictions，VERs），可以用于回避关贸总协定的规定。因为出口国或进口国都不会向在日内瓦的关贸总协定官方机构上诉。不经过上诉，关贸总协定官方机构便无法作为。出口国同意自愿出口限制条款，便能避免更多具有杀伤力的惩罚性关税。其中最出名的例子是日本和美国间的双方自愿出口限制。在该条款下，日本生产商同意限制本国对美国的汽车出口，以此平息与日俱增的贸易冲突。根据世界银行的一项研究，在 1981 年，13% 的工业化国家都遭受过双方自愿出口限制之类的非关税贸易壁垒。到 1986 年，该数据上升至 16%。美国的非关税贸易壁垒上升最快。受到非关税壁垒（主要是自愿出口限制）影响的进口额在 1981 年至 1986 年间增长了 23%。

五、从乌拉圭回合到世界贸易组织

在贸易保护主义势力抬头的背景下，1986年关贸总协定成员着手筹划了第八回合谈判来降低关税。这轮谈判叫乌拉圭谈判（这样命名是因为谈判地点在乌拉圭）。这是迄今为止最艰难的谈判，主要是因为这次谈判目标最为宏伟。关贸总协定的规则那时还只适用于制成品和大宗商品，而在乌拉圭谈判中，成员国力图让关贸总协定的规则涵盖服务贸易。他们也争取制定规则保护知识产权，减少农业补贴，并加强关贸总协定的监督和执行机制。

乌拉圭谈判历时七年之久。直到1993年12月15日各国才达成共识。该协议在1995年7月1日实施。乌拉圭谈判包括了如下条款。

（1）工业产品的关税降低至少1/3，取消40%以上制成品的关税。

（2）发达国家对制成品征收的平均关税应该少于产品价值的4%，这也是现代历史上最低的关税水平。

（3）大幅度降低农业补贴。

（4）关贸总协定的公平贸易和市场准入规则进一步涵盖了大量服务贸易。

（5）进一步延伸关贸总协定规则，从而增强对专利、版权和商标（知识产权）的保护。

（6）纺织业的贸易壁垒在十年内应有明显下降。

（7）成立世界贸易组织，执行关贸总协定的协议。

从长远看，将关贸总协定的规则延伸至服务业和知识产权领域意义重大。直到1995年，关贸总协定规则还只适用于工业产品（也就是制成品和大宗商品）。然而，到2007年，世界货物贸易额达到13.57万亿美元，相比之下，服务贸易总额也达到了3.26万亿美元。最终，关贸总协定的规则延伸到这个重要的贸易领域，不仅会增加以服务计算的世界贸易总额，而且会提高世界贸易总量。关贸总协定规则对知识产权的涵盖，使得高新技术公司更容易在发展中国家开展业务。过去，这些发展中国家对知识产权保护力度很弱。

阐明和强化关贸总协定规则以及世界贸易组织的成立能够更有效地监督和实施关贸总协定的规则。世界贸易组织围绕着关贸总协定成立了两个团体组织，其中一个管理服务贸易，另一个监管知识产权，三者共同形成联盟组织。《世贸组织的服务贸易总协定》（GATS）对服务的自由贸易协定做出延伸。世贸组织与贸易有关的知识产权协定力图缩小世界各国知识产权保护的差距，使之遵从通用国际规则。世贸组织负责仲裁贸易纠纷，并监督成员的贸易政策。由于世贸组织以关贸总协定达成的共识为基础进行运作，在争端解决方面，成员便不能阻止仲裁报告的实施。世贸组织自动采纳仲裁小组对成员贸易纠纷的报告，除非双方都拒绝执行。被仲裁小组认定为违反关贸总协定规则的国家可以向上诉机构起诉，上诉机构的判决具有约束力。如果被告方不遵守仲裁小组的建议，它的贸易伙伴有权获得赔偿，或者在迫不得已时，实施（与赔偿相当的）贸易制裁。每一步程序都应遵守严格的时间限制。所以，世贸组织拥有关贸总协定所没有的执行力。

六、WTO：迄今为止的经验

世贸组织到2010年共有153个成员。中国在2001年底加入，也是其成员之一。世贸组织建立者希望世贸组织的执行机制在监管全球贸易规则时比关贸总协定更为有效。他们最希望世贸组织成为未来贸易协议的有效倡导者和促进者，尤其是在服务业等行业。虽然必须说明1999年末的西雅图世贸组织谈话以失败告终，而新一轮的对话进程（多哈回合）非常缓慢，世贸组织的成立经历依旧鼓舞人心。上述事件，以及2008年至2009年间的贸易保护主义抬头，为未来世贸组织的发展方向提出了一系列问题。

在成立的第一个十年里，世贸组织的监管和实施机制发挥着积极的作用。在1995年到2009年初，世贸组织处理了370多起成员之间的贸易纠纷。与世贸组织相比，在过去的几乎半个世纪里，关贸总协定一共处理了196起案例。在世贸组织处理的案例中，有3/4由成员之间私下磋商解决。剩下的案例需要更正规的流程来解决，但这些案例在很大程度上处理得很成功。通常，涉入纠纷的国家都会采纳世贸组织的建议。许多国家将争端诉诸世贸组织是对该组织纠纷解决程序的信任。

关贸总协定的乌拉圭回合谈判使全球贸易规则延伸至服务贸易领域后，世贸组织扮演着制定协议、开放全球服务贸易的角色。各国也鼓励世贸组织制定关贸总协定未涉及过的与直接投资有关的规则。全球通信行业和金融服务行业参与该改革。

1997年2月，世贸组织促使各国达成一致，同意开放各国通信市场，允许外国运营商购买国内通信公司的所有权股份,并为公平竞争建立一系列通用规则。在该协议下,占据通信市场收入份额90%以上的68个国家保证,开始对外国竞争者开放本国通信市场,并遵守通信业公平竞争的通用规则。大多数世界最大的市场,包括美国、欧盟和日本,在1998年1月1日该协议实施之时,便完全开放了本国通信市场。该协议涵盖了各种形式的通信服务,包括语音电话、数据和传真传输以及卫星和无线电通信。许多通信公司积极响应该协议,指出这将让他们更好地为消费者提供一站式购物服务(针对所有的企业需求和个人订单进行全球无缝对接服务)。

随后在1997年12月,一项使跨境金融服务贸易自由化的协议出台。这项协议涵盖了超过95%的世界金融服务市场。该协议在1999年3月初实施,其中102个国家承诺不同程度地对国外开放其银行、证券和保险部门。与通信产业协议一样,该协议不仅涵盖了跨境贸易业,而且覆盖了外国直接投资。70个国家同意大幅降低或取消国内金融服务部门的外国直接投资壁垒。美国和欧盟毫无例外地对外国银行、保险和证券公司完全开放境内投资。在协议中,许多亚洲国家首次做出重大让步,允许大量外资参与本国金融服务领域。

第二节　西雅图会议和世贸组织的未来

【案例7-2】取得"印度香米"专利权

> 1997年9月,位于美国得克萨斯州的美国水稻技术公司(RiceTec)取得了"印度香米"品种和粮食生产的专利权(美国专利第5663484号)。这项专利权为"印度香米"品牌、与"印度香米"相似的大米以及该种大米的鉴别方式提供保障。尽管"印度香米"仅仅生长在印度与巴基斯坦的某些地区,而且它自身独特的香味和伸长率由当地独特的土壤和气候条件决定。一家印度报社,《经济时报》声称将"印度香米"在美国申请专利就类似于抢夺了其国家的历史和文化。这一影响也体现在经济方面。由于拥有"印度香米"专利,水稻技术公司不仅可以在美国境内,将自己的香米产品称为"印度香米",而且在国际市场上也可以把自己的香米产品

第七章　世界贸易体系的发展

贴上"印度香米"的标签。印度和巴基斯坦两国在美国、欧盟、中东以及西亚市场上受损，损失总量高达 45 000 吨的"印度香米"出口额。

由于此项专利权，在印度和美国之间引起了轻微的外交危机。印度政府威胁要将此事件诉诸于世界贸易组织进行裁决。

印度政府提出"印度香米"专利权事件违背了知识产权保护协议中地理标识的相关条款。地理标识在知识产权保护协议中 22.1 节的定义如下："这意味着一种商品发源于世界贸易组织成员国领土，或地区领土，或当地领土范围。而在这一地域上生产的产品品质、信誉或其他特性本质上归属于其地域起源。"

如果最终水稻技术公司的"印度香米"专利权被判定为违反了协议条款，那么这件事情必然会使美国处于尴尬境地。最终，在 2000 年，部分出于自愿，同时也由于美国专利商标局重新审查了其决定，水稻技术公司撤销了部分专利申明。最终，该公司也无权再将其稻米系列产品命名为"印度香米"。但是，该公司宣称从技术角度而言，其杂交稻米产品在某些方面比传统的印度香米的品质更好。于是，有人也担心该公司可以将其产品命名为"高品质印度香米谷物"投放市场。

在专利权风波之后，印度政府颁布了《货物地理标识（登记与保护）法案》。这项法令允许对符合地理标识的产品进行保护。印度政府联合巴基斯坦政府，在共同努力下，将"印度香米"注册为一项地理标识。欧盟则重申其承诺，尊重知识产权保护协议关于地理标识的规定，尤其是对"印度香米"产品而言。最终，只有原产自印度和巴基斯坦的"印度香米"能以这个品牌名称在欧盟境内销售。

在更早的一些案例中，美国政府曾为两位科学家颁发专利证书，允许使用姜黄治疗受损器官。然而，这项专利随后则被撤销，原因在于一些印度科学家指出，运用姜黄进行治疗是个常识，并在印度已经盛行了数个世纪之久。根据美国专利法，在世界上任何一个地方，任何已经发表或以被文字记录的形式留存的信息，都将作为常识存在。印度政府能够提供证据，表明使用姜黄进行治疗不是一项新发明，而且也不能够申请专利保护。

资料来源：Charles W.L.Hill, Chow-Hou Wee, Krishna Udayasankar. International Business: An Asia Perspective.McGraw-Hill Education. 倪晓宁等翻译。

原产地标识：
是指国家为了对土产或者有文化背景内涵的地域性产品实施原产地标识认证。原产地标记包括原产国标记和地理标志。原产国标记是指用于指示一项产品或服务来源于某个国家或地区的标识、标签、标示、文字、图案以及与产地有关的各种证书等。地理标志是指一个国家、地区或特定地方的地理名称，用于指示一项产品来源于该地，且该产品的质量特征完全或主要取决于该地的地理环境、自然条件、人文背景等因素。

一、核心概念

这部分共包括四个核心概念，分别是反倾销措施、农业补贴、与贸易有关的知识产权协议和多哈回合。

1. 反倾销措施

反倾销措施（anti-dumping measures）旨在惩罚从事倾销的外国企业，其根本目标是保护国内企业摆脱不公平的国外竞争。包括临时措施、价格承诺和征收反倾销税三种形式，其中征收反倾销税是最主要的一种反倾销措施，它是在反倾销调查当局最终裁定中作出肯定性的倾销和损害存在结论时所征收的税项。

2. 农业补贴

广义上的农业补贴（agricultural subsidies）是指国家对农业部门所有的投资或支持，这其中大部分的补贴在WTO农业协议"绿箱政策"允许范围内，不会对农业产出结构和农业产品市场造成扭曲的补贴；而狭义上的农业补贴是指以价格支持、出口支持等形式，对农产品实施保护性补贴，这类补贴会直接扭曲农业产出机构和农产品市场的价格机制。

3. 与贸易有关的知识产权协议

与贸易有关的知识产权协议（agreement on trade-related aspects of intellectual property rights，TRIPS），该协议正式把知识产权与国际贸易直接挂钩，在TRIPS的示范效应下，一些区域性和双边经济一体化安排中也开始特别关注知识产权保护的协调问题。目前国际贸易中的知识产权保护已经成为研究热点，引发了前所未有的关注。

4. 多哈回合

多哈回合（doha round）是指在2001年末世贸组织发起的新一轮谈判，旨在进一步放宽全球贸易和投资框架的限制。谈判内容主要包括农业、非农产品市场准入、服务贸易、规则谈判、争端解决、知识产权、贸易与发展以及贸易与环境八个议题。由于议题涵盖范围极广，谈判各方又存在复杂的分歧，因此，如何达成一项平衡的协议，使各方均得到好处又尽量避免损失就成了谈判中最大的难题。

二、西雅图的世界贸易组织

1999 年末,世贸组织成员国的代表在华盛顿西雅图会晤。该会议的目的是发起新一轮的对话——又名"千年谈判"。谈判旨在进一步降低跨境贸易和投资壁垒。议程中最突出的一环是让与会国同意,降低农产品跨境贸易壁垒和服务业的贸易与投资壁垒。

这一愿景被意料之外的残酷事实毁灭殆尽。1999 年 3 月,谈判无果而终。在会议室中,各与会方都不能对下一轮谈判的基本目标达成共识。主要的"绊脚石"是美国与欧盟之间对是否同意最终取消农业出口商补贴的问题意见不一致。美国认为应该优先取消农业补贴。因为欧盟农场主游说力度强,且农业补贴历史悠久,欧盟不愿意采取行动。另一个"绊脚石"是美国意图将"劳动基本权"写入世界贸易体系的法规中。美国希望世贸组织允许政府,对那些在美国看来不遵守公平劳动行为的国家出口的产品征收进口关税。来自发展中国家的代表们对这项提议强烈抗议,他们认为这明显是美国试图以法律形式,限制不发达国家对美国的出口。

会议室中的纠纷非常激烈,会议室外发生的事件更是引起了媒体关注。世贸组织的谈判变成了不同组织的避雷针,他们有环境保护学家,有人权组织,也有工会组织,出于各不相同的目的都反对自由贸易。所有这类机构都认为世贸组织是一个非民主机构,认为它篡夺成员国家主权,并在背地里操纵重要决策。他们利用西雅图会议表达其反对意见。这些事件被世界媒体报道。环保主义者担心农产品自由贸易可能会造成全球森林滥伐。他们认为降低从发展中国家进口木材的关税会刺激木材需求,并加速人类对原始森林的砍伐速度,尤其是在马来西亚和印度尼西亚等国家。他们还指出世贸组织规则对环保政策的负面影响。例如,美国条例规定捕虾网必须安装能让濒临灭绝的海龟逃生的装置,这项条例受到世贸组织的妨碍。世贸组织认为这项条例是对没有这种捕虾网的外国进口商的歧视。环保主义者则认为这项条例可以避免海龟灭绝。

人权组织认为,世贸组织条例剥夺了国家禁止从一些使用童工或者工作环境非常恶劣的国家进口商品的权利。同样,工会组织也反对贸易法案中允许从低薪国家进口商品的规定,这样会导致高薪国家劳动者失业。他们坚持认为从不具有适当的劳动标准的国家进口商品，会让美国工人失业。

世贸组织和自由贸易的支持者意图消除这些顾虑。他们反复强调世贸组织存在的目的是服务于各成员国的利益，而非损害其利益。世贸组织没有能力强迫任何成员国采取该国反对的行动。世贸组织允许成员国对不遵守世贸组织规则的国家实施报复性关税，但这已经是世贸组织的终极权利。此外，有支持者认为只有富有国家才制定严格的环境法和管理劳动标准的法律，穷国不会这样做。在他们看来，自由贸易会提高发展中国家的生活水平，随后这些国家便会颁布相关法律。他们认为，对发展中国家使用贸易管制来强制实施这些惯例只会弄巧成拙。

世贸组织153位成员中，大约有110个发展中国家的代表也反对环境论者、人权论者和劳工权利维护者的立场。那些需要依赖出口拉动本国经济增长和摆脱贫困的贫困国家，担心富裕国家会利用环境保护问题、人权问题和劳动相关问题筑起对发展中国家的产品贸易壁垒。他们认为将与环境或劳工标准有关的规定纳入未来贸易协议中不过是"换汤不换药"的贸易壁垒。如果发生这种情况，其结果只会让世界上的发展中国家陷入贫困和债务的恶性循环。

当世贸组织的代表们在西雅图会晤时，环境保护主义者、人权组织和劳工联盟在街上游行示威。这些组织中一些更为激进的力量，联合一群坚决反对"全球资本主义"和"跨国公司掠夺"的无政府主义者，不仅让世贸组织开幕式全面叫停，而且在一向宁静的西雅图街道上引发暴力冲突。一些游行者破坏财产并进行掠夺；而警方用催泪瓦斯、橡胶子弹和带电警棍维护秩序。世界媒体的头条如是说："世贸组织谈判瓦解于暴力游行示威。"

西雅图所发生的事件值得引起注意，因为这可能会是一个转折点。过去的贸易谈判相对默默无闻，只有一些感兴趣的经济学家、政治家和商界人士会关注。西雅图事件表明围绕全球自由贸易趋势的问题已经成为大众关注的焦点。关于自由贸易和全球化是非曲直的讨论已成为主流。因此，自由化是否会在未来实现，取决于一些国家主流观点对一些问题的重视程度，如美国对人权和劳工标准、职业保障、环境政策和国家主权的关注。同时，它也取决于自由贸易倡导者是否有能力明确清晰地、有说服力地表达这样一种观点，即从长远看，自由贸易是推进适当劳动标准、提供更多就业岗位以及保护环境的最佳方式。

三、世贸组织的未来：悬而未决的问题

在国际贸易方面还有很多问题亟待解决。当前世贸组织议程的前四大问题是：反倾销政策的增加，高水平的农业贸易保护主义，许多国家对知识产权缺乏有力保护，以及许多国家对非农业产品和服务业维持高额关税。

（一）反倾销行动

反倾销行动在20世纪90年代激增。世贸组织条例允许国家对外国征收反倾销税，其前提是外国以低于其国内的价格出售商品，或者低于其成本出售商品，且进口国生产商能证明他们受到了损害。不幸的是，对于构成"倾销"的模糊定义成为许多国家借此实行贸易保护主义的漏洞。

在1995年1月至2008年中期，世贸组织成员公布了大约3305起上诉至世贸组织的反倾销行动。印度发起的反倾销行动最多，有大约520起。欧盟在同一时期发起了约382起反倾销行动，美国414起。反倾销行动似乎集中在一些特定经济部门，如基础金属工业（例如铝和铁）、化学制品、塑料制品以及机电设备行业等。这些部门在所有上报给世贸组织的反倾销行为中占大约70%。这几个行业具有竞争激烈和产能过剩的特点，于是导致行业内价格和利润（或亏损）低廉。因此，完全有理由认为，这些国家高频率的反倾销行为表明，那些被外国竞争者冲击的国内生产商要使用本国的政治程序为自身寻求保护。本国生产商认为外国生产商正在进行不公平竞争。

虽然有些诉求有一些好处，但这种程序可能会变得非常具有政治倾向。因为商界代表和他们的雇员会游说政府官员来"保护国内工作，拒绝不公平竞争"，而政府官员念及日后选举时需要得到投票，会通过推动反倾销行动笼络他们。世贸组织非常担心这种趋势，认为这代表着持久的贸易保护主义倾向，并推动成员加强对反倾销税征收行为的监管力度。不过自从世贸组织发出信号称反倾销将成为多哈回合的焦点，反倾销案件数量有些下降，然而据世贸组织报告显示，反倾销行为在2008年金融危机的余波后激增，这可能是对危机后全球需求下降的直接回应。一些国家可能已经将反倾销行为视作保护本国生产商的手段。

(二)农业贸易保护主义

世贸组织另一个焦点是许多经济体在农业领域的高水平关税和补贴。农产品关税率普遍高于制成品或服务产品关税率。例如,在21世纪前十年,加拿大非农业产品平均关税率为4.2%,欧盟为3.8%,日本为3.9%,美国为4.4%。然而,加拿大农产品平均关税率为21.2%,欧盟为15.9%,日本为18.6%,美国为10.3%。这说明这些国家的消费者需要为进口商品支付的实际价格大幅超过其应该支付的价格。这将使他们花费在其他产品和服务上的消费力减弱。

历史上,对于农业产品的高税率反映出了一种倾向:保护国内的农业和传统的农耕社会免受国外竞争。除了征收较高关税之外,农业生产者也获得了大量的补贴。根据经济合作与发展组织的估算,在加拿大,政府对农业补贴的平均水平已经覆盖了农业生产成本的17%左右;在美国,这个比例是21%;在欧盟,这个比例是35%;而在日本该比例则是59%。经济合作与发展组织(OECD)成员总共每年要花费3000亿美元来补贴农业生产者。

可想而知,高关税率和大量的农业补贴对农业产量和农产品的国际贸易产生了扭曲效应。其净效应是引起农产品消费价格上涨,减少农产品贸易额,并导致了被过度补贴的农业产品产量过剩(政府通常会购买过剩的部分)。世贸组织认为消除贸易壁垒和补贴能够将消费和投资资源释放到生产效率更高的领域中,从而显著地提高全球整体贸易水平,降低消费者物价,并加快全球经济增长。根据国际货币基金组织的估计,通过消除农产品贸易关税壁垒和补贴政策,每年能够为世界提供大约128亿美元的福利。也有人认为这一福利将高达182亿美元。

然而,现有体系最大的支持者一直以来都是发达国家,他们希望保护本国农业发展免受发展中国家农业生产者的低成本竞争。相反的,广大的发展中国家却在拼命推动改革,希望让本国的农业生产者在发达国家被保护的市场中,获得更大的准入权利。测算显示,仅仅通过取消经济合作与发展组织内部成员的农业补贴政策,就能向世界上的发展中国家提供比目前来自经济合作与发展组织成员的外国援助总额三倍以上的经济利益。也就是说,农产品的自由贸易将会给世界贫穷国家的经济增长和缓解世界贫困带来跨越式的发展。

（三）保护知识产权

对世界贸易组织而言，知识产权的保护也变得越来越重要。1995年签署的《乌拉圭协议》不仅是建立世界贸易组织的基础，也包含了一项保护知识产权的协议内容（与贸易有关的知识产权协议 TRIPS）。TRIPS 协议要求世界贸易组织成员授予和实行具有至少20年有效期的专利权和具有至少50年有效期的版权。发达国家必须在一年内实现上述规定；在发展中国家，由于对于专利权和版权的保护力度较弱，可以有五年的实现时期；最不发达国家则可以在10年间实现上述目标。这项协议的基本精神是要在缔约国中树立起坚定的信念：我们通过专利申请、商标注册和版权认证的方式来保护知识产权。而且知识产权的保护也必须是国际贸易体系中极为重要的一环。对知识产权的保护力度不够会导致创新动力的缺失。因为创新是经济增长和生活水平提高的核心动力，因此，有必要签订多边协议来保护知识产权。

令人们担心的是，假若没有这样的一项协议，一国制造商，例如印度，会大量仿制在美国等其他国家已实现专利认证且处于技术领先地位的创意。这样就会从两个方面对国际贸易产生影响。首先，会使得在美国的原创者减少向印度出口产品的机会；其次，在某种程度上来说，会让印度的制造商有机会向别国出口自己的盗版产品，这样也会使得美国原创者损失对这些国家的出口份额。同样地，也可以说，对于创新者而言，世界市场总体规模缩小了，会导致他们尝试具有冒险性和需要大笔投资的创新产品的意愿下降。而上述事件所产生的净效应是：在世界经济中，创新越来越少，世界经济的增长速度也会随之放缓。

（四）对非农产品和服务的市场准入

尽管世界贸易组织与关贸易总协定在降低非农产品进口关税税率方面迈出了重要的一步，但依然有许多地方需要完善。尽管大多数发达国家已将他们工业制成品的关税平均水平降低至其商品价值的3.8%，但依旧存在例外。特别是，尽管平均关税税率很低，但是对于进入发达国家的某些特定商品，他们依旧维持了高关税税率，使得市场准入和经济增长受到限制。例如，澳大利亚和韩国，身为经济合作与发展组织的成员，分别对从外国进口的交通设备产品征收15.1%和24.6%的约束关税（约束税率通常情况下但不总是被征收税率中的最高比率）。相比较而言，美国、欧盟以及日本对从外国进口的交通设备产品则分别征收 2.7%、4.7% 以及 0 的约束关税（如表 7-1 所示）。发达国家对发展中国家出口的一些精选货征收高额关税是一个尤为需要关注的领域。

表 7-1 部分国家某些工业制成品约束税率（简单的平均值）

单位：%

国家	金属制品	交通设备	电力设备
加拿大	2.8	6.8	5.2
美国	1.8	2.7	2.1
巴西	33.4	33.6	31.9
墨西哥	34.7	35.8	34.1
欧盟	1.6	4.7	3.3
澳大利亚	4.5	15.1	13.3
日本	0.9	0.0	0.2
韩国	7.7	24.6	16.1

资料来源：WTO 官方网站。

另外，服务贸易的关税率比工业制成品高。例如，对于出口到美国的商贸与金融服务收取的关税税率高达 8.2%，而在欧盟该项税率则是 8.5%，日本为 19.7%。考虑到跨境服务贸易的价值正在不断增加，降低服务贸易的关税税率会带来更大的收获。

世界贸易组织愿意降低关税税率，并且缩小高关税税率征收范围。该组织最终的目的是将关税税率降低至 0% 的水平。

尽管这个目标看起来很宏伟但已经有了这样一个先例：已经有 40 个世界贸易组织成员将其在信息技术产品上的关税税率降低至 0。实证表明当平均关税税率进一步下降，接近 0 的水平，将会产生更多的收益。

从长远角度看，世界贸易组织希望降低发展中国家进口非农产品的关税税率。在这些发展中国家中，许多国家会依据幼稚产业理论，断定是否需要继续征收较高进口关税。然而，最终这些高关税税率都需要降低，以便让这些国家获得国际贸易的全部利益。例如，印度对进口的交通设备产品征收的约束关税税率达到了 53.9%，巴西则向类似的产品征收 33.6% 的约束关税。

巴西通过提升国内价格，来保护本国效率低下的生产商。同时，由于消费者需要为交通设备类产品和其他相关产品支付更高的价格，该项政策降低了消费者的实际收入，从而限制了经济增长。

四、新一轮回合谈判：多哈回合谈判

在1999年的西雅图系列会议上，世界贸易组织希望解决四个主要问题：反倾销措施、农产品贸易、推动实施更有利的知识产权保护法以及扩大市场准入，然而却失败了。在2001年，世界贸易组织又在其成员中发起了一系列磋商谈判，希望更好地扩大国际贸易规模以及搭建国际投资框架。为了避免重蹈西雅图系列会议的覆辙，主办方将会议地点定在波斯湾沿岸国家卡塔尔的多哈。

在多哈回合谈判中通过的议程被视作未来几年内谈判的计划安排。这项议程涵盖了降低工业制成品和服务贸易的关税税率，逐渐停止对农业生产者的补贴行为，消除跨境投资行为的障碍，并限制对反倾销法的使用。为了在该项议程上达成一致，各成员之间也做出了艰难的让步。欧盟和日本就农业补贴都做出了巨大的让步，而原来这些补贴政策的实施是为了支持那些有政治影响力的农业从业者。美国也屈服于其他贸易国的压力，修订反倾销法案。而美国此前经常使用此项法令来保护本国钢铁产业免受国外竞争。欧盟也不得不减弱其在谈判中的力争，其中包括其环境保护政策。这是因为众多发展中国家认为欧盟会将环境保护政策用作贸易壁垒，从而对欧盟施加压力。关于试图将一国的贸易和劳工标准联系起来的阐述并未在议程中出现。

拥有大型制药部门的国家默许了来自非洲、亚洲以及拉丁美洲国家药品专利方面的要求。在这项议程中，世界贸易组织规定中关于知识产权保护的内容具有这样的规定：不允许其成员采取任何措施来保护本国的公共医疗。这项规定的目的是保证世界上的贫困国家可以制造和购买普通的药物专利权，来对抗艾滋病和疟疾。

显然，通过一项议程是一回事，但是在一项新的贸易协定上达成一致又是另一件事。然而这项协议依旧有许多潜在受益者。其中包括了发展中国家和诸如澳大利亚、美国等发达国家的低成本农业生产商。如果此次谈话取得了成功，那么上述国家的农业产品生产商最终会扩大其产品在世界市场中的

份额。发展中国家也会因为暂未对劳工标准进行规定而受益。劳动标准也被很多人看作富裕国家设置的贸易壁垒。世界上贫困国家可以从能够获得廉价药品的保障中获益。但是，这项协议也使得某一部分群体遭受损失，其中包括来自欧盟和日本的农业产品生产商、美国的钢铁制造商、环境保护主义者和发达国家的药品生产商。可想而知，这些蒙受损失的群体一定会在接下来的几年里，全力说服本国政府，使得最终达成的协议符合他们的利益。总体上来说，如果多哈回合谈判取得了成功，那么，它将会显著地增加世界经济福利。

  如同之前的会议一样，多哈回合谈判取得的进展依旧缓慢，不断遭受重大挫折。其会议时间不断延长。2003年9月，在墨西哥城市坎昆召开的会议上，因与会国未能在降低对农产品补贴和关税税率方面达成协议，最终导致谈话失败。欧盟、美国以及印度不愿意对拥有政治影响力的农业生产商降低补贴和关税税率，但是如巴西、部分西非国家则希望越快实现自由贸易越好。然而，就在2004年初，在美国与欧盟的关键推动下，谈判得以再次进行，在2004年中期，双方都承诺全面削减农产品补贴和关税税率。自此，虽然谈判取得了小幅进展，但还是陷入停滞，主要原因在于对农产品生产商究竟削减多少关税上未能达成一致意见。整个会谈的目的就是要把制成品和农产品的进口关税水平降低60%~70%，并且将补贴下调为2004年水平的一半。但是要让与会国在上述两方面达成一致却显得极为困难。直到2013年12月，在世贸组织第九届部长级会议上，多哈回合达成了14年来的第一份成果——《巴厘岛一揽子协定》，成为多哈回合零的突破。

【拓展阅读】

书籍：

1．［英］罗伯特·J.凯伯.国际经济学（第13版）［M］.北京：中国人民大学出版社，2013.

2．［美］保罗·R.克鲁格曼.国际经济学［M］.北京：中国人民大学出版社，2011.

3．［美］萨缪尔森.经济学［M］.北京：人民邮电出版社，2008.

4.［美］巴格沃蒂.今日自由贸易［M］.北京：中国人民大学出版社，2004.

期刊论文：

1. 蒋德恩.原关贸总协定争端解决机制的缺陷与世贸组织新机制的特点［J］.国际贸易问题，1996（7）.

2. 张宝珍."绿色壁垒"：国际贸易保护主义的新动向［J］.世界经济，1996（12）.

3. 何力.美国"301条款"的复活与WTO［J］.政法论丛，2017（6）.

4. 沈大勇，王火灿.多哈回合的进展、困境及其原因探析［J］.世界经济研究，2008（11）.

5. 何力.多哈回合早期收获与《贸易便利化协定》［J］.上海对外经贸大学学报，2014（2）.

6. 盛斌.WTO《贸易便利化协定》评估及对中国的影响研究［J］.国际贸易，2016（1）.

相关网站：

1. 关于更多世界贸易情况和规则的资料请参见：www.wto.org.

2. 关于经济一体化与国际经济秩序的更多资料可查阅世界经济论坛，www.weforum.org.

◀◀◀ 下篇

国际金融部分

2

下篇知识点和案例列表

知识点	案例
八、开放经济下的核算框架 国际收支、经常项目、国际头寸	【案例8-1】2017年中国国际收支平衡表
九、国际货币体系的演变和汇率政策 固定汇率、浮动汇率、布雷顿森林体系、牙买加体系、三元悖论	【案例9-1】固定汇率制度促进贸易了吗？ 【案例9-2】让英格兰银行大出血的男人 【案例9-3】欧洲的三元悖论
十、汇率决定理论 外汇汇率、直接标价法、间接标价法、绝对购买力平价、相对购买力平价、利率平价	【案例10-1】阿根廷经济危机 【案例10-2】长期与短期的购买力平价证据
十一、开放经济下的政策调节 贸易乘数、国际收支失衡、蒙代尔—弗莱明模型、斯旺图表	【案例11-1】拉脱维亚的经济动荡
十二、生产要素的国际流动 资本国际流动、劳动力国际流动、技术转移	【案例12-1】亚洲奇迹的秘诀 【案例12-2】美国白领工作转移到国外
十三、跨国公司和国际投资 跨国公司、国际投资、直接投资、间接投资、国际生产折中理论、转移定价	【案例13-1】谁制造了iPod？

第八章

开放经济下的核算框架

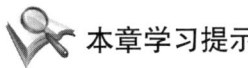 **本章学习提示**

从本章开始,进入开放宏观经济学的学习,很多时候这部分内容也被称为国际金融。

在国际经济中不同经济体之间的各种经济交易,会促使国际收支关系的形成。一个国家在一定时期内对他国的资金支付构成了该国的资金流出,而从别国接受的资金则构成了本国的资金流入,这许许多多个别的资金收入与支出的总和就构成了一个国家的对外国际收支关系,也就是通常所说的国际收支。

随着金融危机的加深,国际收支的不平衡带来的种种问题和后果表现得越来越突出,如出口国货币升值压力加大,与相关贸易伙伴国之间贸易摩擦加剧等。国际收支问题也越来越成为各国政府以及国际金融组织关注的焦点。本章介绍了开放经济条件下的国际收支核算框架,并对中国的国际收支平衡表加以分析,来具体研究宏观国际经济中的一些基本问题。

【重点概念】

国际收支、国际收支平衡表、经常账户、资本和金融账户

【重点问题】

(1) 国际收支表各组成部分之间的相互关系。

(2) 国际收支状况的含义与经济分析。

(3) 经常账户的项目构成。

(4) 资本和金融账户的项目构成。

【知识脉络】

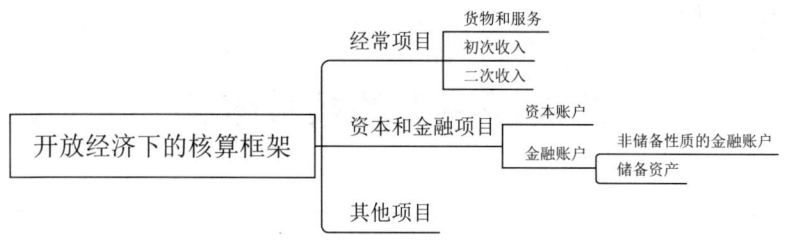

第一节 国际收支平衡表概览

【案例】2017年中国国际收支平衡表

一国的国际收支状况可以通过该国的国际收支平衡表来体现。国际收支平衡表反映了这些经济交易的规模、结构等状况。具体分析2017年中国国际收支平衡表（见表8-1），我们可以发现：

表8-1 2017年中国国际收支平衡简表

单位：亿美元

项目	行次	差额
1.经常项目	1	1649
1.1 A 货物和服务	2	2107
A.a 货物	3	4761
A.b 服务	4	−2654
1.2 B 初次收入	5	−344
1.3 C 二次收入	6	−114
2.资本和金融项目	7	570
2.1 资本账户	8	−1
2.2 金融账户	9	571
2.2.1 非储备性质的金融账户	10	1486

国际收支
是一国居民在一定时期内与非居民之间全部政治、经济、文化往来所产生的全部经济交易的系统货币记录。

储备资产
包括货币当局可随时动用并控制在手的资产，包括货币用黄金、特别提款权、在基金组织的储备头寸、外汇资产和其他债权。

续表

项目	行次	差额
2.2.1.1 直接投资	11	663
2.2.1.2 证券投资	12	74
2.2.1.3 金融衍生工具	13	5
2.2.1.4 其他投资	14	744
2.2.2 储备资产	15	−915
3.净误差与遗漏	16	−2219

资料来源：国家外汇管理局。

> **国际货币基金组织（IMF）** 成立于1945年12月27日，1947年3月1日开始运作，总部设在美国华盛顿，初创时有23个成员国，中国是创始会员国之一。

（一）从各项构成来看

经常账户、非储备性质的金融账户均呈现顺差。2017年，我国经常账户顺差为1649亿美元，较2016年下降18%；非储备性资产的金融账户顺差为1486亿美元，而2016年为逆差4161亿美元。

货物贸易顺差有所回落。2017年，我国货物贸易出口为22 165亿美元，进口17 403亿美元，较上年分别增长11%和16%；顺差为4761亿美元，较上年下降3%。

服务贸易逆差增加。2017年，服务贸易收入为2065亿美元，较上年下降1%；支出4719亿美元，增长7%；逆差为2654亿美元，增长14%。其中运输项目逆差561亿美元，增长20%；旅行项目逆差2251亿美元，增长9%。

初次收入逆差收窄。2017年，初次收入项下收入为2573亿美元，较上年增长14%；支出2918亿美元，增长8%；逆差344亿美元，下降22%。其中，雇员报酬顺差150亿美元，较上年下降27%；投资收益逆差499亿美元，下降23%。从投资收益来看，我国对外投资的收益为2349亿美元，增长18%；外国来华投资的利润利息、股息红利等支出2848亿美元，增长8%。

二次收入逆差扩大。2017年，二次收入项下收入286亿美元，较上年下降7%；支出400亿美元，下降1%；逆差114亿美元，增长20%。

直接投资重现顺差。2017年，直接投资顺差663亿美元，2016年为逆差417亿美元。其中，直接投资资产净增加1019亿美元，较上年少增53%；直接投资负债净增加1682亿美元，少增4%。

证券投资差额由逆转顺。2017年,证券投资顺差74亿美元,2016年逆差为523亿美元。其中,我国对外证券投资净流出(资产净增加)1094亿美元,较上年增长6%;境外对我国证券投资净流入(负债净增加)1168亿美元,增长1.3倍。

其他投资呈现顺差。2017年,贷款、贸易信贷以及资金存放等其他投资审查744亿美元,2016年为逆差3167亿美元。其中,我国对外的其他投资净流出(资产净增加)769亿美元,较上年下降78%;境外对我国的其他投资净流入(负债净增加)1513亿美元,增长3.6倍。

储备资产平稳增长。2017年,我国交易形成的储备资产(提出汇率、价格等非交易价值变动影响)增加915亿美元。其中,交易形成的储备增加930亿美元,第一季度下降25亿美元,第二至第四季度分别增加319亿、304亿和331亿美元。截至2017年末,我国外汇储备余额为31399亿美元,较上年末余额上升1294亿美元。

(二)从整体运行来看

经常账户顺差继续处于合理区间,非储备性资产的金融账户差额由逆差转为顺差。2017年,我国经常账户顺差与GDP之比为1.3%,依然处于合理区间;非储备性质的金融账户实现顺差1486亿美元,2015年、2016年逆差分别为4345亿美元和4161亿美元,表明我国跨境资本已经由持续净流出转向总体平稳态势。在经常账户顺差、非储备性质金融账户顺差的有力支撑下,我国储备资产持续回升,国际收支状况更加稳健。

境内主体对外投资总体趋稳。2017年,境内主体对外直接投资、证券投资和其他投资等资产合计净增加2867亿美元,较上年少增58%。首先,对外直接投资回归理性后逐步趋稳,2017年,直接投资资产净增加1019亿美元,较上年少增53%;其次,对外证券投资平稳增长,2017年境外股权、债券等相关资产合计净增加1094亿美元,增长6%;最后,对外存款、贷款等其他投资净增加769亿美元,少增78%。

境外主体来华各类投资进一步回升。2017年,外国来华直接投资、证券投资和其他投资等外来投资净流入(即对外负债净增加)4353亿美元,较上年增长68%,与2010—2014年持续净流入时的年均水平基本相当。说明境内主体融资意愿稳步恢复,融资规模由降转升。

我国国际收支基本实现自主平衡。从更长的历史进程看,我国国际收支在经历长达十余年持续净流入和一段时期净流出后，初步呈现自主平衡的发展态势。主要表现：一是外汇储备平稳增加，2017年交易形成的外汇储备增加930亿美元；二是人民币对美元汇率双向波动明显增强。总的来看，当前国内外市场环境总体改善，人民币汇率预期合理分化，夯实了我国国际收支自主平衡的基础。

资料来源：国家外汇管理局《2017年中国国际收支报告》。

一、核心概念

这部分共包括四个核心概念，分别是国际收支、国际收支表、经济交易以及居民。

1. 国际收支（international balance of payment）

国际收支的概念有狭义和广义之分：狭义的国际收支是指一国在一定时期内（一般为一年），同其他国家的贸易、劳务、资本等往来所引起的资产转移；广义的国际收支是指在特定时期内（通常为一年），一个经济体与世界其他地方的各项经济交易。

2. 国际收支表

国际收支表（statement of international balance of payment）的标准组成包括经常账户、资本和金融账户两个基本组成部分。经常账户表示实际资源（货物、服务、收入）交易以及经常转移；资本和金融账户记载的是实际资源流通的融资情况（通常是以金融工具进行的交易或资本转移）。

3. 经济交易

经济交易包括：货物、服务以及收入交易；金融资产和负债交易；无偿转让，即一方向另一方无偿提供的实物或金融资产。

4. 居民

国际收支强调居民的概念，即国际经济交易应该是不同国家的居民之间的交易，而居民除了包括在本国生活的公民外，还包括在该国居住一年以上的外国的特定个人与机构，一般包括特定意义的个人、外国企业、非营利机构、政府以及地区性中央银行的分支机构五类，但留学生、外交人员、国际经济组织以及在飞机上过境的个人、机构不计入居民范畴。

二、国际收支与国际收支表

（一）国际收支与国际收支表的基本概念

1. 国际收支

国际收支是一张统计表，它系统地记载了在特定时期内一个经济体与世界其他地方的各项经济交易。国际收支的概念有广义和狭义之分。

（1）狭义的国际收支。

一国在一定时期内（一般为一年），同其他国家的贸易、劳务、资本等往来所引起的资产转移。其特点是仅计入现在或将来有外汇收支的交易。

（2）广义的国际收支。

在特定时期内（通常为一年），一个经济体与世界其他地方的各项经济交易。大部分是在居民与非居民之间进行的。它强调的是全部的经济交易，即包含不用外汇支付、无偿的交易或交流，而且这里的国际收支实际是指流量的概念。在此，经济交易包括：货物、服务以及收入交易；金融资产和负债交易；无偿转让即一方向另一方无偿提供的实物或金融资产。今天各个经济体使用的基本是广义的国际收支概念。

2. 国际收支表

根据国际货币基金组织（IMF）《国际收支和国际投资头寸手册（第六版）》（BPM6）制定的标准，国际收支平衡表是反映某个时期内一个国家或地区与世界其他国家或地区间的经济交易的统计报表。国际收支统计以权责发生制为统计原则，并采用复式记账法。

（二）国际收支表的基本构成

国际收支表的标准组成包括经常账户、资本和金融账户两个基本组成部分。

经常账户表示实际资源（货物、服务、收入）交易以及经常转移；另外按照BPM6的规定，货物和服务项目新增了"货物贸易差额"和"服务贸易差额"两项指标。收入包括职工收入和投资收入两个子项目：职工收入即为职工报酬；投资收入包括直接投资、证券投资和其他投资。经常转移包括各级政府和其他部门的转移等。其他部门的转移包括工人的汇款等。

资本和金融账户记载的是实际资源流通的融资情况（通常是以金融工具进行的交易或资本转移）。这一账户下包括的项目有资本账户、金融账户。另外,对于这一账户还有一个补充信息的表格。

资本账户包括资本转移以及非生产、非金融资产的收买、放弃等。资本转移是指涉及固定资产所有权的变更及债权职务的减免等导致交易一方或双方资产存量发生变化的转移项目,主要包括固定资产转移、债务减免、移民政策和投资捐赠等。非生产、非金融资产的收买、放弃,指各种无形资产如何转让合同及商誉的收买、放弃。

金融账户包括直接投资、证券投资、其他投资和储备资产。直接投资包括国外、经济体内的股本资本、再投资收益、其他资本等。证券投资包括资产中的股本证券、债务证券、负债中的股本证券、债务证券等。其他投资包括资产中的贸易信贷、其他贷款、银行存款,以及负债中相当的项目等。储备资产包括货币黄金、特别提款权、外汇资产、在基金组织中的头寸等。

除此之外,国际收支表还包括一项净误差与遗漏。国际收支平衡表采用复式记账法,由于统计资料来源和时点不同等原因,会形成经常账户与资本和金融账户不平衡,形成统计残差项,称为净误差与遗漏。

中国国际收支表是反映特定时期内我国(不含中国香港、澳门和台湾)与世界其他国家或地区的经济交易的统计报表。本章后两节将详细介绍我国国际收支平衡表的具体内容。

(三)国际收支表各组成部分之间的关系

1. 国际收支表各项目之间的关系

经常账户反映了国内经济的储蓄和投资行为。一国国际收支的改善必须通过调整国内吸收来进行(吸收为 $C+I+G$)。在国际收支中,一个经济体的经济账户的状况发生任何变化,一定要与相对于投资的国内储蓄的增长相对应,即改变经常账户差额的政策措施,都会影响国内的储蓄与投资。而在国际收支中,经常账户的差额一定要等于资本和金融账户的净余额加上储备资产交易,即可以利用金融资产的净流入和储备资产为经常账户赤字融资。在国际收支表中反映的是利用金融资产的净流入和储备资产为经常账户赤字融资,最终保持国内的投资等于储蓄的基本公式成立。

2. 国际收支的盈余与赤字

国际收支从会计账户设立的角度看,账面的余额因同一笔交易必须在借方、贷方记同样金额而为零,但实际上是有盈余和赤字的,即进出口的余额、金融账户流动的余额等。经常账户的顺差反映对于非居民债券净额的增加，赤字则表明该经济体从世界其他地方得到的金融资产的流入会导致该经济体在国外资产净头寸的减少。

（四）国际收支与国家经济状况

1. 一个经济体的国际收支状况反映了一国的经济实力和其在世界经济中的地位

在国际经济中，从国际经济交易的规模来分析，一个经济体如果经济规模巨大，与外界经济交易、交流的数量巨大，那么它在国际经济中的地位自然就会较高。这是因为，较大的国际收支规模说明该经济体具有较大的经济资源的吸纳和输出能力，这有利于其使外界的经济要素为自己所用，经济运行和发展会相对较为顺利；同时也说明该经济体具有较大的经济产出的吸纳和输出能力，可以消费世界上有益的产品并在国际市场上售出自己的产品。这两个方面使得该经济体融入世界经济，使得该经济体可以获得更多的经济利益与竞争的推动，在世界经济中的地位得到进一步的提高。

2. 一个经济体的国际收支状况决定了一国货币与汇率的变化方向

国际收支是不同经济体之间往来的全部记录，国际收支状况除了不存在外汇支付的交易外，大体会因为经济体之间往来的"倾斜"程度而表现为一个经济体外汇的基本供求状况。在绝大多数情况下，当一个经济体的国际收支状况表现为逆差时，对本币的需求表现为供大于求，于是国际金融市场上出现本币对外汇率有下浮趋势，反之则呈现上浮态势。

3. 一个经济体的国际收支状况决定着一国的融资能力和自信地位

在国际资金与资本市场上，一个经济体的借贷能力往往是与它的偿还能力成正比的。经济体的偿还能力越强，它的借款能力也就越强，能够借款的渠道也就越多，该经济体在国际资金与资本市场上的资信地位也就越高。从国际收支的角度看，一个经济体的偿还能力往往取决于该经济体的经常项目收支、资本和金融账户收支以及官方储备的状况。如果一个经济体在这两个项目上有较大盈余，那么该经济体在国际资金与资本市场上就能比较容易地借入更多的资金，反之就会比较困难。

4. 一个经济体的国际收支状况反映着一国经济结构的情况和变化

在今天的国际经济实践中，一个经济体的对外经济交易内容，既包括有形的经济产出,也包括无形的经济产出。一般而言,随着一个经济体的经济发展和对外经济往来的深化,经济结构中初级产品的地位在不断下降,制成品和无形产出所占比重会有较大的提高,该经济体对外经济交易的内容也就会出现从以初级产品为主,过渡到以制成品为主,最终过渡到有形、无形两种产出双向交流并重的局面,这表明经济的发展与成熟。

5.一个经济体的国际收支状况影响着一国国内的经济增长和发展

一个经济体产出的输出,往往会造成本国资源的流出,国内市场的供给也会因此而相应下降,输出经济产出所收回来的外汇往往又会增加国内的货币供给,从而有可能加大一个经济体内部物价上涨的压力,而经济体内部的货币供给增加、物价上升,一般会刺激经济的进一步发展。相反,大量进口会挤压国内的生产,影响国内的就业,加大经济紧缩的压力。但是,上述结果在很大程度上取决于该经济体的边际进口倾向。

第二节　经常项目

一、核心概念

经常账户

经常账户(current account)包括的项目有:货物和服务、初次收入和二次收入。另外,按照 BPM6 的规定,货物和服务项目新增了"货物贸易差额"和"服务贸易差额"两项指标。收入包括职工收入和投资收入两个子项目:职工收入即为职工报酬;投资收入包括直接投、证券投资和其他投资。经常转移包括各级政府和其他部门的转移等。其他部门的转移如工人的汇款等。

二、经常账户

经常账户主要包括货物和服务、初次收入和二次收入。

(一)货物和服务

1.货物

货物是指经济所有权在我国居民与非居民之间发生转移的货物交易。贷方记录货物出口,借方记录货物进口。货物账户数据主要来源于海关进出口统计,但与海关统计存在以下主要区别:一是国际收支中的货物只记录所有权发生了转移的货物(如一般贸易、进料加工贸易等贸易方式的货物),所有权未发生转移的货物(如来料加工或出料加工贸易)不纳入货物统计,而纳入服务贸易统计;二是计价方面,国际收支统计要求进出口货值均按离岸价格记录,海关出口货值为离岸价格,但进口货值为到岸价格,因此国际收支统计从海关进口货值中调出国际运保费支出,并纳入服务贸易统计;三是补充了部分进出口退运等数据;四是补充了海关未统计的转手买卖下的货物净出口数据。

2. 服务

服务包括加工服务,维护和维修服务,运输,旅行,建设,保险和养老金服务,金融服务,知识产权使用费,电信、计算机和信息服务,其他商业服务,个人、文化和娱乐服务以及别处未提及的政府服务。贷方记录提供的服务,借方记录接受的服务。

(1)加工服务:又称"对他人拥有的实物投入的制造服务",指货物的所有权没有在所有者和加工方之间发生转移,加工方仅提供加工、装配、包装等服务,并从货物所有者处收取加工服务费用。贷方记录我国居民为非居民拥有的实物提供的加工服务。借方记录我国居民接受非居民的加工服务。

(2)维护和维修服务:指居民或非居民向对方所拥有的货物和设备(如船舶、飞机及其他运输工具)提供的维修和保养工作。贷方记录我国居民向非居民提供的维护和维修服务。借方记录我国居民接受的非居民维护和维修服务。

(3)运输:指将人和物体从一地点运送至另一地点的过程及相关辅助和附属服务,以及邮政和邮递服务。贷方记录我国居民向非居民提供的国际运输、邮政快递等服务。借方记录我国居民接受的非居民国际运输、邮政快递等服务。

(4)旅行:指旅行者在其作为非居民的经济体旅行期间消费的物品和购买的服务。贷方记录我国居民向在我国境内停留不足一年的非居民以及停留期限不限的非居民留学人员和就医人员提供的货物和服务。借方记录我国居民境外旅行、留学或就医期间购买的非居民货物和服务。

(5)建设:指建筑形式的固定资产的建立、翻修、维修或扩建,工程性质的土地改良、道路、桥梁和水坝等工程建筑，相关的安装、组装、油漆、管道施工、拆迁和工程管理等，以及场地准备、测量和爆破等专项服务。贷方记录我国居民在经济领土之外提供的建设服务。借方记录我国居民在我国经济领土内接受的非居民建设服务。

（6）保险和养老金服务：指各种保险服务，以及同保险交易有关的代理商的佣金。贷方记录我国居民向非居民提供的人寿保险和年金、非人寿保险、再保险、标准化担保服务以及相关辅助服务。借方记录我国居民接受非居民的人寿保险和年金、非人寿保险、再保险、标准化担保服务以及相关辅助服务。

（7）金融服务：指金融中介和辅助服务，但不包括保险和养老金服务项目所涉及的服务。贷方记录我国居民向非居民提供的金融中介和辅助服务。借方记录我国居民接受非居民的金融中介和辅助服务。

（8）知识产权使用费：指居民和非居民之间经许可使用无形的、非生产/非金融资产和专有权以及经特许安排使用已问世的原作或原型的行为。贷方记录我国居民向非居民提供的知识产权相关服务。借方记录我国居民使用的非居民知识产权服务。

（9）电信、计算机和信息服务：指居民和非居民之间的通信服务以及与计算机数据和新闻有关的服务交易，但不包括以电话、计算机和互联网为媒介交付的商业服务。贷方记录本国居民向非居民提供的电信服务、计算机服务和信息服务。借方记录本国居民接受非居民提供的电信服务、计算机服务和信息服务。

（10）其他商业服务：指居民和非居民之间其他类型的服务，包括研发服务，专业和管理咨询服务，技术、贸易相关等服务。贷方记录我国居民向非居民提供的其他商业服务。借方记录我国居民接受的非居民其他商业服务。

（11）个人、文化和娱乐服务：指居民和非居民之间与个人、文化和娱乐有关的服务交易，包括视听和相关服务（电影、收音机、电视节目和音乐录制品），其他个人、文化娱乐服务（健康、教育等）。贷方记录我国居民向非居民提供的相关服务。借方记录我国居民接受的非居民相关服务。

（12）别处未提及的政府服务：指在其他货物和服务类别中未包括的政府和国际组织提供和购买的各项货物和服务。贷方记录我国居民向非居民提供的别处未涵盖的货物和服务。借方记录我国居民向非居民购买的别处未涵盖的货物和服务。

（二）初次收入

初次收入是指由于提供劳务、金融资产和出租自然资源而获得的回报，包括雇员报酬、投资收益和其他初次收入三部分。

（1）员工报酬：指根据企业与员工的雇佣关系，因员工在生产过程中的劳务投入而获得的酬金回报。贷方记录我国居民个人从非居民雇主处获得的薪资、津贴、福利及社保缴款等。借方记录我国居民雇主向非居民员工支付的薪资、津贴、福利及社保缴款等。

（2）投资收益：指因金融资产投资而获得的利润、股息（红利）、再投资收益和利息，但金融资产投资的资本利得或损失不是投资收益，而是金融账户统计范畴。贷方记录我国居民因拥有对非居民的金融资产权益或债权而获得的利润、股息、再投资收益或利息。借方记录我国居民因对非居民投资者有金融负债而向非居民支付的利润、股息、再投资收益或利息。

（3）其他初次收入：指将自然资源让渡给另一主体使用而获得的租金收入，以及跨境产品和生产的征税和补贴。贷方记录我国居民从非居民获得的相关收入。借方记录我国居民向非居民进行的相关支付。

（三）二次收入

二次收入是指居民与非居民之间的经常转移，包括现金和实物。贷方记录我国居民从非居民处获得的经常转移，借方记录我国居民向非居民提供的经常转移。

第三节　资本项目

一、核心概念

这部分共包括两个核心概念，分别是资本和金融账户、国际头寸。

1. 资本和金融账户（capital and financial account）

这一账户下包括的项目有资本账户、金融账户。另外，对于这一账户还有一个补充信息的表格。资本账户包括资本转移以及非生产、非金融资产的收买、放弃等。金融账户包括直接投资、证券投资、其他投资和储备资产。

2. 国际头寸（international position）

国际头寸不属于国际收支表的标准组成，它与国际收支表构成一个全面的国际账户，是一国对外金融资产和负债存量的资产负债表，其数值等于一个经济体给予或从世界其他地方得到的那部分净值。国际头寸的构成为资产、负债，其项目与国际收支的金融账户一致。

二、资本和金融账户

资本与金融账户包括资本和金融两个主要项目。

（一）资本账户

资本账户是指居民与非居民之间的资本转移，以及居民与非居民之间非生产非金融资产的取得和处置。贷方记录我国居民获得非居民提供的资本转移，以及处置非生产非金融资产获得的收入。借方记录我国居民向非居民提供的资本转移，以及取得非生产非金融资产支出的金额。

（二）金融账户

金融账户是指发生在居民与非居民之间、涉及金融资产与负债的各类交易。根据会计记账原则，当期对外金融资产净增加记录为负值，净减少记录为正值；当期对外负债净增加记录为正值，净减少记录为负值。金融账户细分为非储备性质的金融账户和国际储备资产。

1. 非储备性质的金融账户

这一账户包括直接投资、证券投资、金融衍生工具和其他投资。

（1）直接投资。

直接投资是指以投资者寻求在本国以外运行企业获取有效发言权为目的的投资，包括直接投资资产和直接投资负债两部分。相关投资工具可划分为股权和关联企业债务。股权包括股权和投资基金份额，以及再投资收益。关联企业债务包括关联企业间可流通和不可流通的债权和债务。

直接投资资产：指我国作为直接投资者对在外直接投资企业的净资产，作为直接投资企业对直接投资者的净资产，以及对境外联属企业的净资产。

直接投资负债：指我国作为直接投资企业对外国直接投资者的净负债，

作为直接投资企业对直接投资者的净负债，以及对境外联属企业的净负债。

（2）证券投资。

证券投资包括证券投资资产和证券投资负债，相关投资工具可划分为股权和债券。股权包括股权和投资基金份额，记录在证券投资项下的股权和投资基金份额均应可流通（可交易）。股权通常以股份、股票、参股、存托凭证或类似单据作为凭证。投资基金份额指投资者持有的共同基金等集合投资产品的份额。债券指可流通的债务工具，是证明其持有人（债权人）有权在未来某个（些）时点向其发行人（债务人）收回本金或收取利息的凭证，包括可转让存单、商业票据、公司债券、有资产担保的证券、货币市场工具，以及通常在金融市场上交易的类似工具。

证券投资资产：记录我国居民投资非居民发行或管理的股权、投资基金份额的当期净交易额。

证券投资负债：记录非居民投资于我国居民发行或管理的股权、投资基金份额的当期净交易额。

（3）金融衍生工具。

金融衍生工具又称金融衍生工具和雇员认股权，用于记录我国居民与非居民金融衍生工具和雇员认股权交易情况。

金融衍生工具资产：又称金融衍生工具和雇员认股权资产，用于记录我国居民作为金融衍生工具和雇员认股权资产方，与非居民的交易。

金融衍生工具负债：又称金融衍生工具和雇员认股权负债，用于记录我国居民作为金融衍生工具和雇员认股权负债方，与非居民的交易。

（4）其他投资。

其他投资是指除直接投资、证券投资、金融衍生工具和储备资产外，居民与非居民之间的其他金融交易。包括其他股权、货币和存款、贷款、保险和养老金、贸易信贷和其他。

其他股权：指不以证券投资形式（上市和非上市股份）存在的、未包括在直接投资项下的股权，通常包括：在准公司或非公司制企业中的、表决权小于10%的股权（如分支机构、信托、有限责任和其他合伙企业，以及房地产和其他自然资源中的所有权名义单位）、在国际组织中的股份等。资产项记录我国居民投资于非居民的其他股权。负债项记录非居民投资于我国居民的其他股权。

货币和存款：货币包括由中央银行或政府发行或授权的、有固定面值的纸币或硬币；存款是指对中央银行、中央银行以外的存款性公司以及某些情况下其他机构单位的、由存单表示的所有债权。资产项记录我国居民持有外币及开在非居民处的存款资产变动。负债项记录非居民持有的人民币及开在我国居民处的存款变动。

贷款：指通过债权人直接借给债务人资金而形成的金融资产，其合约不可转让。贷款包括普通贷款、贸易融资、透支、金融租赁、证券回购和黄金掉期等。资产项记录我国居民对非居民的贷款债权变动。负债项记录我国居民对非居民的贷款债务变动。

保险和养老金：又称保险、养老金和标准化担保计划，主要包括非人寿保险技术准备金、人寿保险和年金权益、养老金权益以及启动标准化担保的准备金。资产项记录我国居民作为保单持有人或受益人所享有的资产或权益。负债项记录我国作为保险公司、养老金或标准化担保发行者所承担的负债。

贸易信贷：又称贸易信贷和预付款，是因款项支付与货物所有权转移或服务提供非同步进行而与直接对手方形成的金融债权债务。如相关债权债务不是发生在货物或服务的直接交易双方，即不是基于商业信用，而是通过第三方或银行信用形式发生，则不纳入本项统计，而纳入贷款或其他项目统计。资产项记录我国居民与非居民之间因贸易等发生的应收款或预付款。负债项记录我国居民与非居民之间因贸易等发生的应付款或预收款。

特别提款权负债：指作为基金组织成员国分配的特别提款权，是成员国的负债。

其他（资产/负债）：除直接投资、证券投资、金融衍生工具、储备资产、其他股权、货币和存款、贷款、保险和养老金、贸易信贷、特别提款权负债外的对非居民的其他金融债权或债务。资产项记录债权。负债项记录债务。

2. 储备资产

储备资产是指我国中央银行拥有的对外资产。包括货币黄金、特别提款权、在国际货币基金组织的储备头寸、外汇储备和其他储备资产。

（1）货币黄金：指我国中央银行作为国际储备持有的黄金。

（2）特别提款权：是国际货币基金组织根据会员国认缴的份额分配的，可用于偿还国际货币基金组织债务、弥补会员国政府之间国际收支赤字的一种账面资产。

（3）在国际货币基金组织的储备头寸：指在国际货币基金组织普通账户中会员国可自由提取使用的资产。

（4）外汇储备：指我国中央银行持有的可用作国际清偿的流动性资产和债权。

（5）其他储备资产：指不包括在以上储备资产中的、我国中央银行持有的可用作国际清偿的流动性资产和债权。

【拓展阅读】

书籍：

1.［美］罗伯特·J.凯伯.国际经济学（第13版）［M］.北京：中国人民大学出版社，2013.

2.［美］保罗·R.克鲁格曼.国际经济学［M］.北京：中国人民大学出版社，2011.

3.D.Salvatore. Theory and Problems of International Economics［M］. 4thed, New York：McGraw-Hill, 1996.

4.戴金平.国际金融前沿发展：理论与实证方法［M］.天津：天津人民出版社，2000.

5.潘国陵.国际金融理论与数理分析方法——汇率决定理论与国际收支理论研究［M］.上海：上海人民出版社，2000.

6.周延军.西方国际金融理论［M］.北京：中信出版社，1992.

7.王光伟.国际收支与汇率金融学［M］.南京：东南大学出版社，2007.

8.Maurice Levi. International Finance［M］. McGraw-Hill Book Company, 1996.

期刊论文：

1.张运昌.对国际收支平衡模式的思考［J］.上海金融学院学报，2005（6）.

2.巴曙松.外商直接投资留置利润估算及利润汇回对国际收支的影响［J］.经济纵横，2013（8）.

3. 陆前进，柴天仪. 印度汇率制度的改革及对中国的启示［J］. 国际金融研究，2011（5）.

4. 石永栓等. 我国宏观经济的结构性失衡对双顺差的影响研究［J］. 经济学动态，2012（10）.

5. 唐朱昌，丁骋骋. 金融体系差异与全球国际收支失衡［J］. 经济学动态，2007（3）.

相关网站：

1. 关于更多美国国际投资和结算数据请参见经济分析局网站：www.bea.doc.gov.

2. 关于更多国际收支状况请参见联合国出版的《世界投资报告》，www.unctad.org.

3. 关于更多中国国际收支情况请参见国家外汇管理局网站：www.safe.gov.cn.

第九章

国际货币体系的演变和汇率政策

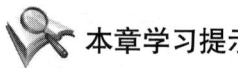 **本章学习提示**

国际货币体系,也称国际货币制度,是指调整国际货币关系的一系列规则和惯例的总称。具体来说,是指为了适应国际经济交往的需要,对货币的本位、货币的兑换、国际收支的调节等,由各国政府所做出的安排、遵循的原则、建立的组织形式以及制定的规则和惯例的统称。国际货币体系的历史演变过程大致经历了国际金本位制、布雷顿森林体系以及牙买加体系等几个阶段。

在布雷顿森林体系以前两次世界大战之间的20年中,国际货币体系分裂成几个相互竞争的货币集团,各国货币竞相贬值,动荡不定,因为每一经济集团都想以牺牲他人利益为代价,解决自身的国际收支和就业问题,呈现出一种无政府状态。20世纪30年代世界经济危机和二次世界大战后,各国的经济政治实力发生了重大变化,美国登上了资本主义世界盟主地位,美元的国际地位因其国际黄金储备的巨大实力而空前稳固,这就使建立一个以美元为支柱的、有利于美国对外经济扩张的国际货币体系成为可能。

在这一背景下,1944年7月,44个国家或政府的经济特使聚集在美国新罕布什尔州的布雷顿森林,举行了"联合国货币金融会议",商讨战后的供给货币制度和世界经济秩序等问题。会议决定成立国际货币基金组织和国际复兴开发银行(即世界银行)。人们习惯称之为布雷顿森林体系,从此,开始了以美元为中心的国际货币体系发展史上的一个新时期。

随着世界经济的多元化趋势不断加强,单一的货币制度越来越难以满足经济飞速发展的需要,布雷顿森林体系也最终走向了崩溃。布雷顿森林体系崩溃以后,国际金融秩序持续动荡,国际社会及各界人士纷纷探析能否建立一种新的国际货币体系。1976年1月,国际货币基金组织理事会在牙买加首

第九章　国际货币体系的演变和汇率政策

都金斯顿举行会议，讨论国际货币基金组织协定的条款，并最终达成并签订了《牙买加协议》，从而拉开了新的国际货币体系的帷幕。

本章的研究对象为汇率政策和国际货币体系的演变。第二次世界大战后，国际货币体系经历了布雷顿森林体系和牙买加体系两个发展阶段，相应地产生了固定汇率和浮动汇率。我们将讨论在固定汇率和浮动汇率政策应用的实践中，会对一国宏观经济的内外均衡产生哪些影响。

【重点概念】

固定汇率、浮动汇率、布雷顿森林体系、牙买加体系、三元悖论

【重点问题】

（1）国际货币体系的演变。
（2）固定汇率下货币和财政政策对内外均衡的影响。
（3）浮动汇率下货币和财政政策对内外均衡的影响。
（4）布雷顿森林体系的主要内容及评价。
（5）《牙买加协议》的主要内容及评价。
（6）克鲁格曼的三元悖论。

【知识脉络】

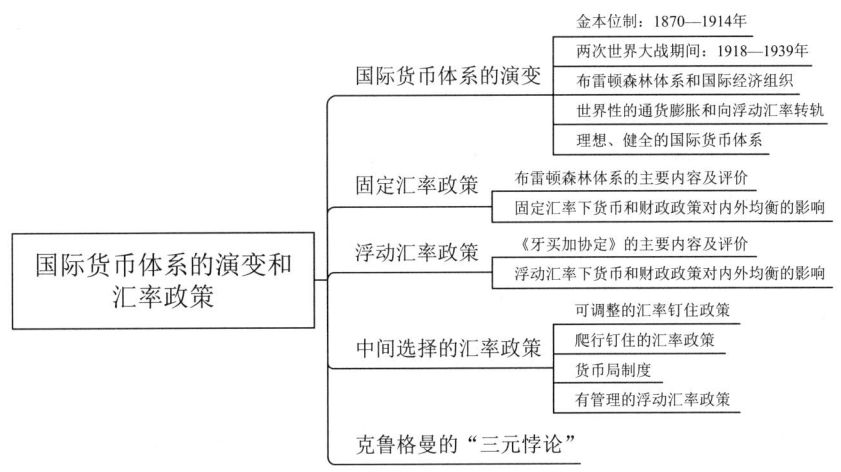

— 165 —

第一节　国际货币体系的演变

一、核心概念

这部分共包括五个核心概念,分别是国际货币体系、金本位制、贸易收支平衡、国际货币基金组织以及世界银行。

1. 国际货币体系

国际货币体系（international monetary system）也称国际货币制度,是指调整国际货币关系的一系列规则和惯例的总称。具体来说,是指为了适应国际经济交往的需要,对货币的本位、货币的兑换、国际收支的调节等,由各国政府所做出的安排、遵循的原则、建立的组织形式以及制定的规则和惯例的统称。

2. 金本位制

金本位制（gold standard）是以黄金作为本币的一种制度。世界最初的国际货币体系就是国际金本位制。在这一制度下,黄金有着世界货币的性质与特点,执行着以国际价值尺度、国际支付手段为主的职能。其是货币钉住黄金、保证货币与黄金的兑换性的一种制度。

3. 贸易收支平衡

贸易收支平衡（trade balance）是指该国居民从出口中获得的收入等于其因进口须支付给其他国家居民的资金（即国际收支中经常项目处于平衡）。

4. 国际货币基金组织

国际货币基金组织（International Monetary Fund,IMF）的宗旨是就国际货币问题进行合作,促进国际贸易的平衡发展,促进就业,增加收入,避免竞争性贬值,保持各国货币对外汇率的相对稳定,向成员国提供所需要的临时性贷款,设法消除国际收支的严重失衡。

5. 世界银行

世界银行（World Bank,WB）成立之初为恢复因第二次世界大战遭到破坏的经济,现在为对用于生产目的的投资提供便利,鼓励发展中国家开发资源，促进私人对外投资，提供发展中国家经济发展所需要的贷款。

二、金本位制度：1870—1914 年

金本位制度起源于使用金币作为交换媒介、记账单位和价值贮藏手段。这种做法可以追溯到久远的年代。当时国际贸易数量有限，从别国购买货物通常使用黄金或者白银支付。然而，随着工业革命之后国际贸易数额的增长，国际贸易需要一种更加便利的融资手段。将大量的黄金和白银运到世界各地为国际贸易融资就变得不再具有可行性。解决方案时使用纸币支付，政府则承诺这种纸币可按固定的比率兑换成黄金。

货币钉住黄金、保证货币与黄金的兑换性的制度就是金本位制度。到了1880 年，世界上大部分的主要贸易国，包括英国、德国、日本和美国，都采用了金本位制度。由于共同采取金本位制度，以其他货币表示的任何一种货币的价值（汇率）就很容易确定了。

金本位制的巨大优势在于：它具有强有力的机制，能够使所有国家实现贸易收支平衡。所谓一国的贸易收支平衡，是指该国居民从出口中获得的收入等于其因进口须支付给其他国家居民的资金（即国际收支中经常项目处于平衡）。

假设世界上只有两个国家——日本和美国。假设日本的贸易收支差额为顺差，原因是它向美国的出口大于从美国的进口。日本的出口商接受美元支付，在日本的银行兑换成日元。日本的银行则向美国政府交付美元并要求美国政府兑换黄金。在金本位制度下，当日本有贸易顺差时，黄金就从美国流向日本。这种黄金的流动自动地减少了美国的货币供应量，增加了日本的货币供应量。正如我们所了解的那样，货币供应量增长和通货膨胀有密切的联系。货币供应量的增加会提高日本的价格，而美国货币供应量的减少将降低美国的价格。日本商品价格的上升将减少对这些商品的需求，而美国商品价格的下降将增加对这些商品的需求。因此，日本开始从美国购买更多的商品，而美国对日本商品的购买则减少，直至达到贸易收支平衡。

这种调节机制看起来是如此简单和充满吸引力，以致今天，仍然有人相信我们这个世界应该回归到金本位制度。

三、两次世界大战期间：1918—1939 年

从 19 世纪 70 年代起，金本位制度的运作相当出色，一直到 1914 年第一次世界大战爆发时，金本位制度才被放弃。战争期间，一些国家的政府大量印刷钞票为他们巨额的军费开支融通部分资金。这就造成了通货膨胀。到 1918 年战争结束时，各国的价格水平都上了一个台阶。1919 年美国又重新采用了金本位制度，英国和法国也分别在 1925 年和 1928 年恢复了金本位制度。

英国回归金本位制度时将英镑与黄金的比价定为战前一盎司等于 4.25 英镑的平价水平，丝毫不顾 1914—1925 年严重的经济萧条。当国外的英镑持有者对英国政府维持货币价值的承诺丧失信心时，他们开始将所持有的英镑兑换成黄金。英国政府认识到除非黄金储备大量流失，否则不可能满足兑换黄金的要求，于是在 1931 年停止了英镑对黄金的兑换。

美国政府随后采取了同样的措施，于是 1933 年放弃了金本位制度，但却于 1934 年重新恢复这种制度，不过将美元的黄金价格由 20.67 美元一盎司提高到 35 美元一盎司。由于购买一盎司的黄金需要的美元数量比以前要更多，这意味着美元的价值下降了。这实际上意味着美元相对于其他货币而言发生了贬值。因此，贬值之前英镑兑美元的汇率时 1 英镑 =4.87 美元，贬值之后的汇率则是 1 英镑 =8.24 美元。美国政府试图通过这种降低美国出口商品的价格、提高进口商品的价格的方法来促进生产、增加就业。然而，其他一些国家也采取了同样的策略，结果很快出现竞相贬值的循环，没有一个国家能从中受益。

最后的结果只能是击碎了对这个体系尚存的一点信心。由于各国随意对其货币实行贬值，人们再也不能确定一种货币能够购买多少黄金。人们不再持有任何别国的货币，而是立即将其兑换成黄金，以免货币发行国在政策干预期间对其货币实施法定贬值。而这就对各个国家的黄金储备形成了压力，迫使各国停止对黄金的兑换。到 1939 年，第二次世界大战爆发，金本位制终于消亡。

四、布雷顿森林体系和国际经济组织

（一）布雷顿森林体系

1944 年，在第二次世界大战最激烈的时候，来自 44 个国家的代表云集

新罕布什尔州的布雷顿森林召开会议,以设计一种新的国际货币体系。由于这些政界人士对金本位制度的崩溃和20世纪30年代的大萧条记忆犹新,他们决心建立一种持久的经济秩序,以促进战后的经济增长,因此在固定汇率制度问题上取得了广泛的一致意见。另外,与会代表希望能够避免20世纪30年代出现的缺乏理智的竞相贬值,它们也认识到金本位制度并不能保证这一点。以前设定的金本位制度的主要问题是缺乏一个能够阻止各国参与竞相贬值的多边机构。

根据在布雷顿森林达成的协议建立了两个多边性组织——国际货币基金组织和世界银行。国际货币基金组织的任务是维持国际货币体系的秩序,而世界银行的任务则是促进整体的经济发展。布雷顿森林协议还要求建立一个由国际货币基金组织监管的固定汇率制度。

一方面,根据这个协议,所有的国家必须确定它们本国货币的黄金价格,但并不要求将该国货币兑换成黄金。只有美元保持对黄金的可兑换性——价格是每盎司35美元。其他各国可自行决定本国货币与美元的兑换比率,然后在选好的美元汇率基础上计算该货币的黄金平价。所有的参与国同意在需要的时候买进或卖出货币(或黄金),以努力维持本国货币的价值,使其波动幅度限制在平价的1%之内。例如,如果外汇交易商卖出的一国货币超过货币需求,该国政府就将干预外汇市场,买进这种货币以增加需求,维持货币的黄金平价。

另一方面,布雷顿森林协定的是承诺不以货币贬值作为贸易竞争政策的工具。然而,如果一种货币过于疲软而无法维持其汇率,该国可以在10%的范围内予以贬值而不必获得国际货币基金组织的正式批准。但更大幅度的贬值则需要国际货币基金组织的批准。

(二)国际货币基金组织及其作用

国际货币基金组织(IMF)建立于1946年3月,次年3月开始工作,为联合国的专门机构之一。

(1)IMF的宗旨:就国际货币问题进行合作,促进国际贸易的平衡发展,促进就业,增加收入,避免竞争性贬值,保持各国货币对外汇率的相对稳定,向成员国提供所需要的临时性贷款,设法消除国际收支的严重失衡。

(2)IMF的资金来源:基金成员国缴纳的份额以及借款。

（3）IMF的决策过程：基金组织的活动由成员国投票决定，各个成员具有相同的基本票，然后根据其在基金组织中的份额按比例增长票数。国际货币基金组织的一般活动只要简单多数通过即可，但重大事宜则需要85%票数的通过。美国因为占有15%以上的票数，所以实际上它具有对任何重大事务的否决权。

（4）IMF的主要职能：通过提供贷款帮助成员国调整国际收支失衡、指导国际金融秩序、提供金融咨询服务等。

（5）IMF的组织结构：国际货币基金组织的最高决策机构是理事会，日常工作由执行董事会负责，总部设在美国首都华盛顿。国际货币基金组织的行政负责人是总裁，任期五年，总管国际货币基金组织的业务工作。

（6）中国是国际货币基金组织的创始会员国之一。1980年4月，该组织恢复了中华人民共和国在国际货币基金组织中的合法席位。

（三）世界银行及其作用

世界银行（WB）又称国际复兴开发银行，于1945年12月成立，总部设在美国首都华盛顿，1947年11月其为联合国的专门机构之一。

（1）WB的宗旨：成立之初为恢复因第二次世界大战遭到破坏的经济，现在为对用于生产目的的投资提供便利，鼓励发展中国家开发资源，促进私人对外投资，提供发展中国家经济发展所需要的贷款。

（2）WB的组织形式：股份制原则。

（3）WB的资金来源：会员国认购的资本股金。

（4）WB的贷款规定：世界银行的贷款严格按照程序进行，资金主要用于项目贷款，期限在7~30年。贷款的接受者要求为政府或政府担保的企业，且必须经过世界银行对项目的评估，在贷款的使用过程中还要按期不断向世界银行汇报使用情况。

（5）WB的组织结构：世界银行的最高决策机构是理事会，日常工作由执行董事负责，行长历来是美国人。他与其附属机构国际开发协会（向较贫困国家提供优惠贷款的组织）和国际金融公司（向欠发达国家的私人企业进行贷款与投资）组成世界银行集团。

五、世界性的通货膨胀和向浮动汇率转轨

（一）固定汇率制度的崩溃

在布雷顿森林建立的固定汇率制度一直运行良好，但是在20世纪60年代末，它开始出现问题。这一制度在1973年最终崩溃，由管理浮动的体系所取代。为了了解固定汇率制度为什么会崩溃，必须理解美元在该制度中的特殊作用。美元作为唯一能够兑换成黄金的货币，以及其他货币的参照点，它在布雷顿森林体系中处于中心地位。任何对美元贬值的压力都会严重破坏这个制度，然而这一切却真的发生了。

大多数经济学家将固定汇率制度的解体归咎于1965—1968年美国一系列宏观经济政策。林登·约翰逊总统为了替越南战争和福利计划筹集资金，支持政府支出的增加，但却不是通过税收的增加获得资金。相反，这种支出是由货币供应量的增加所提供的，这就导致了通货膨胀率从1966年的不到4%上升到1968年的将近9%。同时，政府支出的增加也刺激了经济。人们手中有了更多的钱，花费也就更多，尤其是进口方面的花费，于是美国的贸易收支开始恶化。通货膨胀的加剧和美国对外贸易地位的恶化引起了外汇市场上美元即将贬值的推测。1971年春天，问题的严重性达到了顶点。为了使这一问题得到解决，尼克松总统在1971年8月宣布美元不再保持与黄金的可兑换性。然而，问题仍然没有得到解决，直到1973年底，美国的国际收支一直在恶化，同时美国的货币供应量继续以引发通货膨胀的速度增长。美元仍然被高估，第二次贬值不可避免。根据这种预期，外汇交易商开始将美元换成德国马克和其他货币。1972年2月爆发的一次大规模投机，导致3月1日欧洲各国的中央银行总共花了36亿美元来组织其货币对美元升值，外汇市场被迫关闭。当外汇市场在3月19日重新开放时，日本和大多数欧洲国家的货币对美元的汇率已经浮动了，尽管许多发展中国家的货币依旧选择钉住美元。当时，这种向浮动汇率制度的转变被认为是一种暂时的现象，是对外汇市场不可控制的投机作出反应。但是，布雷顿森立体系的固定汇率制度从崩溃至今已经40多年了，临时的解决方案看起来将成为永久措施。

布雷顿森林体系只有在美国保持较低的通货膨胀率和没有国际收支逆差的情况下才能运行。如果关键货币——美元受到投机性攻击，这个体系将无

法运行。一旦出现这种情况，整个体系很快就会破裂。

（二）1973年之后的汇率

1976年1月，国际货币基金组织成员国在牙买加的会议上对固定汇率制度崩溃之后形成的浮动汇率制度予以正式承认，这次会议还就国际货币体系的规则达成了协议，这些规则至今仍旧有效。

与1945—1973年相比，1973年3月之后的汇率变动更加剧烈且难以预测。这种波动的部分原因是一些对世界货币体系的意外冲击，包括：

1971年的石油危机，当时石油输出国组织（欧佩克）将油价提高到原来的4倍；这种对美国通货膨胀率和贸易地位的不利影响导致美元汇率的进一步下跌。

1977—1978年美国通货膨胀率的上升导致人们对美元信心的丧失。

1979年的石油危机，欧佩克又一次将石油价格提高了一倍。

1980—1985年美元汇率出现意外的上升，尽管其国际收支仍然在恶化。

1985—1987年美元对日元和德国马克的汇率以及1993—1995年对日元的汇率迅速下跌。

欧洲货币体系于1992年出现部分崩溃。

1997年的亚洲货币危机，一些亚洲国家，包括韩国、印度尼西亚、马来西亚和泰国的货币在几个月之内对美元贬值了50%~80%。

2001—2009年美元汇率的下跌。

在最近一段历史上，美元的汇率是由市场力量和政府干预共同决定的。在浮动汇率制度下，市场力量曾经造成动荡的美元汇率。政府有时通过市场干预做出了回应，买进或者卖出美元，以便抑制市场的波动，纠正他们所认为的美元高估（1985年）或者可能的低估（1987年）。除了直接干预外，政府官员的言论也常常影响美元汇率。例如，如果不是美国政府官员公开宣称不会采取任何行动来阻止美元下跌，2004年的美元下跌幅度就不会那么大。似是而非的是，政府不干预的信号也会影响市场。政府在外汇市场上干预的频繁程度，说明了为什么现在的制度经常被称为管理浮动制度（managed-float system）。

六、理想、健全的国际货币体系

从宏观角度看，健全的国际货币体系应具有以下特点：应能够促使国际

第九章　国际货币体系的演变和汇率政策

贸易在数量、结构、地理几个方面协调发展，能够促进国际资本较为自由地流动，以使资源在全球能够更为有效地配置，让世界经济稳定地向前发展。

从金融角度来看，健全的国际货币体系应该能为世界经济提供与其发展速度相匹配、行之有效的国际清偿能力，既要避免这种清偿能力不足而使世界经济陷入衰退，同时，这一体系又具有较好的国际收支调节机制，即为国际收支失衡调节所付出的成本最低，且各国（收支顺差以及收支逆差国）认为自己所承担的调节责任是合理的，不发生关于应由谁承担更多责任的争吵（赤字方）。另外，健全的国际货币体系应能使人们对国际金融局势保持乐观态度，不致出现因抛售某种资产、抢购另一种资产而造成货币危机，或能将这种抢购控制在一定的范围和程度内。

近来，也有许多学者认为，一个理想的国际货币体系应能对相对落后国家的经济发展承担更多的义务，使它的运转与发展中国家经济的发展更为紧密地结合起来。

第二节　固定汇率政策和布雷顿森林体系

【案例9-1】固定汇率制促进贸易了吗？

支持固定汇率最重要的观点是：它可以通过减少阻碍贸易的摩擦来促进贸易的发展。这种想法有些古老。1878年，内战后的美国没有重返金本位制度。政策制定者为重返金本位制是否明智展开激辩，美国财政部官员 J.S. 穆尔在国会前提出：如果两个国家相距很远，即使它们有相同标准的货币，也不会有比实行现行货币政策更和谐的贸易状况。 以贸易水平衡量的收益。在19世纪末20世纪初，存在于政策制定者中的传统观点是：其他条件相同，两个采用金本位制的国家的双边贸易比同样两个不采用金本位制的国家高30%~100%。这一观点得到了经济史学家研究的有力支持。因此，似乎金本位制能促进贸易的发展。 那么，今天的固定汇率怎样呢？也能促进贸易吗？经济学家们曾把A国和B国分成四种，运用日益完善的统计手段详尽地检测了这一假设，具体分类如下：	**金本位制** 是以黄金作为本币的一种制度。在这一制度下，黄金有着世界货币的性质与特点，执行着以国际价值尺度、国际支付手段为主的职能。是货币钉住黄金、保证货币与黄金的兑换性的一种制度。

— 173 —

（1）两国都采用共同货币（即 A 和 B 是货币联盟，或者 A 单方采用了 B 的货币）。

（2）两国都通过直接汇率挂钩联系在一起（即 A 国货币与 B 国货币挂钩）。

（3）两国由第三种货币间接挂钩（即 A 国货币和 B 国货币都与 C 国货币挂钩，但 A 国与 B 国不直接挂钩）。

（4）两国货币没有挂钩（即即使一方或双方与其他第三国货币挂钩，它们的汇率相对于对方仍是浮动的）。

利用这一分类和 1973—1999 年的贸易数据，经济学家杰伊·香博和迈克尔·克莱因以浮动汇率制下的贸易为基准水平，比较了固定汇率制下的贸易水平。他们也使用统计数据来控制相反因果关系问题，结果表明他们的估计是稳健的（问题是，更大的贸易量可能导致国家采用固定汇率制）。

图 9-1 给出了他们的重要估计，根据这一估计，货币联盟使贸易水平提高 38%。他们也发现，在直接钉住条件下，只要采用固定汇率就会促进贸易。与浮动汇率下的贸易相比，采用直接钉住汇率使贸易提高了约 21%。而间接钉住对双边贸易的影响是可以忽略的，统计上对双边贸易的影响也是微不足道的。

固定汇率制

是指一国货币与他国货币的汇率基本固定不变的汇率制度，即使有波动，幅度也是极其微小的。一般认为，实行固定汇率有利于维护国际金融体系和一国经济的稳定，减少国际贸易与国际投资的风险。但是实行固定汇率要求一国的中央银行有足够的外汇或黄金储备。

一价定律

是指在有无数交易者的完全竞争市场上，相同的交易产品或金融资产，经过汇率调整后，在世界范围内其交易成本一定是相等的。

购买力平价定律

该理论认为货币所具有的购买商品、劳务的能力决定了货币的价格，两国货币之间的比率则应该取决于它们之间的购买力之比。购买力平价可以分为两类：绝对购买力平价和相对购买力平价。

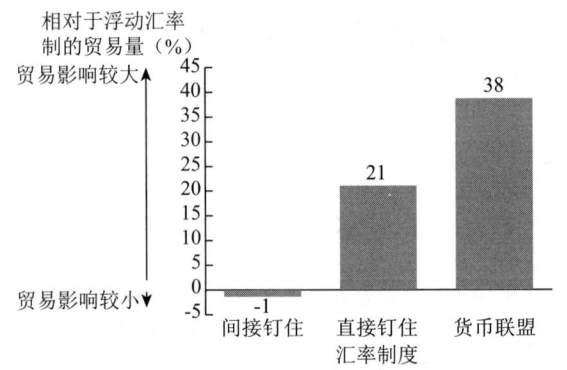

图 9-1　固定汇率贸易影响的研究估计

注：本图表明了相对于浮动汇率而言，固定汇率贸易影响的研究估计。间接钉住汇率对贸易影响较小，而且统计上微不足道。直接钉住汇率使贸易提高了 21%。货币联盟使贸易提高了 38%。

以价格趋同衡量的收益。考察汇率制对贸易水平的影响，只是评价货币安排对国际市场一体化影响的一种方式，并且已有广泛的研究。另一实证文献考察了汇率制度和价格趋同的关系。这些研究运用了一价定律和购买力平价定律作为一体化市场的基准标准。

如果固定汇率制通过降低交易成本促进了贸易，那么我们会发现价格（以共同货币来衡量）差异在实行固定汇率的国家间比实行浮动汇率的国家间小。换句话说，在固定汇率制下，我们发现一价定律和购买力平价定律更容易维持。

统计方法可以用来检测在套利之前，两个区域的价格差异需要多大。对一篮子商品价格的研究表明，随着汇率波动的增大，价格差异也增大，两个市场价格趋同的速度变小。这些发现支持了固定汇率促进套利和价格趋同的假设。

在更宏观的水平上，经济学家们也研究了个别商品价格的趋同。例如，很多对欧洲的研究考察了不同国家各种商品的价格（例如，汽车和电视机的零售价格，免税商店里的万宝路香烟价格），结论是区域间价格差异越大，汇率波动越大。特别地，尽管很多商品的价格差仍然存在，但那些欧盟区会员国的价格趋同比浮动汇率制的国家更强。

资料来源：罗伯特·C.芬斯特拉.国际贸易[M].北京：中国人民大学出版社，2011.

一、核心概念

这部分共包括七个核心概念，分别是内部均衡、外部均衡、货币政策、财政政策、固定汇率、布雷顿森林体系和特里芬难题。

1. 内部均衡

在封闭经济条件下，经济增长、充分就业与价格稳定是政府追求的主要经济目标，因此，可以把内部均衡（internal balance）定义为国民经济处于无通货膨胀的充分就业状态。

2. 外部均衡

在开放经济条件下，与外界的经济联系对一国经济有着重大的影响，而衡量经济开放性的主要工具是国际收支，因此，可以把外部均衡（external balance）定义为与一国宏观经济相适应的国际收支结构。

3. 货币政策

货币政策（monetary policy）是指中央银行通过控制货币供应量以及通过

货币供应量来调节利率进而影响投资和整个经济以达到一定经济目标的行为。

4. 财政政策

财政政策（fiscal policy）是指为促进就业水平提高，减轻经济波动，防止通货膨胀，实现稳定增长而对政府支出、税收和借债水平所进行的选择，或对政府收入和支出水平所作的决策。

5. 固定汇率

固定汇率（fixed exchange rate system）即一组货币的价值相互之间按某种共同认可的汇率固定下来。

6. 布雷顿森林体系

布雷顿森林体系（Bretton Woods System）是指第二次世界大战后建立的以美元为中心的国际货币体系，由于是与布雷顿森林召开的会议有关，所以该体系被称为布雷顿森林体系。

7. 特里芬难题（triffin dilemma）

以美元为中心的布雷顿森林体系如果要稳定运行，就必须提供足够的国际清偿力（美元），同时又必须保证美元与黄金的可兑换性。但这二者是一对矛盾：美元供给太少则国际清偿力不足，美元供给太多则很难保证它与黄金按官价的兑换性。这就是由美国耶鲁大学教授特里芬1960年在《黄金与美元的危机》中提出的布雷顿森林体系固有的内在矛盾，它的观点被人们称为"特里芬两难"。

二、宏观经济内外均衡与政策工具

（一）内部均衡与外部均衡

在封闭经济条件下，经济增长、充分就业与价格稳定是政府追求的主要经济目标，因此，可以把内部均衡定义为国民经济处于无通货膨胀的充分就业状态。

在开放经济条件下，与外界的经济联系对一国经济有着重大的影响，而衡量经济开放性的主要工具是国际收支，因此，可以把外部均衡定义为与一国宏观经济相适应的国际收支结构。

内外平衡与外部平衡是相互影响的，二者之间存在着复杂的关系。当人们采取政策努力实现某一目标时，这一政策措施可能同时造成开放经济另一目标问题的改善，也有可能造成干扰和破坏，前者称为内外平衡的一致，后者称为内外平衡的冲突。

造成内外平衡冲突的根源在于经济的开放性。对开放经济来说，它一方面要保持自身的相对稳定，避免通货膨胀、失业等宏观经济失衡现象，同时，经济开放的目的是通过商品、劳务、资金的国际流动来增加本国福利，内外平衡目标实际上是对开放经济追求的内在稳定性与合理开放性进行的描述。在开放条件下，影响经济稳定性与合理开放性的变量有很多，这些变量通过各种机制发生着复杂的联系，各种变量的变动都可能使经济偏离最佳区间，政府必须运用政策工具来实现经济的稳定和合理开放，因为实现某一目标就可能造成另一目标的恶化，这就形成了内外平衡的冲突。

（二）实现内外均衡的政策手段

由于社会总供给的变动相对缓慢，所以宏观经济的调控主要是通过调节社会总需求来实现。调节总需求又分为两种类型：一是调节社会总需求的总水平，主要包括财政政策和货币政策；二是调节社会总需求的内部结构，主要包括汇率政策和直接管制政策。

财政政策是指政府利用财政收入、财政支出和公债对经济进行调控的经济政策，其主要工具有财政收入政策、财政支出政策、公债政策。扩张性的财政政策导致收入的增加并导致进口增加，紧缩性的财政政策则相反。货币政策是中央银行通过调节货币供应量和利率对经济进行调控的经济政策，主要工具有：公开市场业务、再贴现和改变法定准备金。扩张性的货币政策会导致投资和收入的增加并且导致进口的增加，同时，利率的降低会导致短期资本外流或短期资本流入量减少。紧缩性的货币政策导致利率上升，降低投资和收入并且导致进口量减少，还会引起短期资本内流或短期资本外流减少。

在实行汇率政策时，本币贬值把消费从国外转向国内可调整国际收支逆差；本币升值把消费从国内转向国外可调整国际收支顺差。需要注意的是，调节汇率水平与汇率制度紧密相关，在固定汇率制度下，政府很难作频繁的调整，在浮动汇率制下，政府必须通过干预外汇市场来主动调节汇率水平；汇率政策本身并不完全是个独立的政策，在很多情况下，要通过货币政策来实现；汇率政策发挥效力要受多种因素的影响。直接管制政策是指政府对经济界行为进行直接行政控制，涉及价格管制、金融管制、贸易管制等各个方面。直接管制具有立竿见影、灵活、易实行的特点，但同时也会带来市场扭曲、资源配置的低效率和黑市等问题。具体关于开放经济条件下内外均衡的调节我们还会在下一章进行详细介绍。

三、布雷顿森林体系的基本内容及评价

（一）布雷顿森林体系的基本内容

第一，国际货币基金组织是进行国际货币协商合作的永久性机构，是第二次世界大战后国际货币体系的核心。国际货币基金组织的宗旨是稳定汇率，促进国际贸易的发展，提高就业水平与促进国民收入的增长。为了完成上述任务，货币基金以向成员国提供短期信用为手段，调整国际收支失衡，同时要求各国取消外汇管制，避免竞争性货币贬值。

第二，国际收支失衡主要是由逆差国从货币基金取得短期资金融通来解决。国际货币基金组织规定，当成员国因国际收支失衡而产生需要时，可用本币向基金组织按照固定的方法和程序借入一定数量的外汇，但所借入的外汇需要在一定期限内偿还，其方式为用外汇或黄金购回最初用于购买外汇的本币。

第三，以美元为中心的固定汇率制度。这一制度简言之便是美元与黄金挂钩，其他货币与美元挂钩。通过这种双挂钩的固定汇率制，各成员国的货币与黄金失去了直接联系，而是间接通过美元与黄金联系，美元不仅起着关键货币的作用，成为这一体系的基础，而且有着等同于黄金的地位。

第四，关于外汇管制的废止。《国际货币基金协定》第八条款要求成员国不得实行针对国际收支经常项目的外汇管制，但可以实行针对资本流动的外汇管制；要求成员国实行货币的经常项目可兑换，承担这一义务的国家叫作"第八条款国"；对于条件不具备的国家，也可暂缓实行货币的可兑换性，这些国家被称为"第十四条款国"。

（二）分析布雷顿森林体系崩溃的原因

布雷顿森林体系存在着令其崩溃的种种因素。

第一，特里芬两难，以美元为中心的布雷顿森林体系，如果要稳定运行，就必须提供足够的国际清偿力（美元），同时又必须保证美元与黄金的可兑换性。但这两者是一对矛盾：美元供给太少则国际清偿力不足，美元供给太

多则很难保证它与黄金按官价的兑换性。这就是由美国耶鲁大学教授特里芬1960年在《黄金与美元的危机》中提出的布雷顿森林体系固有的内在矛盾，他的观点被人们称为"特里芬两难"。

第二，其他国家维持固定汇率的两难。按照《国际货币基金协定》，当一国货币对美元的汇价浮动1%的幅度时，该国就需进行干预。若美元汇率下降，则该国就需在外汇市场购进美元，以调节市场供求，扳回美元供大于求的局面，促使美元汇率上升。这样做会使该国投放大量货币，从而激发通货膨胀，该国在保持对内均衡与对外均衡上陷入了选择的困境，这时绝大多数成员国将会放弃对美元的义务而追求国内的经济平稳。另外，该国收进的大量美元，也成了两难问题：向美国大量兑换黄金势必加大人们对美元的不信任，给美元的可兑换性带来压力；不兑换而持有美元，则该国会面临美元贬值而产生的损失。

第三，该体系中各国的协调合作难以顺利开展。由于美元等同于黄金，具有世界货币的职能，因而美国能够利用美元对外投资，够买他人资产，同时用美元弥补自己的国际逆差。这就造成美元持有得越多，真实资产、资源向美国转移得就越多，利益为美国所占有，其他国家则处于吃亏的地位。在这种情况下，布雷顿森林的协调、合作就因利益的天平过分向美国倾斜而很难进行。

（三）对布雷顿森林体系进行评价

布雷顿森林体系是历史的产物，在促进世界经济稳定和发展中功不可没。

第一，该体系所实行的固定汇率制，使汇率相对稳定，这样在进出口、对外投资中易于核算成本，为国际贸易和国际资金流动的发展创造了有利条件。

第二，布雷顿森林体系所具有的国际收支调节机制，为各国经济增长、稳定做出了贡献。国际货币基金组织设立了各种期限的贷款机制，向国际收支处于逆差的国家提供贷款，帮助其渡过难关。这就有利于成员国在一定范围内通过向国际货币基金组织借款、还款来调节本国的国际收支，并通过国际收支调节国内经济的成长。

第三，储备资产以黄金为主，黄金与美元挂钩，有益于国际货币关系基础的稳定，不易出现大的起伏与波动，使人们对世界经济发展抱有信心。

第四，布雷顿森林体系是对第二次世界大战前无序的国际货币关系的调整,是国际金本位制的替代关系,有利于各国经济的平稳发展。

但是,布雷顿森林体系以美元与黄金挂钩关系为基础、以一国货币为中心、以固定汇率和短期融资为机制的体制,存在着内在的难以克服的矛盾,如特里芬难题,注定不可能长久存在。另外,美国以纸币获取其他国家的真实资产,导致世界经济中各国地位的不平等。在美国经济实力居绝对优势、美元基本稳定时,这些矛盾还可以被掩盖住,但是一旦美国经济地位相对下降,其他经济体的经济地位相对上升时,国际货币体系必然要从以一国为中心过渡到多国共同协调。

四、固定汇率下货币政策对内外部均衡的影响

首先考虑扩张性货币政策对固定汇率制度下国家的内外部均衡的影响。这些都在图 9-2 中可以看出(紧缩货币政策的结果与此相反)。

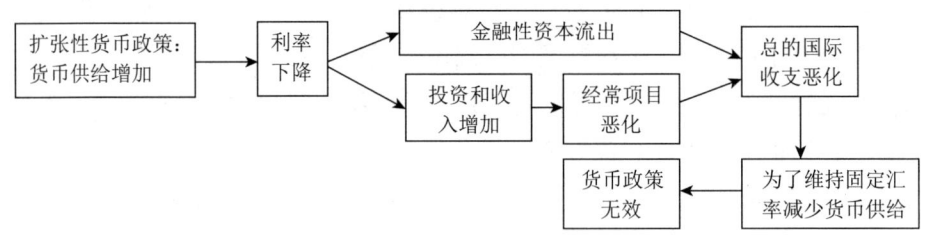

图 9-2 在固定汇率条件下货币政策是无效的

注:扩张性货币政策(该国货币供给增加)增加了该国的国民收入但使其国际收支状况恶化。这导致了该国货币供给减少以保持固定汇率,这会使货币政策无效。

正如此前所看到的,扩张性的货币政策是指提高一国的货币供给将导致该国的利率下跌。利率下跌又会引起金融性资本外流或者资本流入减少,这会恶化该国的金融资本项目。同时,利率的下降也会刺激国内投资和国民收入增长(通过乘数效应),这又会导致进口增加(取决于该国的边际进口倾向),从而恶化该国的经常项目状况。该国的货币政策带来国内投资和收入的增长却使其外部均衡遭到破坏。

如果该国从一开始就处于经济衰退和国际收支赤字的状态,用来治疗经济衰退而实行的扩张性货币政策会导致更为严重的赤字,因此国际收支的赤字需要官方干预,该国央行要出售外汇(国际储备),购回本国货币来弥补赤

字。否则，货币就会贬值，该国也将不得不放弃固定汇率制度。但是，卖出外汇又降低了该国的货币供给，这可能大部分或者完全消除最初扩张性货币政策所带来的货币供给增加。也就是说，坚守固定汇率大大限制了一国利用独立货币政策治疗经济衰退来实现内部均衡的能力。一国本质上必须放弃对其货币供给的控制（继而利用货币政策）来实现内部均衡。

该国的货币当局可能会试图通过在公开市场买卖政府债券（这可以使公众手中持有更多的货币）来抵消由于国际收支赤字引起的该国货币供给的下降。但是这个政策能实行多久，能购买多少，都是有局限的。该国显然不能持续地处于国际收支赤字的状况，因为它会耗尽所有的国际储备。最终，该国会面临货币供给下降的局面，这会完全或大部分消除其扩张性货币政策最初所带来的货币供给增加。事实上，在资本可以完全自由流动的情况下，扩张性货币政策将是完全无效的，因为任何货币供给方面的增加都会全部流出到国外去。在固定汇率制度下货币政策并不是实现内部均衡的有效政策工具。

五、固定汇率下财政政策对内外部均衡的影响

假定在固定汇率条件下用来治疗经济衰退而实行的不是扩张性货币政策而是扩张性财政政策。这对该国的内外部均衡的影响总结在图9-3中。

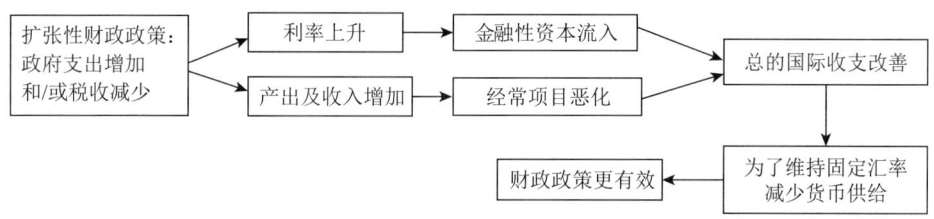

图9-3 在固定汇率条件下财政政策是非常有效的

注：扩张性财政政策（该国政府支出增加和/或税收减少）提高了利率水平，引起金融性资本流入。通过增加产出和国民收入，扩张性财政政策使其国际收支经常项目状况恶化。如果该国整体国际收支状况改善，为保持固定汇率引起的货币供给增加使得财政政策更为有效。

由于政府阶段增加，扩张性财政政策中政府支出的增加或税收的减少（这可以增加私人部门的支出）引起利率提高。利率的提高又引起更多的金融性资本流入（或更高的金融性资本流出），这会改善该国的金融资本项目。扩张性财政政策会增加产出和收入，因此对治疗国内的经济衰退很有效。但它

也会引起进口增加,使该国经常项目恶化。由于金融资本项目改善而经常项目恶化,最终该国的国际收支是改善、恶化,还是没有变化,取决于经常项目和金融资本项目变化的相对规模。

当资本流动能力很强时,该国国际收支很可能可以得到改善。发达国家就是这样的。随着许多发展中国家金融市场的开放和自由化,它们也越来越接近这种状况(当资本能完全自由流动时,该国国际收支一定可以得到改善)。接下来,该国整体国际收支状况的改善会使货币当局以官方名义购买外汇以避免货币升值(从而保持汇率固定)。官方的干预使该国货币供给增加,利率降低,刺激了国内的产出和收入,这进一步加强了扩张性财政政策的有效性。因此,在固定汇率制度下扩张性的财政政策是非常有效的。

但是,如果国际金融资本流动对该国利率增加的反应很不敏感,该国整体的国际收支状况可能恶化。这将要求官方用本国货币购买外汇以保持固定汇率。由此导致的该国货币供给下降会使利率上升,最终使得扩张性财政政策引起的国民收入的初始增加出现相反的变化。

因此,时机的选择很重要。金融性资本流入通常对一国利率增加的反应很快,而一国收入增加所带来的进口增加需要很长时间才能发生。因此,该国整体的国际收支状况首先会得到改善,然后再恶化,这样在短期内加强了扩张性财政政策的有效性,而长期内却削弱了其效果。

综上所述,在实现内部均衡方面财政政策是有效的,而在固定汇率制度下货币政策短期内是无效的。而且,在短期内,扩张性的财政政策可能使该国的国际收支状况改善,而扩张性的货币政策却会使其恶化。

第三节　浮动汇率政策和牙买加体系

一、核心概念

这部分共包括两个核心概念,分别是浮动汇率和牙买加协定。

1. 浮动汇率

浮动汇率(floating exchange rate)是指根据市场的供求状况,国家任其自由涨落，货币当局没有义务进行干预的货币对外汇率。

2. 牙买加协定（jamaica agreement）

1974年9月，在国际货币基金组织年会上，决定成立"国际货币制度临时委员会"，最后于1976年在牙买加首都举行的第5次会议上达成了《牙买加协议》，为布雷顿森林体系之后的体系奠定了基础。

二、《牙买加协议》的基本内容及其评价

（一）《牙买加协议》的基本内容

1.《牙买加协议》的主要内容

成员国可以自由选择实行浮动汇率制度，应当受到国际货币基金组织的监督，当世界经济条件允许时，经基金组织85%投票权通过，可以恢复稳定但可调整的汇率制度；废除有关黄金的条款，取消黄金官价；提高特别提款权的作用，使之与黄金、外汇共同构成国际储备，并扩大它的使用范围和交易范围；增加成员国在国际货币基金组织中所缴纳的份额；贷款融通资金的额度也有较大幅度的提高。

2. 牙买加体系的基本情况

（1）国际储备资产多元化。美元地位虽有下降，但仍是世界的主要货币，日元、联邦德国马克和特别提款权的地位加强，黄金的货币作用进一步被削弱。

（2）实行以浮动汇率为中心的多种汇率制度。《牙买加协议》实施后，全部发达国家均施行了浮动汇率制，美、日、加、澳、新施行单独浮动，欧共体国家施行联合浮动，其他国家则施行多种汇率制度，主要有：钉住单一货币（如美元、法国法郎、联邦德国马克等）、钉住特别提款权、钉住一篮子货币、按一组经济指标进行调整、有管理的浮动、单独浮动、联合浮动9种。

（3）国际收支的调节趋向多元化，用多因素、多轨并行的办法进行协调。

第一，浮动汇率制提供了调整国际收支的机制。

第二，利用各国间利率差异来调整国际收支失衡。

第三，国际货币基金组织进行干预的调节。除了贷款之外，国际货币基金组织更多地监督指导国际收支失衡的国家所进行的调整，包括制定一系列调整政策并帮助落实，尽量使顺差、逆差双方均承担相应的义务，以避免对

世界经济不利的冲击。

（二）对牙买加体系进行评价

第一，牙买加体系的多种货币储备体系克服了"特里芬两难"。多种货币共担风险，当某一种货币发生问题时，它的储备货币地位就会下降，别的货币地位上升，而当某国因持续顺差无法提供充足的清偿能力时，其他货币便会补位，能够有效地避免"顺差—无清偿力释放，逆差—货币信心动摇"的困境。

第二，多种汇率制度并存可以适应一国、国家集团或世界经济的变化。以浮动汇率制度为主的体制具有极大的灵活性。当市场信号出现时，汇率可根据市场供求变化及时做出反应，这不仅可以使一国对外经济交易（贸易与金融）得到调节，而且由于这种汇率变动是适应市场信号的，因此在一定程度上反映了一国对内、对外均衡的基本情况，这样该国就可以协调其宏观经济政策，保持对内、对外均衡，克服出现的矛盾，不会为维持汇率稳定而放弃国内经济增长、物价稳定、充分就业的目标。此外，牙买加体系下的汇率制度是开放的，各国可以根据自己的情况选择汇率制度并作出必要的调整。

第三，多因素的国际收支调节在一定程度上适应了世界经济的发展不平衡。

第四，牙买加体系实质上是对布雷顿森林体系建立后出现的一系列国际货币关系的事后承认，而不是对国际货币体系的改革。从运行机制看，这一体制灵活有余，稳定不够，多元化储备缺乏统一货币标准，汇率波动较难控制，这种不稳定使各国政府无法进行协调，给世界经济带来了一定的不利影响。

三、浮动汇率条件下货币和财政政策对内外部均衡的影响

浮动汇率可使一国的国际收支自动实现均衡。汇率会编制以调整逆差，升值以调整顺差。这就使得该国可以自由地使用货币和财政政策来实现内部均衡（充分就业和价格水平稳定）。正如我们将看到的，在浮动汇率下，货币政策是有效的而财政政策是无效的。这与固定汇率下的情形恰好相反，那时财政政策是有效的而货币政策是无效的。图9-4（a）总结了货币政策对该国内部均衡的影响，图9-4（b）总结了财政政策的影响。

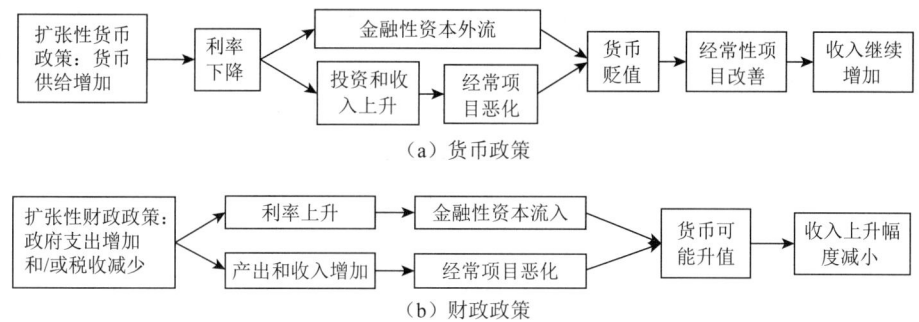

图9-4 浮动汇率下货币政策和财政政策的影响

注：扩张性货币政策增加了该国的国民收入但是其国际收支状况恶化。这导致该国货币贬值，改善了其经常项目的收支状况，使收入更进一步上升。扩张性财政政策提高了利率水平，引起金融性资本流入，同时也增加了产出和国民收入，使其国际收支经常项目恶化。在国际资本高度自由流动的情况下，在短期内该国的整体国际收支状况很可能会得到改善。这将导致该国货币升值，从而抑制或减弱财政政策的影响。

假定一个浮动汇率制度的国家面临经济衰退，并使用扩张性的货币政策来治疗经济衰退（该国不必担心其外部均衡，因为浮动汇率可以保证它的外部均衡）。如图9-4（a）所示，扩张性货币政策使利率下降。这引起金融性资本外流，使得该国金融资本项目恶化，同时使投资和收入增加，使经常项目也恶化。该国经常项目和资本项目的恶化（因此使整个国际收支状况恶化）导致该国货币贬值，从而改善经常项目状况，这样就加强了扩张性货币政策的效果。在资本流动性很强的情形下，货币政策确实非常有力。与固定汇率时形成鲜明对比，浮动汇率时货币政策很有效。也就是说，浮动汇率会保证或加强货币政策在实现内部均衡方面的有效性。

如果这个实行浮动汇率制度的国家面临的是通货膨胀而不是经济衰退，情形就刚好相反。该国会实行紧缩的货币政策，这一政策一方面会引起利率上升和金融性资本流入，另一方面会引起产出和收入下降，以及经常项目状况的改善。整个国际收支状况的好转会导致该国货币升值，使该国经常项目状况变坏，从而加强了紧缩货币政策的效果。

如图9-4（b）所示，如果该国使用扩张性财政政策来治疗经济衰退，情况将大不相同。此时，由于政府借贷增加，政府支出增加和税收减少提高了利率。这引起了更多的金融性资本流入（或流出减少）以及该国金融资本项目状况的改善。但是，产出和收入的增加也会引起进口增加，使该国经常项目状况恶化。在国际金融性资本高度自由流动的情况下（在开放经济体中很可能是这样的），该国的整体国际收支状况几乎一定会得到改善。接下来该国货币将会升值，经常项目又会恶化，扩张性财政政策引起的收入增加也将下降。因此，在资本高度自由流动的情况下，浮动汇率制度下的财政政策在短期内是无效的。

第四节　折中的汇率政策选择

【案例 9-2】让英格兰银行大出血的男人

对权宜政策的分析是非常简单的，但是它推进了我们对捉摸不定的结果的理解，这种结果是由市场情绪变动所驱使的。市场情绪的变化，通常被称为"动物精神"，现在出现在以理性角色为基础的模型中。

在某些情况下，不稳定问题已经比我们想象的还要严重：我们假设当政府遭受痛苦时，政府没有立即退出钉住汇率制，所以对贬值的预期变得缓慢。如果担心一年贬值10%，这会导致货币溢价10%。但如果预计3个月（下一季度）就贬值10%，那么按年度计算，预测的贬值率要高得多，是按10%的四次方复合计算的；那就是46%（因为1.10的4次幂等于1.46）。因此，货币溢价约为46%，这是一个重重的惩罚。如果在1个月内预计货币贬值10%，按年率计算，风险溢价将超过200%。随着时间框架缩小，货币溢价迅速扩张！

例如，由于投资者猜测瑞典克朗对德国马克的钉住汇率即将中止，所以1992年瑞典利率攀升幅度十分巨大。9月9日，该年度短期（隔夜）贷款利率上涨75%，9月19日利率上涨至500%。在政治上来看，这种利率也不能保持很长一段时间。投资者知道这一点，它们被证明是正确的。

如果交易者是由许多个人组成的一个群体，他们无序地散布在整个市场，那么它们怎样才能突然全体协调一致，转变到一套新的信念，这一点目前还不清楚。如果每个交易者只可以做小额交易，那么对任何一个交易者来说转变信念是非理性的——除非所有交易者都转变信念而没有协调，这种转变是不会发生的，钉住汇率制还将持续。

乔治·索罗斯（George Soros）

1930年出生于匈牙利，犹太人，著名的金融投资家，1968年创立"第一老鹰基金"，1993年登上华尔街百大富豪榜首，1992年狙击英镑净赚20亿美元，1997年狙击泰铢，掀起亚洲金融风暴。量子基金就是其旗下经营的五个对冲基金之一。

钉住汇率制

是指一国使本币同某外国货币或一篮子货币保持固定比价的汇率制度。在钉住汇率制度下，一国货币与其他某一种或某一篮子货币之间保持比较稳定的比价，即钉住所选择的货币。

但如果只有几个交易者，甚至只有一个能够下非常大赌注的交易者，那又会如何呢？如果单个交易者改变信念，那么整个市场都会从相信"钉住汇率"（不下注）到相信"贬值"（下尽可能大的赌注抛出母国货币）。这样，协调问题就得到解决。1992年英国的欧洲汇率机制危机证明了这一点。大交易者就是著名投资者索罗斯的量子基金，他喜欢用"自反性"来形容市场是如何影响事件的，反之亦然。

索罗斯公司下了一个又一个大赌注，直到他借到几十亿英镑，把所有的钱都换成德国马克存款。"非常明显这是赌博，一次单向赌博"，他后来回忆说。如果英镑挺住了，他会把马克换回英镑，这只需要支付一个小小的利息成本（几天的英镑和马克之间的利率差）；如果钉住汇率制中止，他会因英镑下跌而赚几十亿马克。是谁和他用英镑交换马克呢？是英格兰银行，按照英国财政部的指令，英格兰银行进行大力干预，出售马克来使英镑维持在 ERM（欧盟汇率机制）波幅的限度之内。

货币溢价的激增引起大量的储备流失。1992年9月16日上午，英镑的压力加剧了。为此，政府做了无力的抵抗，把银行利率从10%提高到12%，最后到了15%。但是提升幅度太小，而且太迟，起不了作用。由于市场情绪如此强烈，再没有像瑞典一周前所采取的措施那样更有力的措施，储备流出是不可能制止的。但是英国经济表现疲软，政府无法容忍三位数的利率——这一点，投资者知道得很清楚。随着储备的大量顺势，到中午的时候，就一切都完了，白白花费了约40亿英镑。该事件已成为又一个英国汇率大失败的传奇事件而载入史册。

资料来源：罗伯特·C.芬斯特拉.国际贸易［M］.北京：中国人民大学出版社，2011年.

我们已经看到，所有的固定汇率体系通常都允许汇率在其票面价值周围一个很小的范围内浮动。在允许的浮动范围内实际的汇率是由供需力量决定的，并通过政府对外汇市场的干预来约束这个幅度。不过允许的浮动汇率范围也可以放宽。允许的浮动范围越大，当外汇市场上没有任何官方干预时，这一体系就越具有浮动汇率的特征。

1. 可调整的汇率钉住政策

该政策体系是指允许的汇率浮动范围很窄的固定汇率体系（如其票面价

值上下1%）。在这一体系中，它允许甚至鼓励一国在面临巨大而持久的国际收支逆差时进行货币贬值，在出现根本性盈余时进行货币升值，从而调整国际收支失衡。1947—1971年运作的布雷顿森林体系最初建立时就是一种可调整钉住汇率体系，但由于各国即使在面临根本性的赤字时也不愿意贬值，最终该体系崩溃了。

2. 爬行钉住的汇率政策

爬行钉住的汇率又称滑动平价体系，正是为了避免大幅度调整汇率及不稳定投机而设计的。在该体系下，货币面值按频繁而又确切的时间间隔（如按月），以预先声明的数量或百分比做小的变动，直到达到均衡。政府可以通过操纵短期利率的方式来抵消由于事先设计好汇率变动而带来的投机利润，从而阻止不稳定投机行为。例如，一次预先声明的货币2%的贬值可被短期利率上调2%抵消。应用滑动钉住利率的国家必须决定面值变更的频率和数量以及准许浮动的限制。这种体系最适合面临现实冲击和不同通胀率的发展中国家。

3. 货币局制度

采用货币局制度的国家或地区有责任满足将本国或地区货币以固定的汇率兑换成另一国或地区货币的要求。为使这种承诺得到信任，货币局持有的外汇储备应该等于按固定汇率折算成至少100%的本国或地区货币发行数量。例如中国香港或地区采用的货币局制度意味着它的货币必须按特定的汇率全部由美元来支持。这并不是真正的固定汇率制度，因为美元以及由此推广到港元对其他货币是浮动的，但是它的确具有一些固定汇率制度的特征。

在这种安排下，货币局只有在得到外汇储备支持的情况下才能够增发本国或地区货币。这就限制了政府印刷钞票从而创造通货膨胀的能力。在严格的货币局制度下，利率是自动调整的。如果投资者想把本国或地区货币换成其他货币，譬如美元，本国或地区货币的供应就会收缩。这就会引起利率上升，直至最终对投资者再次持有当地的货币产生吸引力。1997年后期的中国香港，随着投资者将港元换成美元，三个月的存款利率涨到了20%。然而，港元对美元的钉住利率仍然得到维持，利率随后再次下降。

批评者指出了货币局制度的缺陷。如果本国或地区的通货膨胀率比货币钉住国或地区的通货膨胀率高，采用货币局制度的各国或地区货币就会缺乏竞争力，并会出现汇率高估。而且在货币局制度下，政府缺乏确定利率的能力。例如，中国香港的利率实质上是由美联储确定的。

4. 有管理的浮动汇率政策

在有管理的浮动汇率体系或肮脏浮动下，一国货币当局有责任对外汇市场进行干预，在不影响汇率长期走势的前提下，使短期波动区域平缓。一国政府可以采取"逆风而上"的政策来达到这一目的。这需要货币当局在国际储备之外，提供部分短期资金来补充外汇市场上过高的需求（减缓该货币贬值的趋势），并吸收外汇市场上的部分短期供给（减缓该国货币升值的趋势）。这便达到在不影响汇率长期走势的前提下减少汇率化波动的目的。

然而，如果前面提到的"逆风而上"的规则未被透彻领会，还是有危险的（如1973年以来的实际情况），政府可能为了刺激出口，愿意保持高汇率（即让货币处在贬值水平）。这样的肮脏浮动是一种伪装的以邻为壑的策略，会招致其他国家的报复。

自1973年以来，一直存在有管理的浮动汇率体系。可以肯定地说，这种体系并非人们蓄意选择的，而是在面临外汇市场的混乱和无法忍受的不稳定投机情况下，在布雷顿森林体系崩溃时产生的。在管理浮动汇率早期，人们做了一系列努力为管理浮动汇率设计具体的规则，避免肮脏浮动以及随后必然产生的冲突。然而，这些努力都失败了，事实上，在过去30年中有管理的浮动汇率体系既不像赞成它的人们最初想象的那么好，也不像反对它的人描绘的那么可怕。

但是，1980—1985年以及1999—2001年，美元大幅升值后又大幅贬值，这清楚地表明：在现行的管理浮动汇率体系下，大的汇率失衡是有可能产生并会持续好几年。这与国际专业分工是冲突的，并会导致保护主义，因此需要改革现有的国际货币体系，加强主要国家的国际间协作与政策协调。

现金的汇率制度表现出很大程度的弹性而且或多或少准许各国选择最适合自身需要和环境的体系。总的来说，大的工业化国家及面临很大通胀压力的国家比其他小的发展中国家或生产高度专业化的开放经济国家需要汇率有更大的弹性。国际货币基金组织发现，实行中间汇率制度（即在严格固定汇率体系和自由浮动汇率体系之间寻求合理的平衡）的发展中国家和新兴市场经济国家经济表现最好。

第五节　固定汇率制和"三元悖论"问题

【案例 9-3】欧洲的三元悖论

我们以丹麦为例来介绍三元悖论。作为欧盟成员国之一，丹麦遵守单一市场的法律规定，即要求在集团内部实行资本自由流动。在欧盟汇率机制（ERM，这个协议是成为欧元区成员国的晋身之阶）下，它还单方面地将克朗钉住欧元。结果，丹麦中央银行必须把利率设定为与 ECB（欧洲中央银行）设定的利率水平完全相同，丧失了货币政策自主权。

如果丹麦人想在货币政策上独立于 ECB，他们可以选择两个选项中的一个：他们可以放弃对欧盟条约关于货币流动的承诺，这是极不可能的；或者他们可以放弃其 ERM 承诺让克朗对欧元实行浮动，这也是相当不可能的。然而，浮动汇率是英国的选择，当时的英国作为一个欧盟成员国退出了 ERM，让英镑兑欧元实行浮动。

图 9-5 呈现了关于三元悖论的证据。自 1999 年以来，英国有能力不受 ECB 的影响而独立地设定其利率；丹麦却不行。自 1999 年之前，丹麦和奥地利、荷兰等国钉住德国马克，其利率不得不紧随德国的利率；英国的利率却不是这样。一个区别是奥地利和荷兰已正式取消了其国家货币先令和盾，采用了欧元——这是一种放弃货币独立性的极端而明确的形式。而丹麦克朗却依然存在，表明一个国家的货币可以在理论上显示货币主权，但在实际上可能毫无意义。

三元悖论

在开放经济条件下，本国货币政策的独立性、汇率的稳定性、资本的完全流动性，而这三个目标从理论上讲只能同时达到两个，不能三个目标同时达到。

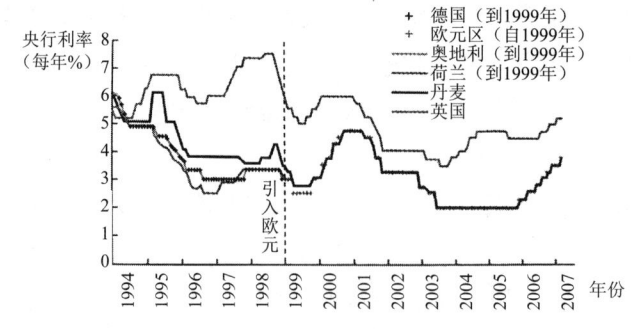

图 9-5　1994—2007 年部分中央银行基础利率

图 9-5 展示了 1994—2007 年若干中央银行的基础利率，并与德国马克和欧元的基础利率作对比。在这个时期中，英国作出了德国马克及（1999 年后）欧元进行浮动的政策选择。这就获得了货币独立性，因为英格兰银行设定的利率可以偏离法兰克福银行制定的利率。丹麦却没有获得这种政策制定上的独立性，因为丹麦克朗起先钉住马克，而后又钉住欧元。自 1999 年以来，丹麦的利率几乎与 ECB 利率保持完全一致。类似的力量在荷兰、奥地利等在 1999 年前钉住马克的其他国家中也发挥了作用。一直到 1999 年它们加入欧元区，其利率（比如丹麦）都紧随德国的利率。

资料来源：罗伯特·C.芬斯特拉.国际贸易［M］.北京：中国人民大学出版社，2011.

一、核心概念

这部分共包括两个核心概念，分别是蒙代尔不可能三角形和三元悖论。

1. 蒙代尔不可能三角形

正如三角形的每一边分别代表独立的货币政策、汇率的稳定性（实践操作中指固定汇率）以及完全的金融一体化，它们各自有其吸引力。三角形的任何两边可以进行组合，组合的结果分别由三角形的三个顶角表示：完全资本控制、货币联盟和完全的浮动汇率。

2. 三元悖论（the impossible trinity）

三元悖论又称为"三元冲突"，指在开放经济条件下，本国货币政策的独立性、汇率的稳定性、资本的完全流动性，而这三个目标从理论上讲只能同时达到两个，不能三个目标同时达到。

二、不可能三角形和"三元悖论"

（一）蒙代尔不可能三角形定律

如图 9-6 所示，三角形的每一边——独立的货币政策、汇率的稳定性（实践操作中指固定汇率）以及完全的金融一体化——各自有其吸引力。三角的任何两边可以进行组合，组合的结果分别由三角形的三个顶角表示：完全的资本控制、货币联盟和完全的浮动汇率。

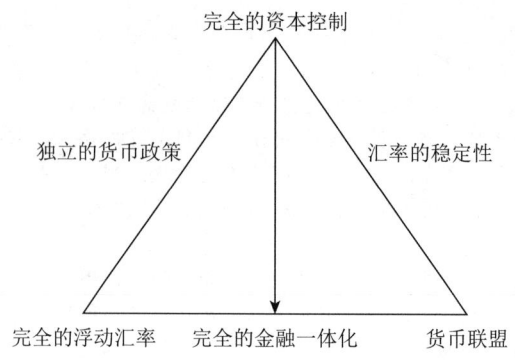

图 9-6 不可能三角形定律图示

(二) 不可能三角形的应用

（1）20 世纪 70 年代以来，国际汇率制度安排出现了金融一体化的趋势，在实践中有着各种汇率制度的安排，如货币局制度、完全的自由浮动制度、对于货币的较为严格的控制等情况，如图 9-7 所示。

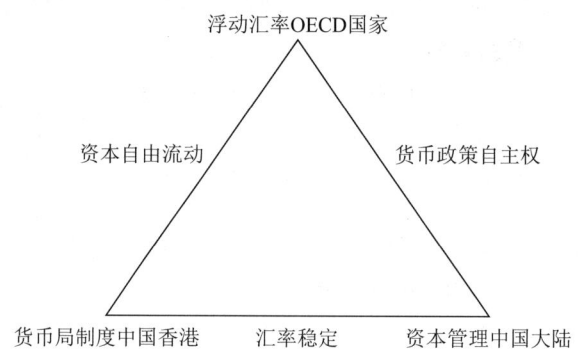

图 9-7 不可能三角形的应用图示

蒙代尔—弗莱明模型假定资本是完全自由流动的。在资本完全自由流动的情况下，如果货币政策是完全独立的，肯定不能够实行固定汇率，汇率必须要浮动，也就是说，固定汇率和货币政策的独立在资本完全自由流动的条件给定以后，二者只能取其一。这就是蒙代尔—弗莱明模型，这个模型实际上是二元的模型，即把第三个变量，也就是资本自由流动的变量假定为资本是完全自由流动的。

（2）从现实分析，经济合作与发展组织（OECD）的成员国，实行资本的自由流动,要求具有独立的货币政策,因此就必须实行浮动汇率政策,放弃货币对外汇率的稳定。中国大陆具有完全独立的货币政策,可以自主制定利率,中国大陆的汇率制度是固定的,但中国大陆放弃的是资本自由流动,实行资本管制。中国香港的资本可以完全自由流动,同时实行固定的汇率(香港是联系汇率,与美元的汇率是"钉住"的),但中国香港所放弃的是自身货币政策的独立性,受制于美国货币政策的变化,基本不能够独立自主地制定货币政策。

(三)三元悖论

三元悖论指国际货币体系的构建旨在达到下述的三个目标,即本国货币政策的独立性、汇率的稳定性、资本的完全流动性,而这三个目标从理论上讲只能同时达到两个,不能三个目标同时达到。本国货币政策的独立性是指一国执行宏观稳定政策、进行反周期调节的能力,这里主要是指一国是否具有使用货币政策影响其产出和就业;汇率的稳定性是指保护本国汇率免受投机性冲击、货币危机等的冲击,从而保持汇率稳定;资本的完全流动性即不限制短期资本的自由流动。

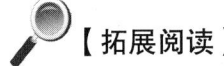

【拓展阅读】

书籍:

1.[美]罗伯特·J.凯伯.国际经济学(第13版)[M].北京:中国人民大学出版社,2013.

2.[美]萨缪尔森.经济学[M].北京:人民邮电出版社,2008.

3.[美]保罗·R.克鲁格曼.国际经济学(第8版)[M].北京:中国人民大学出版社,2011.

期刊论文:

1.王湘穗.美式全球化的中介与世界体系的未来[J].政治经济学评论,2014(3).

2.孙依然.全球经济治理的观念变迁:重建内嵌的自由主义?[J].世界经济导刊,2011(9).

3.白晓燕.复活的布雷顿森林体系[J].世界经济研究,2008(5).

4.黄瑞玲,黄忠平.复活的布雷顿森林体系与中国对策[J].江苏行政学院学报,

2004（6）.

5.蒋慧慧，王贵平.美国经常项目赤字的可持续性研究［J］.国际商务，2006（1）.

6.王道平，范小云.现行的国际货币体系是否是全球经济失衡和金融危机的原因［J］.世界经济，2011（1）.

7.倪晓宁.当前宏观经济政策中的三元悖论困境分析［J］.现代经济探讨，2008（10）.

8.倪晓宁，王敏.国际货币体系的改革动向［J］.经济导刊，2012（2）.

相关网站：

以下机构定期公布当今国际货币和贸易系统运行的数据和分析：国际货币基金组织、经合组织、国际清算银行、世界贸易组织和世界银行。其网址分别为：

http：//www.img.org.

http：//www.oecd.org.

http：//www.bis.org.

http：//www.wto.org.

http：//www.worldbank.org.

第十章

汇率决定理论

 本章学习提示

在经济活动日益国际化、全球化的今天,大到一个国家或地区,小到厂商或消费者,在特定的条件下,都会产生对外汇的需求,而外汇的需求同时又取决于外汇的价格及相应的供给状况。可以说,国际间的一切经济往来都必然伴随着货币的清偿和支付,而要实现国际清偿和支付,就要进行国际间的货币兑换或外汇买卖活动。在国际货币兑换中,汇率是最重要的变量,它可以引导外汇市场的资金流动,直接影响经常项目、资本与金融项目的平衡,同时汇率还会引发国内和国际经济的全局变动,影响国际收支均衡。所以,汇率问题一直都是国际金融理论研究的核心。

随着历史和经济的发展变化,经济学家对汇率理论的决定因素给予了不同的解释,由此形成了不同的汇率理论。西方国家的汇率决定理论主要经历了铸币平价、国际借贷、购买力平价、汇兑心理、利率平价和资产组合均衡理论等几个阶段。其中购买力平价理论和利率平价理论影响最为深远。

购买力平价学说的基本观点在19世纪英国经济学家的著作中就已经被提出。20世纪初,瑞典经济学家古斯塔夫·卡塞尔(Gustav Cassel)推广了购买力平价理论,使其成为汇率理论的核心部分。尽管对购买力平价的普遍正确性还存在着种种质疑,但是它的确揭示了影响汇率运动的最重要因素。

利率平价学说这一理论的渊源可以追溯到19世纪下半叶。1923年,英国经济学家凯恩斯(J.M.Keynes)在其著作《论货币的改革》中较为系统地阐述了利率平价学说,后经保罗·爱因齐格(Paul Einzig)等经济学家不断充实完善,较全面地奠定了远期汇率决定和变动的理论基础。

随着国际经济的发展和国际货币制度的变迁,汇率理论也在不断地发展。

本章介绍外汇、汇率与汇率制度，以及汇率决定的一般理论，讨论汇率是由哪些因素决定的以及汇率变动会受哪些因素的影响。

接下来，就让我们一起来了解汇率的决定理论，以及外汇作为国际结算工具的作用和它对世界经济稳定运行的重要意义。

【重点概念】

外汇汇率、直接标价法、间接标价法、绝对购买力平价、相对购买力平价

【重点问题】

（1）汇率的定义和标价方法。

（2）汇率决定的一般理论。

（3）购买力平价理论。

（4）套补的利率平价理论。

【知识脉络】

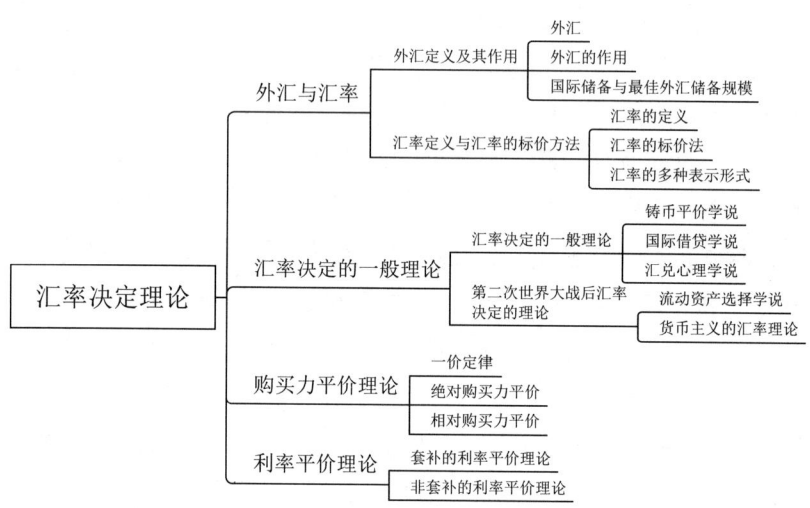

第一节　外汇、汇率与汇率制度

【案例 10-1】阿根廷经济危机

随着固定汇率的崩溃，2002 年严重的经济危机吞噬了阿根廷。2002 年阿根廷实际产出下降了 15%，经过两年才得以反弹，甚至到了 2006 年官方公布的失业率依然在 10% 以上。整个国家陷入了有记录以来最严重的经济萧条之中，无论从危害程度还是从时间的长短来看，这次危机都超过了那些给人们带来痛苦的 19 世纪 90 年代、20 世纪头 10 年和 30 年代的几次危机。

阿根廷在这次经济危机中遭受了世界上最严重的债务危机和货币巨大贬值，经济跌至低谷。政府统计数据显示，每天有 11 200 人陷入贫困——日收入少于 3 美元。布宜诺斯艾利斯这个曾经可以和巴黎媲美的城市一到夜晚就成为拾荒者和小偷的领地。新近沦为贫困阶层的人无家可归，只得居住在废弃楼房和有轨车厢里。他们在日益没落的中上阶层住宅区翻寻着垃圾。原来是中产阶级的人们，如 60 岁的失业人员维森特·皮特西，为维持生存不得不去当铺变卖结婚戒指。

即使赚钱能力遭遇了历史上最大的暴跌，食品生产厂和副食品店仍然在提价。影响食品价格上涨和实际工资剧降的很大因素是阿根廷比索在过去 6 个月贬值了 70%。

在内地农村存在着严重的饥饿和营养不良状况。这种现象在一个以生产优质牛肉和小麦著称的国家里以前从未出现过。为了找出那些该为危机承担责任的人，阿根廷人袭击了当地政客的住宅和外国银行。很多外国银行安装了钢制防护墙并在其分行周围配备了武装保安。

对于这场残酷危机的起因，经济学家与政客们各有不同的看法。有专家将其归咎为全球化和国际货币基金组织的政策缺陷。但是正如很多人所指责的那样，这是由于阿根廷政府的支出失控和体制性腐败所造成的。然而有一点是大家都认同的，那就是：这一切无药可救。自 2002 年 1 月的债务危机和货币贬值以来，贫困和失业这些以前一直如雪球般的小问题，最终酿成了一场雪崩之灾。超过一半的阿根廷人生活在官方公布的贫困线以下，这是一个创纪录的数字。有超过 1/5 的人失业。

经济危机：
一个或多个国民经济或整个世界经济在一段比较长的时间内不断收缩的现象。经济危机是资本主义经济发展过程中周期爆发的生产相对过剩的危机，也是经济周期中的决定性阶段。

货币贬值：
是指单位货币所含有的价值或所代表的价值下降，即单位货币价格下降。货币贬值就是指以单位本国货币兑换外国货币能力的降低，即本国货币对外汇价下跌。

> 安特米奥·洛佩斯，这位艾克维斯研究院（Equis Research）的经济学家说："在我们的发展过程中有过高潮和低谷，但是从统计数据和人们所处困境来看，我们国家面临着前所未有的困难。我们过去所遭遇的经济困难和今天我们所经历的相比真是微不足道。这个国家仿佛正在解体。"
>
> 对于一些农村家庭，此次危机的影响则更加严重。在阿根廷出现了以前非常少见的问题：饥饿。在图库曼省这个拥有130万人口的农业地区，医务人员说和上一年相比营养不良发生率上升了20%~30%。
>
> 资料来源：罗伯特·C.芬斯特拉.国际贸易［M］.北京：中国人民大学出版社，2011.

一、核心概念

这部分共包括八个核心概念，分别是外汇、外汇汇率、外汇储备、直接标价法、间接标价法、汇率制度、固定汇率制度以及浮动汇率制度。

1. 外汇

外汇是指一国货币当局保有的、以外币表示的、可以在国际收支出现逆差时进行支付的债券。

2. 外汇汇率

外汇汇率（exchange rate）是本国货币与其他货币之间的等价关系，如果汇率是外汇在市场中形成的价格，那么汇率也可称为汇价。总之，它是不同货币在外汇货币买卖过程中形成的交换比率。

3. 外汇储备

外汇储备（foreign exchange reserve）为国际收支失衡提供融资，通过干预外汇市场影响汇率间接地调整国际收支失衡，增加国际清偿力以及达到其他各种目的。外汇储备资产的构成包括货币当局集中掌握的黄金储备、外汇储备、该国在国际货币基金组织的储备头寸以及特别提款权。

4. 直接标价法

直接标价法（direct pricing method）又称应收标价法，是以一定的本币为标准，用外币来表示本币的价格，简言之，本币不动外币动。

5. 间接标价法

间接标价法（indirect pricing method）又称应付标价法，是以一定的外币为标准，用一定的本币来表示其价格，简言之，外币不动本币动。

6. 汇率制度

汇率制度（exchange rate system）又称汇率安排，是指一国货币当局对本国汇率水平的确定、汇率变动方式等问题所做的一系列安排或规定。

7. 固定汇率制度

固定汇率制度（fixed exchange rate system）是指政府用行政或法律手段选择一个基本参照物，并确定、公布和维持本国货币与该单位参照物之间的固定比价。充当参照物的东西可以是黄金，也可以是某一种外国货币或某一组货币。

8. 浮动汇率制度

浮动汇率制度（floating exchange rate system）是指汇率水平完全由外汇市场上的供求关系决定，政府不加任何干预的汇率制度。

二、外汇

（一）外汇的定义与作用

1. 定义

外汇具有动态和静态两种含义：从动态的含义上讲，外汇是指通过汇兑方式进行不同经济体之间债权、债务的转让和支付的活动与过程；从静态的含义上讲，外汇是指把以一个经济体货币表示的财产权利转变为以另一个经济体货币表示的财产权利的手段与工具。一般意义上的外汇定义是：一国货币当局保有的、以外币表示的、可以在国际收支出现逆差时进行支付的债券。对于外汇的定义，至少包含了以下含义。

（1）上述定义反映的是外汇的静态意义，而不是外汇的动态意义，并涉及债权、债务的转让与支付，外汇只是支付的手段。

（2）外汇必须具有国际性，即外汇必须是以外币表示的资产。

（3）外汇必须具有可偿性，即这种外币资产必须能够在国外得到偿付。

（4）外汇必须具有可兑换性，这种外币债权资产必须能够自由兑换成其他的外币资产或支付手段，并为其他经济体的人们所乐于接受。

(5)被称为外汇的货币发行国至少要具有相当规模的经济与实力,使其他国家的人们愿意接受该种货币。

2. 作用

(1)按照外汇的职能,外汇可以作为价值尺度,用来衡量不同国家的商品、劳务、金融产品的价值(价格)。

(2)外汇可以作为国际购买手段进行国际的货物、服务及金融资产等产出的买卖,但外汇作为直接的购买手段的职能在经济全球化的过程中逐渐弱化。

(3)外汇可以作为国际支付手段用于国际商品、国际金融、国际劳务、国际资金等方面债券、债务的清偿。外汇作为交换价值的独立存在形态,与商品、劳务进行换位时产生了时空上的不一致,而进行将来的单方面的转移才形成了支付手段。国际支付手段目前正在逐步成为外汇最主要的职能之一。

(4)外汇可以作为国际储备手段,支付一国必须偿付的债务,维持本币汇率的稳定,促进经济发展与增长,同时可以作为国际财富的象征,实际上是对国外债券的持有,并能转化为其他资产,具有极强的流动性,这是因为外汇在被接受的一定范围内是一般等价物,是财富的独立存在形态,是该范围内社会财富的代表。

(二)国际储备

1. 储备资产

储备资产是指一国货币当局随时可以利用并控制的外币资产。按照国际惯例的概念,储备资产的定义为:各国货币当局占有的那些在国际收支出现逆差时可以直接地或间接地通过其他资产保障的兑换性来支持该国汇率的所有资产。

2. 外汇储备的作用

为国际收支失衡提供融资,通过干预外汇市场影响汇率来间接地调整国际收支失衡,增加国际清偿力以及达到其他各种目的。

3. 外汇储备资产的构成

包括货币当局集中掌握的黄金储备、外汇储备、该国在国际货币基金组织的储备头寸以及特别提款权。

4. 外汇储备的来源

（1）国际收支的顺差，这是外汇储备的主要和直接来源，人们普遍认为通过经常项目盈余比通过资本项目盈余获得的外汇储备更为可靠与稳定。

（2）一国在国内外市场上购入的货币黄金，这些货币黄金一般窖藏在一国的中央银行或货币当局。

（3）为了干预外汇市场而出售和购入的外汇，这会引发外汇储备的变化。

（4）通过国际借贷而获得的外汇储备，一国借入货币会增加自己的外汇储备，反之会减少一国的外汇储备。

（5）一国已有的储备资产的收益。

（6）一国在国际货币基金组织中的储备头寸和特别提款权的分配。

5. 外汇储备管理的原则

安全性原则、流动性原则和盈利性原则。

三、汇率

（一）汇率的定义

汇率是本国货币与其他货币之间的等价关系。如果汇率是外汇在市场中形成的价格，那么汇率也可称为汇价。

（二）汇率的标价方法

1. 直接标价法

直接标价法又称应付标价法，是以一定的外币为标准，用一定的本币来表示其价格，简言之，外币不动本币动。它说明的是银行在购买一定单位的某种外币时应该付出的本币数量。

2. 间接标价法

间接标价法又称应收标价法，是以一定的本币为标准，用外币来表示本币的价格，简言之，本币不动外币动。它说明的是银行在支出一定单位的本币时应该收回的某外币数量。

（三）汇率的多种表现形式

从不同的角度，如外汇制度、资金用途、买卖对象等角度看，汇率还有各种不同的表示方法，例如：官方汇率与市场汇率、买入汇率与卖出汇率、基础汇率与套算汇率、单一汇率与复合汇率，等等。

四、汇率制度

（一）汇率制度的含义

汇率制度又称汇率安排（exchange rate arrangement），是指一国货币当局对本国汇率水平的确定、汇率变动方式等问题所做的一系列安排或规定。其基本内容包括：确定汇率的原则与依据；维持与调整汇率的方法；管理汇率的法规、制度和政策；制定、维持与监控汇率的官方机构。

由于汇率的特定水平及其调整对经济有着重大影响，并且不同的汇率制度本身也意味着政府在进行宏观调控过程中需要遵循不同的规则，所以选择适当的汇率制度是一国乃至国际货币制度面临的非常重要的问题。

（二）汇率制度的类型

汇率制度是指一国货币当局对本国汇率水平的确定、汇率变动方式等问题所作的一系列安排或规定。最基本的汇率制度类型是固定汇率制与浮动汇率制。

1. 固定汇率制度

固定汇率制度（fixed exchange rate）是指政府用行政或法律手段选择一个基本参照物，并确定、公布和维持本国货币与该单位参照物之间的固定比价。充当参照物的东西可以是黄金，也可以是某一种外国货币或某一组货币。当一国政府把本国货币固定在某一组货币上时，我们就称该货币钉住在"一篮子货币"或钉住在货币篮子上。固定汇率不是永远不能改变的。首先，在外汇市场上的交易中，汇率能在很小的范围内波动；其次，在经济形势发生较大变化时，就需要对汇率水平进行调整。因此，固定汇率通常表现为可调整的钉住制度。

2. 浮动汇率制度

浮动汇率制度（floating exchange rate 或 flexible exchange rate）是指汇率水平完全由外汇市场上的供求关系决定，政府不加任何干预的汇率制度。在当今世界上，由于政府力量的强大和对经济生活日益加深的干预，各国政府同样也或多或少地对汇率水平进行干预和指导。当干预程度较高时，浮动汇率制度就成为管理浮动汇率（managed floating exchange rate）。

第二次世界大战后到20世纪70年代初，全球主要国家实行的都是固定汇率制度。随着布雷顿森林体系的崩溃，各国实行的汇率制度开始多样化。除固定和浮动汇率制度之外，还存在其他汇率制度，如爬行钉住制（crawling pegs）、汇率目标区（exchange rate target zone），以及固定汇率制的特殊类型——货币局（currency board）制度等。在下一章汇率政策中会详细介绍这几种汇率制度。

（三）固定汇率制度与浮动汇率制度的比较

1. 赞成固定汇率制度的理由

（1）固定汇率制度有利于促进贸易和投资。固定汇率制度为国际贸易和投资的发展提供了最好的经济环境。就像采用单一货币是促进一国国内经济发展的最好方式一样，固定汇率制度是在国际范围内促进贸易和投资发展的最好方式。汇率的波动导致额外的不确定性和风险，从而阻碍了国际经济交易的增长和发展。

（2）固定汇率制度为一国宏观经济政策提供自律。对固定汇率制度的承诺有助为一国国内的宏观经济政策提供一定程度的自律，而在浮动汇率制度下则缺乏这一机制。在固定汇率制度下，如果当局采取不负责任的宏观经济政策（比如过度的货币增长），则对本国货币形成贬值压力，而当局为维持汇率稳定必然要干预外汇市场，从而导致该国储备资产的减少。如果这一压力持续，该国货币最终不得不贬值，从而平价无法维持。这会被公众认为是当局对经济管理不善的象征。这一不利局面将迫使当局抵制采取不合理的过度扩张的宏观经济政策，从而达到自律的效果。

（3）固定汇率制度有助于促进国际经济合作。固定汇率制度使得各国间保持一定程度的合作和协调很有必要，而浮动汇率制度则缺乏这一机制。采取固定汇率制度的各国通常对于各国货币平价的维持存在压力时所应采取的措施必须保持一定程度的一致，否则固定平价无法维持。至少，固定汇率制度要求各国保持一致以避免冲突性的汇率目标，避免像20世纪30年代那样的竞争性的货币贬值局面的形成。

（4）浮动汇率制度下的投机活动可能是非稳定的。反对浮动汇率制度的一个主要观点是，浮动汇率制度下的私人投机是不稳定的，会产生所谓"错误"的汇率，即这一汇率从资源配置的观点来看是一个次优汇率。至于浮动汇率制度下这一错误汇率形成的原因，可从"非理性"的投机以及不确定两个方面进行解释。

2. 赞成浮动汇率制度的理由

（1）浮动汇率制度能确保国际收支的持续均衡。在浮动汇率制度下汇率能自动调节以确保对某种货币的供给和需求的持续平衡，而不需要采取其他政策措施来维持国际收支平衡。如果一国国际收支处于不可持续的经常账户赤字状态，则该国货币倾向于贬值，这将减少进口增加出口直至国际收支恢复到可维持状态。相反，一国国际收支的结构性盈余将导致该国货币的升值，这将减少盈余直至国际收支恢复可维持水平。而在固定汇率制下，无法通过汇率的变动来维持国际收支的平衡，因而当局不得不求助于外汇干预、货币紧缩或贸易保护主义的措施。

（2）浮动汇率制度能确保货币政策的自主性。浮动汇率制度能确保每一个国家行使独立的货币政策，即货币政策的自主性使得每一个国家能自主决定自己的通货膨胀率。倾向于低通胀率的国家可自由采取较紧的宏观经济政策，从而引起货币升值；追求扩张性宏观经济政策的国家将遭受较高的通胀率和货币贬值。而在固定汇率制度下，要求各国必须保持同样的通胀率，这使得各国只能采取相似的货币政策，从而丧失货币政策的自主性。

（3）浮动汇率制度能隔离外来经济冲击的影响。浮动汇率制度能使一国隔离外来价格冲击的影响。在浮动汇率制度下，若国外价格上升，则可通过本国货币的升值来阻止输入国外的通货膨胀。而在固定汇率制度下，国外价格上升使得本国国际竞争力上升，国际收支出现盈余。在这种情况下，要维持汇率的稳定就必须在公开市场买进外币卖出本币，从而导致国内货币供应量的增加以及伴随的物价上涨，国际收支盈余减少直至消失。因而，固定汇率制度将导致国外通货膨胀的输入。

（4）浮动汇率制度有助于促进经济稳定。当一国经济面临外部冲击时，让汇率进行调整比固定汇率而让其他经济变量调整是一个更好的选择。浮动汇率制度能更快更有效地促进经济稳定，因为汇率是一个很容易进行调整的变量，而国内价格因具有刚性很难下降。比如，当一个国家由于某种原因导致竞争力下降时，在浮动汇率制下只需通过货币的贬值来提升下降的竞争力，而在固定汇率制下就不得不采取紧缩性的政策以恢复其国际竞争力。由于价格刚性的存在，紧缩政策的力度必须很大才行，这样必然导致很高的失业率，因而不利于经济稳定。

（5）浮动汇率制度下的私人投机是稳定的。

浮动汇率制度的倡导者认为私人投机是一股稳定的而非不稳定的力量，使汇率回到其由经济基本面决定的价值水平是符合投机者利益的。投机者总是低买高卖，这样做的结果是使得汇率的波动幅度缩小。当然，也有可能投机者判断失误，没有在最低价买进或没有在最高价卖出，但这样做的结果是使得投机者面临损失，投机者必然会修正自己的判断以获得投机必要的盈利，因而有理由假设投机者获利的要求必然使得汇率回到由其经济基本面决定的水平。

第二节　汇率决定的一般理论

一、核心概念

这部分共包括四个核心概念，分别是金本位制、黄金输入点、黄金输出点以及金汇兑本位制。

1. 金本位制（gold standard）

金本位制是以黄金作为本币的一种制度。世界最初的国际货币体系就是国际金本位制。在这一制度下，黄金有着世界货币的性质与特点，执行着以国际价值尺度、国际支付手段为主的职能。这种制度经历了三种主要形式：金币本位制、金块本位制和金汇兑本位制。

2. 黄金输入点（gold import point）

它是金本位制下一国黄金输入的价格下限，如该国汇率低于黄金输入点，本国就会停止收入外币，转而以黄金代替，该国会出现大量的黄金输入，汇率上升。

3. 黄金输出点（gold export point）

它是金本位制下一国黄金输出的价格上限，如该国汇率高于黄金输出点，本国就会停止支付外币，转而以黄金代替，该国会出现大量的黄金输出，汇率下降。

4. 金汇兑本位制（gold exchange standard）

金汇兑本位制又称虚金本位制，实际是间接使货币与黄金联系的本位制度，其主要特点为：

（1）仍然规定银行券的含金量，但它不能兑换黄金；金币既不能自由铸造熔毁，也不能自由输出、输入和流通。

（2）银行券可以购买特定的外汇，用这些外汇可在该外汇发行国兑换黄金。

（3）把本国银行券与外汇作为平准基金，以便通过无限制的外汇买卖来维持本币币值的稳定。

二、汇率决定的一般理论

（一）铸币平价学说

铸币平价学说是金本位制即以黄金为货币制度基础的产物。这一学说认为两国货币的价值量之比表现为货币的法定含金量之比，即铸币平价，它是汇率决定的基础。因此，在金本位制下，汇率是比较稳定的。金本位制从诞生开始，经历了三种主要形式。

1. 金币本位制

在这一制度下，每一货币单位都规定有法定含金量，即用黄金来规定货币的价值量；各国的黄金储备均为黄金；金币具有可以自由铸造、自由兑换、自由输出输入等特点。国际金本位制在上述特点的基础上，呈现出国际性，具体特点归纳如下：

第一，黄金是典型的世界货币，是这种制度运转的根本保证；第二，各国货币的含金量决定着彼此间兑换比例的基础；第三，在金本位制下，汇率波动幅度较小，只能以黄金输送点为限；第四，国际金本位制有着自动调节国际收支的功能，即具有英国经济学家休谟所说的"物价—铸币流动机制"；第五，在金本位制下，资本的输出输入与黄金的流向正好相反。

金本位制由于完全依赖黄金，不可避免地具有难以克服的弱点：

第一，这一体制的稳定、对国际收支的自动调节等，有赖于严格的条件，即货币以黄金来表示价值，纸币要有相应的黄金准备，黄金可以自由买卖、流入流出一国国境，事实上，这些条件很难完全具备并发挥作用；第二，世界黄金产量、占有结构无法保障这一制度的稳定运转；第三，这一货币体制的稳定有赖于价格体系的稳定，当价格体系波动幅度较大时，这一体系就很难正常运转；第四，黄金的自由兑换也是这一货币体制存在与发展的重要条件，但在现实中，一旦人们加强对于黄金的管理，停止黄金的自由兑换，就使得这一体制存在的条件遭到破坏。

2. 金块本位制

第一，金铸币仍为本位货币，但在国内已不流通，流通的是具有无限法偿能力的银行券；第二，货币仍以黄金定值，即货币单位规定含金量，但黄金已不允许自由铸造；第三，银行券已不能自由兑换成黄金，只有当特殊需要产生时，才能以规定的限制数额为起点向中央银行兑换。

3. 金汇兑本位制（虚金本位制）

第一，仍然规定银行券的含金量，但它不能兑换黄金，金币既不能自由铸造熔毁，也不能自由输出输入和流通；第二，银行券可以购买特定的外汇，用这些外汇可在该外汇发行国兑换黄金；第三，把本国银行券与外汇作为平准基金，以便通过无限制的外汇买卖来维持本币币值的稳定。

（二）国际借贷学说

该理论认为外汇与其他商品一样，价格（汇率）变动取决于市场供求，而后者又取决于国际商品、劳务和其他当期债券、债务关系即所谓的国际借贷关系。而国际借贷的内容范围广泛，既包括经常项目下的商品贸易，也包括资本项目下的资本交易，还包括捐赠等单方面转移的内容。国际借贷的差额是决定汇率变动的基础，该差额是由经常项目与资本项目差额决定的。当一国对外收入大于支出、体现为债权大于债务时，国际市场对该国货币供不应求，汇率上升；反之则下降。根据国际借贷的流动性，该理论将国际借贷分为固定与流动两种，前者形成了借贷关系但未进入实际支付，后者则进入了实际支付，而只有后者即已经到期需要即可清偿的借贷关系，才是决定汇率变动的因素，固定部分有时甚至会出现相反的汇率表现（固定借贷的发生有时会促使本币汇率上升）。此外，该理论还认为，经济中物价、利率、信用等的水平，对一国货币的对外汇率具有相应的影响，但与国际借贷即国际收支相比则是次要的因素。

一般认为该学说是用国际收支的变动来解释汇率的变动，这实际是将关于汇率的学说从静态发展到了动态。大多数情况下，尤其是金本位制下，这是符合实际的，但这一学说只是解释了在金本位制下的汇率的变动，并没有解释汇率的决定，更没有涉及非金本位制下的汇率决定的解释。不过，国际借贷学说的理论本身，为后来的弹性法与吸收法的产生和发展提供了一定的基础。

（三）汇兑心理学说

该理论实际上是国际借贷学说与购买力平价学说的结合。该理论认为，人们需要外汇是因为要购买商品与服务以满足人们的欲望，效用是外汇的价值基础，而外汇的真正价值在于其边际效用，而边际效用又是由人们的主观心理决定的。人们主观上对外汇的价值评价不同，会形成外汇的购入与售出，这又会引起外汇供求的变化，导致汇率变动。而在实际中，人们的心理评价会受到外汇质和量两方面的影响：前者为货币特定购买力、支付偿债能力、制度性因素等，后者为国际收支、货币数量、财政状况等，二者结合才能构成对于外汇的完全主观的评价。

该学说的基础是奥地利经济学家的主观效用论，以主观判断代替客观过程是唯心的。但是，在今天的经济理论中，随着理性预期学派的出现，心理预期的作用也得到了人们的重视。

三、第二次世界大战后汇率决定的理论

（一）流动资产选择学说

流动资产选择学说又称资产组合理论，由美国经济学家布兰逊（W.Branson）和多恩布什（R.Dornbusch）提出。这一理论基于当今国际金融市场一体化而又非完全一体化的背景，认为既然各国资产之间具有高度的替代可能，则人们可持有的本币和外币资产的形式是可以多样化的，且可于不同资产形式之间进行转换。该理论认为，人们对于资产形式的选择，即资产替换和资本流动如果量大且过于频繁，就有可能引起资本的大规模流动，在短期甚至中期内对国际收支的影响要远大于经常项目。资本大量流出，国际收支逆差加大，汇率便会下跌；反之，资本大量流入，汇率便会上浮。

（二）货币主义的汇率理论

货币主义的汇率理论以货币主义理论为基础，产生于固定汇率制度瓦解而灵活的汇率制度居主导地位的 20 世纪 70 年代中期。该理论的基本内容有以下几点。

第一，提出汇率的货币存量—流量分析；第二，强调货币因素在汇率决定与变动中的作用，将汇率分析从过于重视经常项目扭转到重视资本项目；第三，认为汇率应该是浮动而非固定的，因为汇率固定使控制货币总量不变成为不可能，汇率浮动则可以自动调节国际收支；第四，强调国际经济中汇率在各国或各个经济体之间的协调作用。

该理论过于强调一价定律的基础作用，同时认为不同经济体之间的资产具有完全的替代性，并且资产之间的套利可以使两国之间的利率之差等于两国之间的预期通货膨胀之差等，这些理论前提与分析和金融实践中的情况有较大的差距。

第三节　购买力平价理论

【案例 10-2】长期与短期的购买力平价证据

即使在温和的通货膨胀快速飙升并导致价格水平出现较大的累计变化，从而导致相当大的累计通货膨胀差额时，仍有数据对长期相对购买力平价提供了极为明确的支持。

图 10-1 中的散点展示了 1975—2005 年这些样本国家与美国相比较的平均贬值率和通货膨胀差额。如果相对购买力平价成立，则各国货币的贬值率就与通货膨胀差额完全相等，这些数据就会排成一条 45° 的直线。我们看到情况并非完全如此，但是相关性非常强。相对购买力平价大致但十分有用地指明了长期（横跨数年甚至数十年）的价格与汇率关系。

绝对购买力平价

绝对购买力平价认为在每一时点上，汇率决定于两国一般物价水平之商。

相对购买力平价

相对购买力平价认为当两国都存在通货膨胀时，名义汇率等于过去的汇率乘以两国通货膨胀之商。

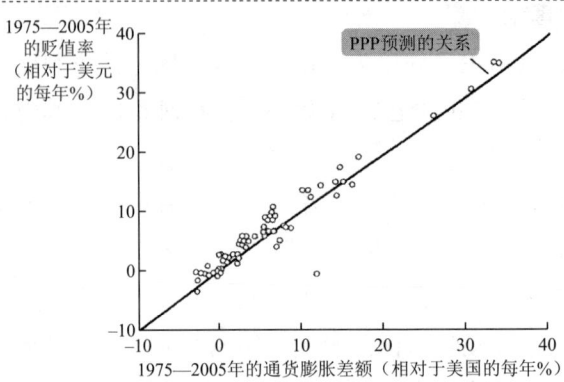

图 10-1　1975—2005 年的通货膨胀差额与汇率

注：本散点图展现了相对于美元的汇率贬值率（纵轴）与相对于通货膨胀差额（横轴）之间的长期关系，本图根据 82 个样本国的数据描绘。这两个变量间的相关性非常强，且非常接近于购买力的理论预测，即所有数据点都位于这条 45°线附近。

但是，购买力平价理论在短期内（只横跨几年）似乎用处不大。考察一下任何一对国家的相对价格比率和汇率的时间序列，看一看这些变量在各年之间而不仅仅是整个时期的表现，我们就很容易发现这一点。如果绝对购买力平价在任何时候都成立，则汇率就会总是等于相对价格比率。图 10-2 展现了 1975—2004 年这 30 年美国与英国的数据。虽然该图增强了长期内的购买力平价相关性，但也显示了短期内对购买力平价的巨大而持续的偏离。这两条时间序列线在 30 年中趋于一致，但在任一年份这两者之间的差额可达 10%、20%，甚至更高。这表明绝对购买力平价不能成立；毫不奇怪，相对购买力平价也失效。例如，1980—1985 年，英镑贬值了 45%（从 2.32 美元到 1.28 美元），但这五年的累计通货膨胀差额只有 9%。

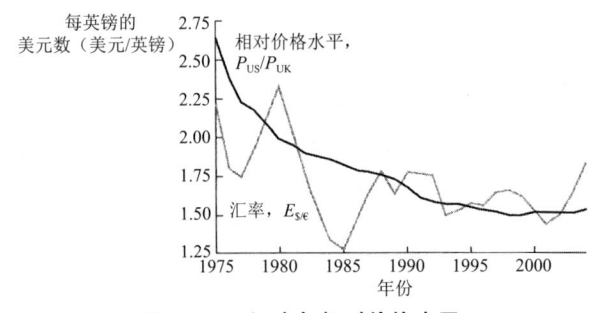

图 10-2　汇率与相对价格水平

> 如图 10-2 所示，1975—2004 年美国和英国的数据表明，汇率和相对价格水平在短期内并非总是趋于一致。相对价格水平变化较慢且变化幅度较小；汇率的变化更为突兀且波动较大。因此，相对购买力平价在短期是不成立的。然而，它在长期的表现却好得多，我们可以看到这两条时间序列线在这数十年中趋于一致。
>
> 资料来源：罗伯特·C.芬斯特拉.国际贸易[M].北京：中国人民大学出版社，2011.

一、核心概念

这部分共包括三个核心概念，分别是一价定律、绝对购买力平价以及相对购买力平价。

1. 一价定律

在有无数交易者的完全竞争市场上，相同的交易产品或金融资产，经过汇率调整后，在世界范围内其交易成本一定是相等的。此即一价定律（law of one price）。它是购买力平价分析的理论基础和前提。

2. 绝对购买力平价

绝对购买力平价（absolute purchasing-power parity theory）认为在每一时点上，汇率决定于两国一般物价水平之商。其基本公式为

$$E = P_b / P_a$$

式中，E = 绝对购买力平价下的汇率，P_a = A 国的一般物价水平，P_b = B 国的一般物价水平。

3. 相对购买力平价

相对购买力平价（relative purchasing-power parity theory）认为当两国都存在通货膨胀时，名义汇率等于过去的汇率乘以两国通货膨胀之商。其基本公式为

$$E_t = E_o \left[(P_{at}/P_{ao}) / (P_{bt}/P_{bo}) \right]$$

式中，E_o = 基期的汇率，E_t = 时间 t 时的汇率，P_{ao} = A 国在基期的物价指数，P_{at} = A 国在 t 期的物价指数，P_{bo} = B 国在基期的物价指数，P_{bt} = B 国在 t 期的物价指数。

二、一价定律

一价定律是购买力平价分析的理论前提和基础。经济中的一价定律是指，在有无数交易者的完全竞争市场上，相同的交易产品或金融资产，经过汇率调整后，在世界范围内其交易成本一定是相等的。因为在国际经济交易中，如果经济产出是自由流动的，当出现违背一价定律的情况时，便存在着套利的机会，国际套利者将会通过相同或不同市场的"逢低吸纳、逢高减磅"，即低买高卖的做法，使得与一价定律背离的现象消除。这个定律在经济中是通过购买力平价、利息平价、远期汇率等经济关系表现出来的。

一价定律认为，在没有运输费用和官方贸易壁垒（例如关税）的自由竞争市场上，同样的货物在不同国家出售，按统一货币计量的价格应该是一样的。例如，如果美元/英镑汇率是1英镑兑1.5美元，那么，一件羊毛衫在纽约卖45美元，在伦敦就应该卖30英镑，即伦敦羊毛衫的美元价格应该是1.5美元/英镑×30英镑=45美元，与纽约的价格是一样的。

我们可以用下面的公式来表达一价定律：如果 P^i_{US} 表示的是货物 i 的美元价格，P^i_E 表示的是相应的欧元价格，那么一价定律预言货物无论在何地出售都应该有同样的美元价格，即

$$P^i_{US} = E_{\$/\epsilon} \times P^i_E$$

这意味着美元/欧元汇率就是美元价格和欧元价格之比，即

$$E_{\$/\epsilon} = P^i_{US} \times P^i_E$$

三、购买力平价理论

购买力平价理论是纸币本位的产物，理论的核心是解释纸币条件下汇率决定于汇率剧烈波动的原因。这一理论是由瑞典经济学家卡塞尔总结创立的。他从人们愿意持有外币的原因入手，认为货币所具有的购买商品、劳务的能力决定了货币的价格，两国货币之间的比率则应该取决于它们之间的购买力纸币。在卡塞尔的理论中，购买力平价一般分为两类：绝对购买力平价和相对购买力平价。前者在每一时点上，汇率决定于两国一般物价水平之商，后者为当两国都存在通货膨胀时，名义汇率等于过去的汇率乘以两国通货膨胀之商。

（一）绝对购买力平价

为了简单地表述购买力平价理论，用 P_{US} 表示在美国销售的一个基准商品篮子的价格，用 P_E 表示在欧洲销售的同一个商品篮子的价格（假设该商品篮子能够准确地衡量两国货币的购买力），那么，购买力平价所预测的美元/欧元汇率就是

$$E_{\$/\euro} = P_{US} \times P_E$$

如果购买一个基准商品篮子在美国要花 200 美元，在欧洲要花 160 欧元，则购买力平价预测美元/欧元汇率将会为 1.25 美元/欧元（等同于每篮子 200 美元/每篮子 160 欧元）；如果美国的物价提高到原来的 3 倍（每篮子 600 美元），那么欧元的美元价格也会同比例变化，购买力平价意味着每欧元现在等于 3.75 美元。重新整理等式，我们得到

$$P_{US} = E_{\$/\euro} \times P_E$$

这里得到了购买力平价的另一种表达方式。等式左边是一个商品篮子在美国的美元价格，等式右边则是在欧洲购买该商品篮子的美元价格（也就是欧元价格乘以美元/欧元汇率）。如果购买力平价成立，则这两种价格应是相等的。因此购买力平价理论实际上是断言：如果用同一种货币来表示，所有国家的价格水平将是相等的。

换一个角度来看，等式右边衡量的是美元兑换为欧元并在欧洲境内使用时的购买力。因此，在现行的汇率下，只有当每种货币的国内购买力与它在国外的购买力相等时，购买力平价才成立。这种认为汇率等于相对价格水平的观点被称为绝对购买力平价。

（二）相对购买力平价

相对购买力平价表示，在任何一段时间内，两种货币汇率变化的百分比将等于同一时期两国国内价格水平变化额百分比之差。绝对购买力平价反映的是两国价格水平和汇率水平之间的关系；相对购买力平价反映的是价格水平变动与汇率水平变动之间的关系。相对购买力平价认为，价格和汇率会在保持各国货币的国内购买力和国外购买力不变的情况下发生变化。

举例来说，当美国的物价一年上涨 10%，而欧洲只上涨 5% 时，相对购买力平价理论预测美元对欧元将会贬值 5%。美元相对欧元贬值的 5% 刚好抵消了美国的通货膨胀超过欧洲的那 5 个百分点，从而使得两种货币各自相对

的国内购买力和国外购买力保持不变。美国与欧洲之前的相对购买力平价可以用下式表示：

$$(E_{\$/\euro, t} - E_{\$/\euro, t-1}) / E_{\$/\euro, t-1} = \pi_{US, t} - \pi_{E, t}$$

式中，π_t 表示通货膨胀率［也就是说，$\pi_t = (P_t - P_{t-1}) / P_{t-1}$，即从时间 $t-1$ 到 t 之间的价格水平变动的百分比］。与绝对购买力平价不同，在谈到相对购买力平价时，需要指明价格水平和汇率发生变化的那一段时间。

事实上，一国政府通常不会花费很多精力去采用国际标准的商品篮子来计算本国的价格指数。然而，除非在上面的等式中比较价格的两种商品篮子相同，否则绝对购买力平价将变得没有意义（因为没有理由认为不同的商品篮子会卖相同的价格）。因此，当不得不用政府公布的物价统计资料评估购买力平价时，相对购买力平价这个概念就变得十分有用。

相对购买力平价正确地反映了汇率变化的百分比与通货膨胀差异之间的关系，即使两个国家为计算各自价格水平所选取的商品篮子的构成和范围不同时也是如此。相对购买力平价之所以重要，还因为即使当绝对购买力平价不成立时，它也可能成立。只要那些使得实际情形偏离绝对购买力平价的因素随时间基本不变，那么相对价格水平的百分比变化仍约等于汇率的百分比变化。

（三）购买力平价与一价定律之间的关系

从表面上看，购买力平价的表达式类似于一价定律，因为对于任何商品 i，都有 $E_{\$/\euro} = P^i_{US} \times P^i_E$。然而购买力平价和一价定律之间是存在差别的：一价定律适用于单个商品（例如商品 i）的情况；购买力平价理论适用于普遍的价格水平，即商品篮子中所有基准商品价格的组合。

如果一价定律对所有商品都成立，那么只要用于计算不同国家价格水平的基准商品篮子是一样的，那么购买力平价就成立。然而，购买力平价理论的拥护者认为，这个理论的正确性（特别是它作为一种长期理论的正确性）并不要求一价定律一定成立。

他们认为，即使对单个商品而言一价定律并不成立，价格和汇率也不会与购买力平价所预测的关系偏离太远。因为当一国的商品或劳务的价格暂时比其他国家高时，对其货币和产品的需求就会下降，这将促使汇率和国内价格重新回到购买力平价所预测的水平上来。类似地，当出现相反的情况，即一国的产品相对便宜时，就会引起货币升值和价格上升。因此，购买力平价理论认为，即使一价定律不成立，其背后所隐藏的经济力量最终也会使各国货币的购买力趋于一致。

（四）对购买力平价理论的评价

人们认为，该理论拟认定汇率取决于两国货币的购买力之比，购买力取决于通货膨胀，而后者又取决于货币数量，故该理论的基础为货币数量论。在当时金本位制走向灭亡、汇率动荡不已的情况下，对于如何解释纸币之间的汇率决定，购买力平价还是提供了一个可以操作的基础，同时结合通货膨胀来考察汇率的决定具有开创意义。这是因为从长期看，汇率的实际走势与物价的走势大体一致，是符合国际经济实际的。但是，卡塞尔提出的货币购买力决定货币价值，而不是货币价值决定货币购买力，在逻辑上存在着表象与本质倒置的问题。此外，他在分析汇率决定与变动时没有更多地从国民收入、贸易、资金流动等方面着手，对汇率决定的复杂性解释不够，因而存在着相应的缺陷。另外，这一理论所设定的假设前提，如一价定律等，即使在存在着很好的套利过程的今天，也是过于严格的，这就限制了这一理论的普遍适用性。

第四节　利率平价理论

一、核心概念

这部分共包括两个核心概念，分别是升水与贴水以及费雪效应。

1. 升水与贴水

远期汇率与即期汇率的差额用升水、贴水和平价来表示。升水（forward premium）意味着远期汇率比即期汇率要高；反之则为贴水（forward discount）。

2. 费雪效应

费雪效应（Fisher effect）即指名义利息率之差应等于预期通货膨胀之差的变化过程。

二、利率平价理论

（一）利率平价理论的基本内容

在现实生活中，许多国家金融市场之间的联系比商品市场之间的联系更为紧密，而国际资金流动的发展使汇率与金融市场上的价格——利率之间也存在着密切的关系。从金融市场角度分析汇率与利率所存在的关系，就是汇率决定的利率平价理论（the theory of interest-rate parity）。与购买力平价理论相比，利率平价学说是一种短期的分析，这两者之间的关系可以用图10-3说明。

中长期：货币供应数量 ⟶ 购买力（商品价格）⟶ 汇率

短　期：货币（资金）供求数量 ⟶ 利率（资产价格）⟶ 汇率

图10-3　购买力平价理论与利率平价理论关系示意图

利率平价理论根据投资者行为的假设不同，可以分为套补的利率平价（covered interest rate parity，CIP）和非套补的利率平价（uncovered interest rate parity，UIP）。

1. 套补的利率平价

为便于说明问题，不妨假设自己手中握有一笔可自由支配的资金，可以自由进出本国与外国金融市场。假定资金在国际间移动不存在任何限制与交易成本。

如果想把这笔资金用于投资一年期的债券，则存在着投资于本国金融市场还是外国金融市场这两种不同选择。在进行选择时，若其他条件不变，显然是要确定哪种投资收益更高。

假设本国金融市场上一年期投资收益率为 r，外国金融市场上同种投资收益率为 r^*，即期汇率为 e_0（直接标价法）。

如果投资于本国金融市场，则每1单位本币到期可增值为

$$1+(1\times r)=1+r$$

如果投资于外国金融市场，则这一投资行为可以划分为三个步骤。首先，将本币在外汇市场上兑换成外币；其次，用所获得的外币在外国金融市场上进行为期一年的投资；最后，在到期后，将以外币计的金融资产在外汇市场上兑换成本币。我们逐步分析这一投资方式的获利情况。

第十章 汇率决定理论

首先，对于每 1 单位本币，可在外汇市场上即期兑换为 $\frac{1}{e_0}$ 单位的外币。将这 $\frac{1}{e_0}$ 单位的外币用于一年期投资，期满时可增值为

$$\frac{1}{e_0} + \frac{1}{e_0} \times r^* = \frac{1}{e_0} \times (1+r^*)$$

在一年后期满之时，假定此时的汇率为 e_1，则这笔外币可兑换成的本币数为

$$\frac{1}{e_0} \times (1+r^*) \times e_1 = \frac{e_1}{e_0} \times (1+r^*)$$

可以看出，由于一年后的即期汇率 e_1 是不确定的，因此这种投资方式的最终收益也是不确定的，或者说这笔投资的收益具有汇率风险。为了消除汇率风险，可以购买一年后交割的远期合约，这样，这笔投资就不存在汇率风险。设 E_0 为远期汇率，E_f 为远期汇率，届时 1 单位本币可增值

$$\frac{E_f}{E_0} \times (1+r^*)$$

在消除汇率风险的情况下，选择在国内还是国外投资取决于两种投资收益的高低。如果 $(1+r) > \frac{E_f}{E_0} \times (1+r^*)$，则投资于本国金融市场；如果 $(1+r) < \frac{E_f}{E_0} \times (1+r^*)$，则投资于外国金融市场；如果 $(1+r) = \frac{E_f}{E_0} \times (1+r^*)$，此时投资于两国金融市场都可以。

市场上的其他投资者也面临着同样的决策选择。如果 $(1+r) < \frac{E_f}{E_0} \times (1+r^*)$，则众多的投资者都会将资金投入外国金融市场，表现为在外汇市场上即期购入外币，远期卖出外币，从而使本币在即期贬值（E_0 增大），在远期升值（E_f 减小），投资于外国金融市场的收益率 $\frac{E_f}{E_0} \times (1+r^*)$ 下降，直到 $(1+r) = \frac{E_f}{E_0} \times (1+r^*)$ 时，外汇市场上对本币和外币的供求才处于平衡状态，即期和远期的汇率都达到稳定。如果 $(1+r) > \frac{E_f}{E_0} \times (1+r^*)$，则情况正相反。所以，当投资者采取持有远期合约的套补方式交易时，市场最终会使利率与汇率间形成下列关系：

$$(1+r) = \frac{E_f^e}{E_0} \times (1+r^*)$$

整理得

$$\frac{E_f}{E_0} = \frac{(1+r)}{(1+r^*)}$$

记即期汇率与远期汇率之间的升（贴）水为 ρ，即

$$\rho = \frac{E_f - E_0}{E_0}$$

将两式整理化简可得

$$\rho + \rho \times r^* = r - r^*$$

由于 ρ 及 r^* 均是很小的数值，所以它们的乘积 $\rho \times r^*$ 可以省略，得到

$$\rho = r - r^*$$

这就是套补的利率平价的一般形式。它的经济含义是：汇率的远期升（贴）水率等于两国利率之差。如果本国利率高于外国利率，则外币远期汇率必将升水，这意味着本币在远期将贬值；如果本国利率低于外国利率，则外币远期汇率将贴水而本币在远期将升值。也就是说，汇率的变动会抵消两国间的利率差异，从而使金融市场处于平衡状态。

需要指出的是，套补性交易行为一般是不存在任何风险的。因此，当市场上套补利率平价不成立时，投资者就可以进行金融市场上的无本金套利活动。以 $(1+r) < \frac{E_f}{E_0} \times (1+r^*)$ 为例，投资者可以在本国金融市场上以 r 的利率借入资金，随后将它投资于外国金融市场并进行相应的套补措施，便可以获得无风险利润 $[\frac{E_f}{E_0} \times (1+r^*) - (1+r)]$。可以说，这种套利活动是使套补的利率平价始终成立的主要条件。

套补的利率平价具有很高的实践价值，被作为指导公式广泛运用于交易之中，在外汇交易中处于做市商地位的大银行基本上就根据各国的利率差异来确定远期汇率的升（贴）水额。在实证中，除了外汇市场激烈动荡的时期，套补的利率平价基本上都能比较好地成立。当然，实际的汇率变动与套补的利率平价之间存在着一定的偏离，这一偏离常被认为反映了交易成本、外汇管制以及各种风险等因素。

2. 非套补的利率平价

在套补的利率平价推导过程中,我们假定投资者的投资策略是进行远期交易以规避风险。实际上,还存在着另外一种投资策略,即根据自己对未来汇率变动的预期而计算预期的收益,不进行远期交易,在承担一定的汇率风险情况下进行投资活动。

在不进行远期交易时,投资者计算国外投资的收益时不但要考虑外国的利率,还要考虑投资到期时的即期汇率。如果投资者对一年后的汇率的预期为 E_e^f,则投资者对投资国外所收回本币资金的预期就是 $\frac{E_e^f}{E_0} \times (1+r^*)$。如果这一预期的收入与投资本国金融市场的收入存在差异,则投资者就会选择在预期收入较高的市场投资,其投资活动会带来当前本国利率、汇率的变动,最终在市场处于平衡状态时,有下式成立:

$$(1+r) = \frac{E_e^f}{E_0} \times (1+r^*)$$

对之进行类似上面的整理,可得

$$E_\rho = r - r^*$$

式中,E_ρ 表示预期的汇率变动率。上式即为非套补利率平价的一般形式,它的经济含义是:预期的汇率变动率等于两国货币利率之差。在非套补利率平价成立时,如果本国利率高于外国利率,则意味着市场预期本币在未来将贬值。例如,在非套补利率平价已经成立时,如果本币当局提高利率,则当市场预期未来的即期汇率并不因之发生变动时,本币的即期汇率将升值。

利用非套补的利率平价的一般形式进行实证检验的并不多见。这是因为,预期的汇率变动率在一定程度上是一个心理变量,很难获得可信的数据进行分析,并且实际意义不大。在经济分析中,对非套补的利率平价的实证研究一般是与远期外汇市场的分析相联系的。

3. 套补和非套补的利率平价的关系

在前面的分析中,套补与非套补的利率平价的成立分别是由两种类型的交易活动实现的。但在外汇市场上,还存在着另外一种交易者——投机者。投机者交易的目的不在于获得随时间变动的资产增值,而在于利用资产在特定时刻的差价获利。

当投机者预期的未来汇率与相应的远期汇率不一致时，投机者就会进行交易。以 $E^f_e > E_f$ 为例，投机者可以在外汇市场上以 E_f 的汇率卖出远期外币合约，到期时，投机者预期能够以 E^f_e 的汇率将本币兑换成外币以交割，则投机者投入一单位本币获得的预期收益，以本币计，为 $1 - \dfrac{E_f}{E^f_e} > 0$，投机者会因此不断在远期市场中卖出外币合约，从而会使 E_f 不断减小，直至 $E^f_e = E_f$。此时，套补的利率平价与非套补的利率平价同时成立，即

$$E^f_e = E_f, \rho = E_\rho = r - r^*$$

（二）对利率平价学说的简要评价

首先，利率平价学说从资金流动的角度指出了汇率与利率之间的密切关系，有助于正确认识现实的外汇市场上汇率的形成机制。由于现实的外汇市场上资金流动非常迅速而频繁，使利率平价（主要是套补的利率平价）的前提始终较好地成立，所以具有坚实的分析基础。

其次，利率平价学说不是一个独立的汇率决定理论，它只是描述了汇率与利率之间相互作用的关系，即不仅利率的差异会影响汇率的变动，汇率的改变也会通过资金流动影响不同市场上的资金供求关系，进而影响利率。更为重要的是，利率和汇率可能会同时受到更为基本的因素（例如货币供求等）的作用而发生变化，利率平价只是在这一变化过程中表现出来的利率与汇率之间的联系。因此，利率平价理论与其他汇率决定理论之间是相互补充而不是相互对立的，它常常作为一种基本的关系而被运用在其他汇率决定理论的分析中。

最后，利率平价学说具有特别的实践价值。由于利率的变动非常迅速，同时利率又可以对汇率产生立竿见影的影响，利率与汇率之间存在的这一关系就为中央银行对外汇市场进行灵活的调节提供了有效的途径，即培育一个发达的、有效率的货币市场，在货币市场上利用利率尤其是短期利率的变动来对汇率进行调节。例如，当市场上存在着本币将贬值的预期时，就可以相应提高本国利率以抵消这一贬值对预期对外汇市场的压力，维持汇率的稳定。

三、费雪效应

所谓利率的费雪效应是指,在其他条件保持不变情况下,一国预期通货膨胀率的变动不会改变该国长期均衡的实际利率水平,因为其长期均衡的名义利率是会随着预期通货膨胀率的变动而同向等额变动的:

$$r = R - \pi$$

式中,r 为固定不变的实际利率;R 为名义利率;π 为预期通货膨胀率,此式为费雪方程。

利率的费雪效应其实是人们根据预期的通货膨胀率,在当前消费和未来消费(或当前储蓄)之间进行跨期套利活动所产生的利率均衡效应。

当市场上的名义利率等于预期通货膨胀率时,实际利率 $r = 0$,处于无可套利的均衡状态。

而当名义利率偏离预期通货膨胀率时,就可以进行跨期套利活动:当 $r < 0$ 时,人们可增加当前消费而减少未来消费(减少当前储蓄)来实现总效用最大化;当 $r > 0$ 时,人们可减少当前消费而增加未来消费来实现总效用最大化,这些套利活动会促使名义利率趋向其均衡值。

而利率的国际费雪效应则是说,在自由贸易、资本自由流动和国内外金融资产具有完全可替代性的假定下,两国长期均衡的实际利率应当保持相等,即

$$R - \pi = r = r^* = R^* - \pi^*$$

两国的预期通货膨胀率之差决定着两国长期均衡的名义利率之差,即

$$R - R^* = \pi - \pi^*$$

如果把利率的国际费雪效应和汇率的利率平价两者综合起来,还可以推得汇率的相对购买力平价理论:当人们对两国通货膨胀率的预期发生变化时,必会导致两国名义利率的相应调整,以及期汇升贴水率和现汇预期升贬值率的同步调整,从而有着如下的一直均衡关系:

利率平价公式:$(e^* - e)/e = r - r^*$

相对购买力平价公式:$(e^* - e)/e = \pi - \pi^*$

费雪效应公式:$r - r^* = \pi - \pi^*$

这意味着,在一定条件下,利率的国际费雪效应和汇率的利率平价与汇

率的相对购买力平价这三个理论之间有着相当完美的一致性。

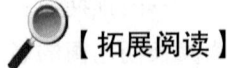

【拓展阅读】

书籍：

1. ［英］罗伯特·J.凯伯.国际经济学（第13版）［M］.北京：中国人民大学出版社，2013.

2. ［美］保罗·R.克鲁格曼.国际经济学［M］.北京：中国人民大学出版社，2011.

3. D.Salvatore. Theory and Problems of International Economics［M］. 4th ed, New York：McGraw-Hill，1996.

4. 戴世宏.一篮子汇率的理论与实践［M］.北京：中国金融出版社，2007.

5. 刘阳.均衡汇率与人民币汇率机制改革［M］.成都：西南财经大学出版社，2006.

期刊论文：

1. 张忆山，孔灵柱.基于权利范式的汇率决定研究［J］.经济研究，2010（8）.

2. 王磊，范超.购买力平价与汇率背离原因研究［J］.经济研究，2013（11）.

3. 赵勇，雷达.金融发展、出口边际与"汇率不相关之谜"［J］.世界经济，2013（11）.

4. 华民.贸易、汇率与经济增长［J］.复旦大学学报（社会科学版），2012（5）.

5. 刘涛，金洪飞.汇率政治经济学研究：一个文献综述［J］.世界经济文汇，2012（1）.

相关网站：

1. 更多汇率安排的相关知识请参见：www.imf.org.

2. 更多关于汇率理论研究最新进展的知识请参见：www.nber.org.

3. 有关世界许多国家的汇率、利率等的资料可以在各国中央银行的网站上找到，也可以到国际清算银行的网站上查找，网址为：www.bis.org.

4. 有关美元汇率、美国的利率等资料可以在美国联邦储备银行网站上找到，网址为：http：//reaearch.stlouisfed.org/gred.

第十一章

开放经济下的政策调节

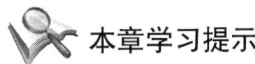 **本章学习提示**

在封闭条件下,经济增长、充分就业与价格稳定是政府追求的主要经济目标,其中经济增长属于长期目标。20 世纪 80 年代以来,主要的发达国家日益强调应通过市场机制的自身运行来实现持续的经济增长,使得这个目标被逐渐淡化。因此,可以把内部均衡定义为国民经济处于无通货膨胀的充分就业状态。

在开放经济条件下,政府的调控目标发生了变化,需要把经济的开放状态纳入政府的调控范围。衡量经济开放性的主要工具是国际收支。因此,把外部均衡定义为国际收支的平衡。从国际收支与经济增长、价格稳定、充分就业的关系来看,出口增长对经济增长起着重要的作用,不合理的国际收支结构会制约经济的发展;出口的增长可以提高就业率,当一国存在较多的闲置资源时,出口增长可以保持物价稳定;当一国接近或处于充分就业时,出口增长会导致通货膨胀。另外,当一国实行固定汇率制时,大量的国际收支顺差会通过国际储备的渠道增加该国基础货币的投放量,带来通货膨胀压力。

在国际经济领域中,一国经济的均衡是把国内经济状态与国际收支结合起来考虑的均衡,即国际收支状况允许该国维持开放性,同时国内经济也不存在严重的通货膨胀或衰退、失业。失衡则是一国无法维持其开放性或国内经济出现了严重的膨胀、衰退或失业。可以说,一国宏观经济理论与政策问题,实际上是一国经济的对内对外均衡问题。而不同的汇率制度对宏观经济政策的效果又有着不同的影响,具体地说,固定汇率制下和浮动汇率制下宏观经济政策效果有着很大的差异。

本章将探讨开放经济条件下,宏观经济内外平衡问题。包括对开放经济中的乘数进行分析;讨论国际收支失衡该如何调节;建立一个包括国际收支在内的宏观经济模型,即开放条件下的宏观经济模型(IS-LM-BP模型),作为讨论宏观经济政策有效性的基本框架;最后介绍一国宏观经济实现内外均衡的过程及其政策搭配。

【重点概念】

贸易乘数、国际收支失衡、蒙代尔—弗莱明模型、斯旺图表

【重点问题】

(1)乘数理论的内容及公式的推导。
(2)国际收支失衡的主要调节措施。
(3)蒙代尔—弗莱明模型。
(4)宏观经济政策有效性讨论。
(5)宏观经济目标。
(6)内部均衡与外部均衡的经济分析。

【知识脉络】

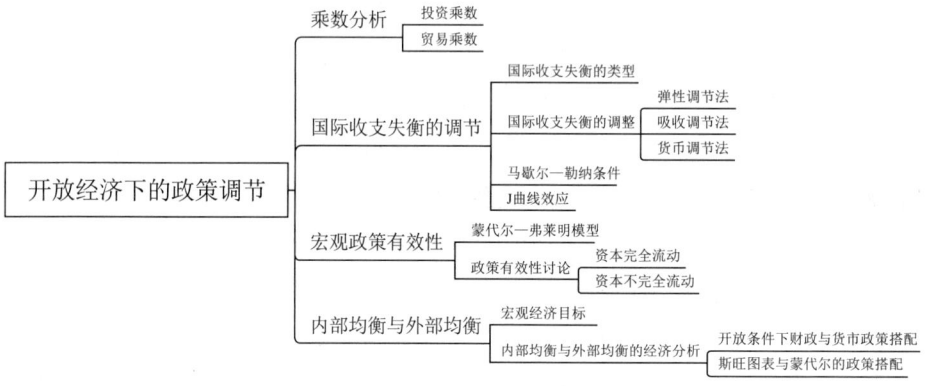

第十一章 开放经济下的政策调节

第一节 开放经济中的乘数分析

一、核心概念

这部分共包括四个核心概念,分别是投资乘数、贸易乘数、边际进口倾向以及边际储蓄倾向。

1. 投资乘数

投资乘数(investment multiplier)是指投资引起的国民收入增长的倍数,即投资增加一单位可以引起国民收入增加的倍数。其分析的是投资与国民收入、就业之间的相互影响、相互制约的关系,描述经济体内部投资促进经济增长传导的动态过程。

2. 贸易乘数

贸易乘数(trade multiplier)效应分析的是边际进口倾向与边际储蓄倾向之和小于1时,如何增加出口,能使国民收入产出数倍于该增量的增长,从而带动国内就业增长的情况。

3. 边际进口倾向

边际进口倾向(marginal propensity to import,MPM 或 MPI,一般缩写为 m)又称进口倾向,是指国民收入 Y 增加一个单位导致进口 M 增加的数量,以导数形式表示即为 $m = dM/dY$。简单地说,某个国家的边际进口倾向越高,该国的人民收入增加时,就越倾向于进口外国产品。

经济含义:边际进口倾向是国际贸易理论和国际金融理论中的一个重要概念。边际进口倾向大,则每一单位增加的国民收入中用于进口的比重大,乘数效应对于经济的刺激作用就会较小;反之则较大。

4. 边际储蓄倾向

边际储蓄倾向(marginal propensity to saving,MPS)是用来测度收入增加引起储蓄增加的程度的概念,即居民边际储蓄倾向指居民收入每变动一单位时居民储蓄的变动额。若以 MPS 表示边际储蓄倾向,以 MPS 表示边际消费倾向以 ΔS 表示储蓄增量,以 ΔY 表示收入增量,则 $MPS = \Delta S / \Delta Y$。边际储蓄倾向是储蓄函数的斜率。因为收入不是被用来消费，就是被用来储蓄，因此边际消费倾向和边际储蓄倾向的和是1，即 MPC + MPS = 1。边际储蓄倾向一般为正数值，但小于1，即 0 < MPS < 1，不过，随着收入增加，边际储蓄倾向呈递增的趋势。

二、国际贸易中的乘数效应

（一）均衡下的经济增长

在 $S - I = X - M$ 的均衡中：

（1）出口大于进口，但储蓄等于投资，国际收支顺差。由于出口属于国民收入均衡公式中需求方的一项，于是总需求大于总供给，在其他条件不变的情况下，将产生通货膨胀。

（2）出口小于进口，但储蓄等于投资，由于进口属于国民收入均衡公式中供给方的一项，于是总供给大于总需求，国际收支出现逆差，经济出现衰退，失业增加。

（3）进出口变化（汇率、利率、价格、偏好诸因素的任何变化都必然会导致进出口变化）而产生经济失衡时，可以通过调节投资、储蓄、出口、进口中的任何一项，使经济恢复均衡。

（二）国际贸易中的乘数效应

1. 投资乘数

定义：投资乘数分析的是投资与国民收入、就业之间的相互影响、相互制约关系，描述经济体内部投资促进经济增长传导的动态过程。

推导：

$$Y = C + I + G$$

$$Y = C + S + T$$

若 $G = T$，则有 $I = S$，其增量为 $dI = dS$，变形后为

$$dI = (dS/dY) dY$$

$$dY = dI / (dS/dY)$$

政策含义：投资会引致收入的成倍增长，因此投资在国民经济中的作用远比投资本身大得多。用投资刺激需求，能提高下一期的生产能力，使经济进一步增长。

2. 贸易乘数

定义：贸易乘数效应分析的是边际进口倾向于边际储蓄倾向之和小于1时，如何增加出口，能使国民收入产出数倍于该增量的增长，从而带动国内就业增长的情况。

推导：

假定已知 $S - I = X - M$，为保证国民收入的动态平衡，就必须有

$$dS - dI = dX - dM$$

通过恒等变换可得

$$dX + dI = dS + dM$$

$$dX + dI = (dS/dY + dM/dY)dY$$

$$dY = [1/(dS/dY + dM/dY)](dX + dI)$$

若令 $dI = 0$，即不考虑国内投资因素，只考虑出口的影响，则有

$$dS = dI = 0$$

乘数公式可以改写为

$$dY = [1/(dM/dY)]dX$$

政策含义：一国出口收入应更多地用于购买国内产品，如果出口收入中较大部分用于进口，则对于经济的促进作用较小；反之较大。因此，当需求倾向不变时，出口收入的增量应尽量少于进口，这样可以扩大出口对经济的刺激作用。

三、通过国际贸易产生的非均衡传导

（一）国内开放部门与非开放部门

（1）开放部门是指一国经济中与世界市场（国外市场）有着直接联系的部门。非开放部门是指那些与世界市场没有直接联系的经济部门。

（2）世界经济的一般传导过程。

a. 与世界市场有着直接联系的部门因世界经济波动的冲击而产生变化。

b. 国内与世界市场没有直接联系的部门，通过开放部门间接受到非均衡的冲击而发生变化。

两类部门在新的已经变化了的基础上达到新的均衡，同时酝酿着受外部冲击而再次产生失衡的可能。

（二）通过国际商品价格传导的过程和机制（价格效应）

在传导过程与机制的模式中，世界经济的变化是自变量，国内开放部门既是因变量也是传导介质，国内非开放部门是因变量。

从世界经济的角度看，如果世界市场的总供给与总需求发生了变化，就会通过一国开放部门而最终影响一国国内经济；如果世界市场中总供给与总需求并未发生变化，但某些具有世界意义的商品（例如粮食、能源、重要矿物原料）供求产生了根本性的结构变化，世界市场上这些产品严重过剩或短缺，造成价格相应地上涨或下跌，也会通过一国的开放部门影响其国内经济（见图 11-1）。

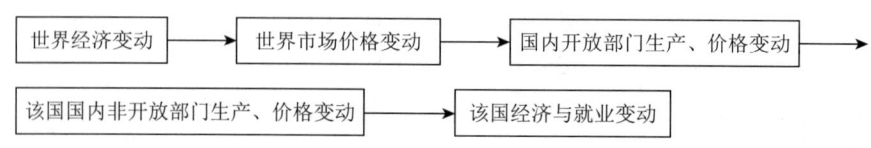

图 11-1 一国经济受世界经济变化影响的传导机制图示

（三）通过贸易乘数的国际传导（收入效应）

假设世界是由两部门组成的：甲国和乙国，以此为出发点，研究甲国和乙国的进出口对国民收入的作用，以及通过国际商品交换渠道，甲乙两国国民收入扩张与收缩过程的传导（两国间由贸易产生的国民收入变化的相互作用）。

1. 国民收入扩张的传导过程

甲国首先发生自发性出口增加，由于贸易乘数作用，甲国国民收入相应产生了倍数增加；甲国国民收入增量中，有一部分按照甲国既定的边际进口倾向而用于从乙国的进口，导致乙国的诱发性出口增加，它又通过贸易乘数效应，带动乙国国民收入的增长，而乙国国民收入的增量中也必然有一部分按照乙国既定的边际进口倾向用于从甲国进口商品，与上述过程一样，它促使甲国产生诱发性出口增长，这种出口增长又会在甲国产生第一轮的乘数效应，从而造成甲国国民收入再一次倍数增长（这次增长幅度将远远小于甲国第一轮自发性出口增加的乘数效应），以及甲国诱发性进口的再次发生……经过若干次这种循环，甲、乙两国（实际就是世界经济）的扩张性收入效应逐渐趋于零，但两国国民收入的增长总是必然大于两国出口增量的总和，形成收入变化的国际传导（见图 11-2）。

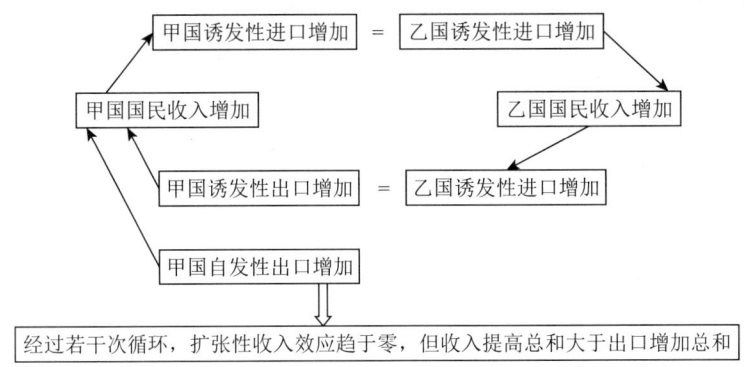

图 11-2　国民收入扩张的传导过程图示

2. 国民收入紧缩的传导过程（与国民收入扩张的传导过程相反）

由于有传导作用，两国的贸易乘数公式发生了一些变化：

甲国贸易系数 = 1/［$S_A + m_A + m_B(S_A/S_B)$］

乙国贸易系数 = 1/［$S_B + m_B + m_A(S_A/S_B)$］

式中，S 为边际储蓄倾向；m 为边际进口倾向；A、B 分别代表甲、乙两个国家在世界经济相互作用日益密切的情况下，一个国家出口所产生的国民收入增加作用，不仅取决于本国的边际储蓄倾向和边际进口倾向，还要受其他国家边际储蓄倾向和边际进口倾向的影响。

（四）影响国际贸易中传导机制的因素

（1）一个国家经济的开放程度。开放程度越高，通过国际商品交换渠道进行传导的经济影响就越大。开放程度主要是指一个国家与世界市场有直接联系的部分在国民经济中所占的比重，即一国的生产、就业、消费参与世界市场的程度。

（2）一个国家的贸易地位。贸易地位是指一个国家的贸易额在世界贸易中的比重，以及一个国家的某种商品在世界该种商品的总供给和总需求中的比重。如果一个国家的贸易额在世界贸易额中的比重大，某种商品在世界总供给或总需求中的比重大，则世界经济的变动通过国际商品交换渠道对该国的影响较大。

（3）一个国家的贸易地区结构。贸易地区结构主要是指贸易额的地区、国别分布，它反映一国同其他国家、地区间贸易联系的紧密程度。如果两国或多国之间的贸易相互依赖程度高，一国的贸易活动在另一个国家中占有重要地位，则另一个国家的经济变动通过国际商品交换渠道对该国的影响较大。

（4）各国的经济政策。对外均衡历来是一个国家的主要经济目标之一。为了防止国际经济波动对本国经济的冲击，各国总要采取一定的政策来避免或者转嫁这种冲击。另外，国内的经济政策和扩张性财政政策或收缩性金融政策也可以通过边际倾向、利率、国民收入变化等因素调控外部经济的影响程度。

第二节　国际收支失衡的调节

【案例11-1】拉脱维亚的经济动荡

拉脱维亚作为苏联解体后波罗的海沿岸独立的三个国家之一，人口总计250万。在过去的十几年中，拉脱维亚讲述的都是一个充满活力的私营部门加速经济发展的故事。该国在2004年加入了欧盟，并将其货币拉特的汇率钉住欧元。拉脱维亚最终的目标是采用欧元作为其货币。为了维持拉特与欧元的平价，拉脱维亚采用了货币局制度，在这一制度下本币的流通是由一对一的外汇储备所支撑的。在拉脱维亚的例子中，这一外汇储备主要是欧元。

从2006年开始，关于拉脱维亚经济过热的警告接连不断。其经济繁荣日渐依靠海外热钱的流入，特别是那些从俄罗斯不断涌入拉脱维亚银行的。基于此，银行利用这些资金大量放贷，这其中就包括将贷款以低息提供给借款者，房地产价格被哄抬，其市场逐渐泡沫化。批评者督促政府提高利率来收紧贷款，但无济于事。最后，政府没有做到的事，市场替其完成了。

2008年，由美国房地产过热引发的经济危机席卷全球，拉脱维亚的经济繁荣也走到了尽头。对拉脱维亚来说，灾难从其最大的私人银行帕莱克斯披露的财务危机开始一点点显露。帕莱克斯银行因为高风险的贷款出现越来越多的违约，向政府求助。政府介入了，一开始向该银行注资2亿拉特（约合3.9亿美元）。然而，这并没有解决帕莱克斯银行的问

货币局制度

这种制度的特征是：本国的货币钉住一种强势货币，与之建立固定汇率联系，这种强势货币被称为锚货币；本国的通货发行，以外汇储备（特别是锚货币的外汇储备）为发行保证，保证本币与外币随时可以按固定汇率兑换。中国香港实行的就是货币局制度。

题。随着储户大量的提款，拉脱维亚政府被迫国有化帕克斯银行。但是，对于解决这场危机来说这远远不够，反而加深了危机——个人和机构开始将拉特兑换成欧元或是美元。外汇投机商也加入了这一行列，赌的就是政府会被迫将拉特贬值，卖空拉特。这对拉脱维亚的货币造成了剧烈的压力，迫使其中央银行进入外汇市场买进拉特，试图将拉特维持在兑欧元的钉住汇率上。在不到两个月的时间里，拉脱维亚的中央银行流失了其1/5的外汇储备，但这并没有挡住资金流出该国。

解决危机的一种办法是让拉特对欧元贬值。但这会造成各种各样的额外问题。许多拉脱维亚的居民持有欧元负债，如果拉特对欧元贬值，他们用本币偿还的数额会随着贬值的幅度等量上升，立即造成经济困境。

2008年12月，拉脱维亚政府向欧盟和国际货币基金组织求助。由国际货币基金组织牵头，集合了欧盟、邻国的瑞典和芬兰以及世界银行向拉脱维亚提供了总计约为75亿欧元的贷款。这笔资金被用来稳定拉特对欧元的汇率。其中瑞典和芬兰提供了18亿欧元，大部分原因是因为瑞典和芬兰的银行持有拉脱维亚银行大量的股份，它们担心拉脱维亚的问题可能损坏自己两国的银行系统。

作为贷款的部分条件，国际货币基金组织要求拉脱维亚政府在经济政策上做出重大的改变，这其中包括提高利率、降低工资、大幅削减政府支出以及增加税收。这将毫无疑问地让拉脱维亚陷入严重的经济衰退。但国际货币基金组织相信这对于拉脱维亚重拾其在银行系统以及政府维持拉特对欧元的钉住汇率上的信心是非常必要的。一旦目标达成，关于此的争论就会消失，情况会转好，国家的经济也将重新增长。尽管如此，一些拉脱维亚人民对此的回应却是在其首都里加的街道上暴动，造成40人受伤，包括14名警察，另外还有106人被逮捕。这一切都表明前方是一条坎坷的道路。

资料来源：查尔斯·希尔.国际商务（第9版）[M].北京：中国人民大学出版社，2014..

一、核心概念

这部分共包括6个核心概念，分别是特别提款权、国际收支逆差、国际收支顺差、国际收支失衡、马歇尔—勒纳条件以及J曲线效应。

1. 特别提款权（special drawing right，SDR）

特别提款权是国际货币基金组织创设的一种储备资产和记账单位，亦称"纸黄金"（paper gold）。它是基金组织分配给会员国的一种使用资金的权利。会员国在发生国际收支逆差时，可用它向基金组织指定的其他会员国换取外汇，以偿付国际收支逆差或偿还基金组织的贷款。它还可以与黄金、自由兑换货币一样充当国际储备。但其只是一种记账单位，不是真正货币，使用时必须先换成其他货币，不能直接用于贸易或非贸易的支付。因为它是国际货币基金组织原有的普通提款权以外的一种补充，所以称为特别提款权。

2. 国际收支逆差（balance of payments deficit）

国际收支表按照会计原则，每笔交易都要同时计入借贷双方，因此从形式上看国际收支表必然是均衡的。但是在国际收支平衡表的各个具体项目上，情况就不是这样了，具体项目的借方、贷方往往是不均衡的，收支相抵会出现差额；项目支大于收，便称为逆差。

3. 国际收支顺差（balance of payment surplus）

与国际收支逆差产生的原因相同，在现实情况中，具体项目的借贷双方不均衡，收支相抵出现差额，当项目收大于支，便称为国际收支顺差。

4. 国际收支失衡（balance of payments disequilibrium）

国际收支失衡是指经常账户、资本和金融账户的余额出现问题——经常账户出现的余额，靠资本和金融账户的余额无法平衡掉，不得不动用储备资产进行调整的现象，即对外经济出现了必须调整的情况。

5. 马歇尔—勒纳条件（Marshall–Lerner condition）

马歇尔—勒纳条件是指弹性机制如果要发挥作用，即一国通过货币的贬值来改善国际收支的前提条件是：该国的贸易市场上本国出口的价格需求弹性与本国进口的价格需求弹性之和必须大于1，换句话说，该国商品进出口的变化对于价格调整的反应程度要强烈。

6. J 曲线效应（J-curve effect）

一个国家的商品即便符合马歇尔—勒纳条件，在调整汇率后，国际收支状况也要经过先恶化后好转的过程，这就是所谓的 J 曲线效应。原因在于：要扩大出口就需要扩大投资来增加生产，因此有时滞，而进口本身有惯性，认识、作出决策甚至找到进口商品的替代品，以及生产出这些替代品，都需要时间，因此贬值的作用难以即刻到位。

二、国际收支的调节

（一）国际收支失衡

1. 国际收支失衡的概念及其类型

国际收支失衡是指经常账户、资本和金融账户的余额出现问题——经常账户出现的金额，靠资本和金融账户的余额无法平衡掉，不得不动用储备资产进行调整的现象，即对外经济出现了必须进行调整的情况。在传统的1977年版的国际收支表中，只要基本差额即经常账户与长期资本账户的差额出现不平衡，人们便认为国际收支需要调整了。其类型主要有：

（1）临时性失衡。主要是指由偶然因素引起的国际收支失衡，具有可逆性。

（2）周期性国际收支失衡。主要是由一国经济周期变化引起的国际收支失衡，往往国际收支在经济萧条时表现为顺差，而在经济高涨时表现为逆差。

（3）收入性国际收支失衡。主要是由于国民收入出现了较大的提高或下降，从而使得人们的需求产生了根本的变化，进出口受到影响，国际收支产生失衡。

（4）货币性国际收支失衡。主要是一国的通货膨胀程度加重，或一国的货币对外汇率发生变化，导致一国的进出口和国际资本流动发生变化，形成国际收支失衡。

（5）结构性国际收支失衡。主要是指一国产业结构的特点与国际经济的要求有较大的差距，难以适应国际经济的变化而导致的国际收支失衡。

（6）投资环境性国际收支失衡。主要是指由一国投资环境的问题造成资金的流入、流出，从而导致的国际收支的失衡。

2. 国际收支失衡的调整

国际收支失衡的调节措施主要有：

（1）弹性调节法。主张通过本币贬值来刺激出口、限制进口，从而调节中、短期国际收支失衡。

（2）吸收调节法。主张通过改变收入和吸收来调整国际收支失衡，同时使总供给等于总需求,以达到内部与外部的共同平衡,实现经济的均衡发展。

(3)货币调节法。该方法从长期的角度来考虑问题,不仅照顾到经常项目,而且考虑了资本和金融项目。其核心思想是通过调整国内货币供给来调控国内需求,进而调整国际收支的变动。

除了这三种调节方法之外,在国际经济的实际运行环境中还有一些用于调节国际收支的方法。

(1)外汇管制。一国政府通过法令对本国对外的国际结算和外汇买卖实行管制,用以实现国际收支失衡与本国货币汇率稳定的一种制度。

(2)调节国际收支失衡的其他政策措施。包括自动出口限制、进口押汇、进口许可等。目的在于鼓励出口,限制进口,从贸易角度调整国际收支。另外,也可以从鼓励外资流入等方面调整国际收支。

(3)进出口的严格审批制。国家对进口实行逐笔审批,对不同意进口的项目一律禁止进口,这对于恢复国际收支平衡具有特殊的效果,但由于审批制属于随意性较大的做法,因此在国际经济中主张自由贸易的人们坚决反对它的实施。

(4)实行贸易超保护主义。即采用倾销、补贴的办法,向海外倾销性地扩大出口,以占领对方市场为目的,而恢复国际收支的平衡则往往是一种借口。

(5)采用优惠政策吸引外资。这是从资本账户的角度来平衡国际收支。

3. 马歇尔—勒纳条件

当一个经济体的进口需求与出口需求弹性之和大于1时,一国变更本币对外汇率才能起到调节国际收支的作用。这就是马歇尔—勒纳条件,即要利用调整汇率来调节国际收支的主要条件是 $EX + EM > 1$(进口的需求弹性 $EM = -(\Delta M/M)/(\Delta P/P)$,出口需求弹性 $EX = -(\Delta X/X)/(\Delta P/P)$。在一国采用弹性调节法来调节国际收支时,若

$$EX + EM > 1$$

则国际收支趋于好转;若

$$EX + EM = 1$$

则汇率调整对国际收支的状况不产生影响;若

$$EX + EM < 1$$

则国际收支趋于恶化。

如图 11-3 所示，如果需求无弹性，需求曲线 D 垂直于横轴，则这时本币贬值反而会造成进口收入的下降，即矩形 $OXE'P'$ 小于矩形 $OXEP''$。但对于需求弹性较大的需求曲线 D'，价格的下降则会促使出口量的增长，即矩形 $OP'E''X_1$ 大于矩形 $OP''EX$，从而促使了出口收入的提高（数量扩大的收入弥补了价格下降的损失且有余）。

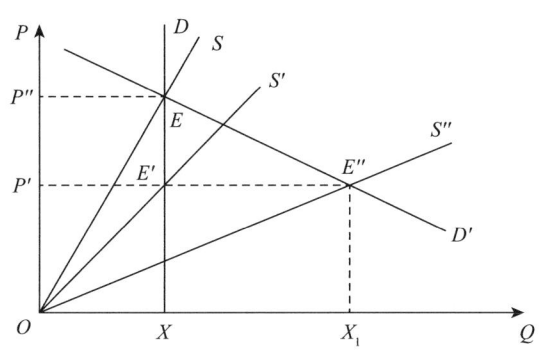

图 11-3　马歇尔—勒纳条件示意图

4. J 曲线效应原理

如上所述，在经济实践中一个国家在调整汇率后，国际收支状况也要经过先恶化后好转的过程，这就是 J 曲线效应。如图 11-4 所示，贬值后国际收支先恶化再改善，原因在于：要扩大出口就需要扩大投资来增加

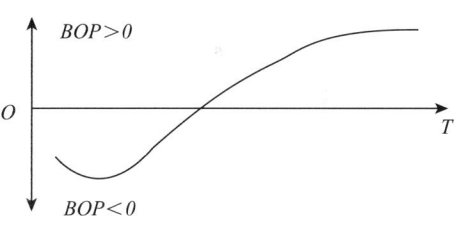

图 11-4　J 曲线效应示意图

生产，因此有时滞，而进口本身有惯性，认识、作出决策甚至找到进口商品的替代品，以及生产出这些替代品，都需要时间，因此贬值的作用难以即刻到位。

（二）国际收支失衡的若干理论

1. 弹性调节法的基本内容及评价

弹性调节法研究本币贬值对进出口商品相对价格的影响，通过本币贬值来刺激出口、限制进口，从而调节中、短期国际收支失衡。弹性调节法是一种局部分析，往往是在对外贸易出现较大赤字时使用的。其分析的核心是价格需求的条件。

（1）假设条件。

①该经济体国民收入不变，各种资源充分就业。

②出口与进口的供给弹性无限。

③弹性分析法不考虑资本流动，本币对外贬值的货币效应忽略不计。

④分析的变量仅仅是汇率，其余是常量。

⑤汇率变化是有限的。

（2）调节机制。

贸易逆差 → 本币对外币贬值 → 本国出口价格下降 → 出口量上升 → 国际收支改善

本国进口价格上升 → 进口量下降

（3）贬值发挥作用的先决条件。

首先，贸易对手不进行报复，即不通过同样的贬值来进行对抗。

其次，本币的对外贬值速度必须快于对内贬值的速度，即通货膨胀的速度不能快于本币对外贬值的速度，即必须符合马歇尔—勒纳条件。出口产品价格弹性与本国进口的价格弹性需求之和必须大于1，也即商品进出口变化对于价格调整的反应程度要高，否则本币贬值，出口价格下降，但他国的进口却不会增加，结果是采用本币对外贬值的国家遭受损失。

（4）本币贬值对贸易条件产生的影响。

所谓贸易条件就是交换比价，即一国出口商品物价指数与进口商品物价指数之比。如果一国出口商品价格水平相对进口商品价格水平下降，就意味着贸易条件恶化；反之，则意味着贸易条件改善。以 DX 表示出口需求弹性，DM 表示进口需求弹性，SX 表示出口供给弹性，SM 表示进口供给弹性，在放弃出口与进口供给弹性无限的假设后，货币贬值对贸易条件产生的影响可分为三种情况：

$DX \cdot DM > SX \cdot SM$，即进出口需求弹性之积大于进出口供给弹性之积时，贸易贸易条件好转；

$DX \cdot DM = SX \cdot SM$，即进出口需求弹性之积等于进出口供给弹性之积时，贸易条件不变；

$DX \cdot DM < SX \cdot SM$，即进出口需求弹性之积小于进出口供给弹性之积

时，贸易条件恶化。

第一种情况在技术进步中没有引起要素投入比例的变化，因此技术进步既没有节约劳动也没有节约资金，属于中性技术进步。第二种情况由于技术变动导致了 K 与 L 之比上升，属于劳动节约型的技术进步。第三种情况由于技术变动导致 K 与 L 之比下降，属于资本节约型的技术进步。

（5）弹性调节法的缺陷。

①弹性调节法的分析是局部分析，在分析中与国民经济总体的联系不好，看不出出口、进口变化对整个国民经济的重要作用。

②在实践中采用弹性调节法存在着对商品弹性的实际估计，而这并不容易，因为商品种类很多，很难测算，且供求因素受到来自各方的影响。

③从现实看，弹性调节法在假设前提中排除了货币的影响是不实际的，同时，没有考虑到通货膨胀的影响。

2. 吸收调节法的公式及其政策含义

根据西方宏观经济学的分析，从需求角度出发，在封闭条件下，一国国民收入的基本关系式为：

$$国民收入 = 消费 + 投资 + 政府开支$$

如果该经济并非封闭经济而是开放经济，则该经济的国民收入的基本关系式为：

$$国民收入 = 消费 + 投资 + 政府开支 + （出口 - 进口）$$

即

$$Y = C + I + G + (X - M)$$

$$X - M = Y - (C + I + G)$$

式中，Y 为国民收入，C 为消费，I 为投资，G 为政府开支，X 为出口，M 为进口。

可以粗略地认为 $X - M$ 为国际收支状况，令其为 B，则

$$B = X - M$$

另外，令 $C + I + G$ 为一国经济的总支出（即总吸收），令其为 A，则有

$$国民收支 = 总收入 - 总支出$$

即

$$B = Y - A$$

从这一公式可知：

当 $Y > A$ 时，B 为正值；

当 $Y < A$ 时，B 为负值；

当 $Y = A$ 时，B 为零，国际收支平衡。

该模型以国民收入和支出的差额来讨论国际收支的变化：当国民收入大于总支出时，国民收支处于顺差状况；当国民收入小于总支出时，国际收支处于逆差状况；当国民收入等于总支出时，国际收支处于平衡状况。当国际收支处于逆差时，采用财政措施调节的做法有两个方面，或者增加国民收入 Y（即采用支出转换政策），或者减少总支出（总吸收）A（即采用吸收政策）。总之，吸收调节法通过改变收入和吸收来调整失衡的国际收支，同时使总供给等于总需求，以达到内部与外部的共同平衡，实现经济的均衡发展。

3. 货币调节法的基本内容及其评价

该方法的核心思想是通过调节国内货币供给来调控国内需求，进而调整国际收支的变动。即国内货币供给是国际储备与国内信贷之和，于是便有国际储备的变动是国内货币供给减去国内信贷的结果。如果信贷的发行大于货币供给的需要，则国际收支便会恶化，反之则改善。

（1）假设条件。

①该经济体处于长期的资源充分就业状态，货币需求是实际收入的函数。

②一价定律存在，即经济体的价格与利率接近于世界市场的价格与利率。

③货币供给的变化不会影响实物生产。

（2）简单模型。

货币供给公式： $M_S = m(D + F)$

货币需求公式： $M_d = kPY$

货币市场的均衡： $M_S = M_d$

在长期中，一个经济体的货币供给会恒等于货币需求；而在一定的时期内，当经济的名义货币供给与名义货币需求不相等时，便会出现国际收支的失衡。

由 $M_S = m(D + F)$，令 $m = 1$，则

$$M_S = D + F$$

$$F = M_S - D$$

如果 $D > M_S$，则国际收支会出现逆差，即 $dF < 0$；反之，则为顺差。

（3）政策含义及评价。

第一，货币调节法相信国际收支的自动恢复机制。假设一个经济体出现国际收支逆差，该经济体的国际储备会下降，从而基础货币下降，导致货币供给下降更多。当货币供给下降到出现名义货币供给等于名义货币需求时，国际储备会停止流出，国际收支恢复均衡。

第二，货币调节法提醒人们注重一个经济体内部通货膨胀的影响。货币调节法认为，本币对外贬值发挥作用的一个重要前提是，本币对外贬值的速度要快于对内贬值的速度，即只有当名义货币供给不变时，本币对外贬值才可能使国际收支得到调节，因此，在实践中，保持名义货币供给的均衡增长是非常重要的。

第三，货币调节法主张采用灵活的汇率措施。货币调节法认为，汇率浮动有自动调节国际收支的机制，当一个经济体出现国际收支逆差时，本币汇率自动下浮，自动调节机制就有可能将国际收支调节到均衡状态。

第四，从理论的角度看，货币调节法对国际收支的调整从过去的注重经常项目转移到关注整个国际收支，这具有很好的意义。但是，货币调节法的基础即货币数量论自身存在不足，在实质经济与货币现象之间的关系上与其他经济学派有非常不同的看法，而且，货币调节法的假设前提中有一些提法较为苛刻，与现实经济有一定的差距。

第三节　开放经济下的宏观政策有效性

一、核心概念

蒙代尔—弗莱明模型（mundell-fleming model）

开放经济下的 IS-LM 模型，是由罗伯特·蒙代尔和马库斯·弗莱明提出的分析固定汇率制对内、对外经济均衡的模型。

二、蒙代尔—弗莱明模型

对固定汇率制下对内对外经济均衡进行分析的是由罗伯特·蒙代尔

（Robert Mundell）和 J. 马库斯·弗莱明（J. Marcus Fleming）提出的蒙代尔—弗莱明模型，即开放经济下的 IS-LM 模型。1963 年，蒙代尔在《加拿大经济学》杂志上发表了《固定和浮动汇率下的资本流动和稳定政策》。在这篇有划时代意义的论文中，蒙代尔分析了开放经济中货币政策和财政政策的短期效应。他的基本结论是：宏观稳定政策的效果将随国际资本流动的程度发生变化。在不同的汇率制度下，宏观政策的效果是完全不同的。在浮动汇率制度下，货币政策有效而财政政策无效；在固定汇率制度下，财政政策有效而货币政策无效。20 世纪 60 年代，蒙代尔国际货币基金组织的一位同事弗莱明也对开放经济中的稳定政策进行了相似的研究，所以在教科书中，他们的思想被称为"蒙代尔—弗莱明模型"。该模型指出：固定汇率对政府政策制定者提出挑战，这些政策制定者既要实现本国经济的外部均衡（国际收支的总体平衡），又要实现经济的内部均衡（实际产出等于经济的供给潜力，或实现高就业率的同时又不存在使通货膨胀率上升的压力）。在短期和中期内，内部均衡和外部均衡往往难以兼顾，如果一国政府只追求外部均衡而置国内通胀和失业不顾，那么，即使国际收支达到了完美的平衡，国内压力仍然很大。反之，如果一国政府只考虑用货币政策控制国内产出，则这可能会扩大国际收支逆差或顺差，进而破坏保持汇率不变的承诺。固定汇率以及对固定汇率的维护措施限制了国家实行独立的货币政策。如果一国国际收支呈现赤字，为了维护固定汇率，该国最终将不得不减少货币供给。如果一国国际收支呈现盈余，则该必须增加货币供给。如果一国的国际收支为平衡状态，那么货币政策及货币供给的任何变化都将导致外部失衡，为维护固定汇率而进行的官方干预将纠正这种失衡。

三、宏观经济政策有效性讨论

（一）国际收支平衡线：BP 曲线

1. BP 曲线的公式推导

在开放经济条件下，决定一国国民收入的因素不仅包括各种封闭经济状态下的宏观经济变量，而且包括国际收支这个新的变量。开放条件下的 IS-LM-BP 模型就是在 IS-LM 模型中加入国际收支均衡之后的修正模型。

国际收支均衡是国内价格、国内外利率和本国国民收入的函数，可用方程表示如下：

$$r = \frac{m}{\delta}y + r_w - \frac{n}{\delta} \times \frac{eP_F}{P} - \frac{q}{\delta}$$

式中，r 与 r_w 分别表示国内与国外利率，y 表示国民收入，e 表示汇率，P 和 P_F 分别表示国内外价格总水平，m、n、δ、q 分别表示与进口倾向、国内外价格差异、资本流动以及校正有关的参数。国际收支均衡函数表现了国际收支均衡时国民收入 y 和利率 r 的相互关系，从上式中可知 y 与 r 是同方向变动关系。

一国的国际收支达到平衡，一般是指该国官方储备差额等于零，也就是指经常项目收支和资本与金融项目收支差额之和为零，用公式表示即

$$BP = (X - M) + (AM - AX) = 0$$
$$X - M = AM - AX$$

式中，X 表示出口，M 表示进口，AX 表示金融资产流出，AM 表示金融资产流入，$(M-X)$ 为经常项目的逆差，$(AM-AX)$ 为资本与金融项目的顺差。等式成立，国际收支达到平衡。出口 X 主要由外国实际收入与汇率决定，与本国收入水平无关；进口 M 是本国实际收入的递增函数；资本与金融项目主要受利率影响，本国利率水平相对越高，金融资产的流入就越多，流出则越少。

BP 曲线就是满足国际收支平衡的各种利率和国民收入的组合，在 BP 曲线外任何一点都表示国际收支失衡。这一曲线的形状是由资金流动性的不同来决定的。

2. BP 曲线的图形推导

图 11-5 中，横轴的右半轴代表国民收入，横轴的左半轴代表资本的净流出，纵轴的上半轴代表利率，纵横的下半轴代表净出口。

由于资本的净流出与利率反方向变动，所以资本的净流出曲线在左上象限中是一条向左下方倾斜的曲线。在国外的价格水

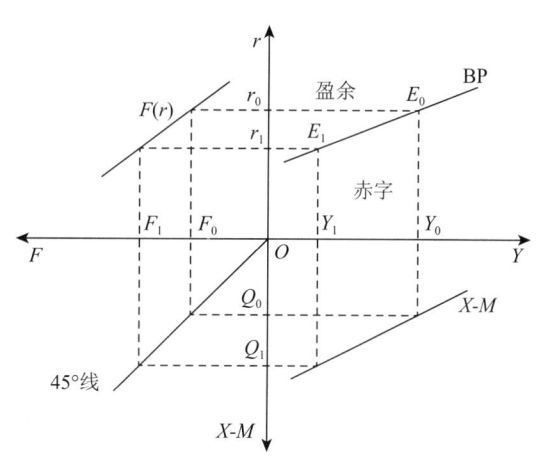

图 11-5 BP 曲线的推导

平、汇率和国内价格水平既定的情况下，净出口会随着国民收入增加而减少。因此，净出口曲线在右下象限中是一条向右上方倾斜的曲线。当利率为 r_0 时，资本的净流出是 F_0，为了使国际收支平衡，净出口必须是 Q_0，这要求国民收入水平为 Y_0。于是，可以在右上象限的利率—国民收入空间上得到 E_0，它所代表的利率和收入组合正好可以使得当前条件下的国际收支实现平衡。当利率为 r_1 时，资本的净流出为 F_1，为了使国际收支平衡，净出口必须是 Q_1，这要求国民收入为 Y_1。于是，又可以在右上象限的利率—国民收入空间上得到点 E_1，它所代表的利率和收入组合再次使国际收支实现平衡。连接点 E_0 和点 E_1，就可以得到 BP 曲线。这条曲线上的任何一点所代表的利率和收入组合都可以使当期的国际收支实现平衡。换言之，把国际收支保持不变时收入和利率组合的轨迹称作 BP 曲线。这条曲线的经济含义可以解释为：当国民收入水平提高时，进口增加，净出口减少，为使国际收支差额保持不变，资本的净流出应该减少，这就要求利率水平上升；反之，当国民收入水平减少时，进口减少，净出口增加，为使国际收支差额保持不变，资本的净流出应该增加，这就要求利率下降。所以，在国际收支差额保持不变的情况下，国民收入水平和利率之间存在着正相关关系。换言之，BP 曲线的斜率是正的，向右上方倾斜。

不在 BP 曲线上的任何一点所代表的利率和国民收入的组合都不能使国际收支实现平衡。具体来说，在 BP 曲线右下方的各点都是存在国际收支赤字的情况。因为这反映的是资本净流出过多或者进口过多从而使净出口过少的情况。在 BP 曲线左上方的各点都是存在国际收支盈余的情况。因为这反映的是资本净流出过少或者进口过少从而使净出口过多的情况。只有在 BP 曲线上的各点才是国际收支平衡的情况。

（二）一国的内外均衡含义

如图 11-6 所示，在利率收入空间上，存在着三条曲线。IS 曲线反映的是产品市场均衡条件，LM 曲线反映的是货币市场均衡条件，BP 曲线反映的是国际收支均衡条件。BP 曲线的斜率可能大于 LM 曲线，也可能小于 LM 曲线。一个国家的边际进口倾向越大，或者资本净流出对利率的影响越不敏感，BP 曲线的斜率就越大。在资

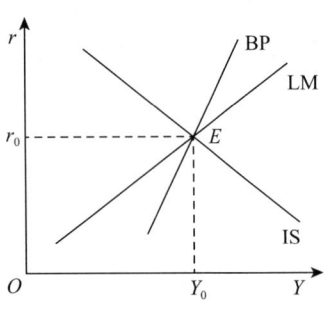

图 11-6　一国经济的内外均衡

本的国际流动完全不受限制的情况下，BP 曲线将会成为一条平行于横轴的水平线。

在图 11-6 中，IS 曲线向右下方倾斜，由一系列使国民收入与支出实现均衡的实际收入—名义利率组合点确定。自主消费或储蓄、进出口、政府支出与税收、投资等是影响 IS 曲线移动的主要原因。

LM 曲线向右上方倾斜，由一系列保持货币市场均衡的实际收入—名义利率组合点确定。货币供应量或价格水平是影响 LM 曲线移动的主要原因。

IS 曲线与 LM 曲线的交点 E 称作 IS-LM 均衡点，这一点上的实际收入和名义利率可实现产品市场与货币市场的一般均衡，也称经济的内部均衡。均衡的国民收入和利率是由内部均衡决定的。而国际收支平衡是经济的外部均衡。换言之，BP 曲线上的点反映的就是外部均衡条件。

BP 曲线代表使经常账户和资本账户余额为零的实际收入—名义利率组合。贸易政策调整或利率变动等均会推动 BP 曲线移动。若 IS-LM 均衡点位于 BP 曲线上，即达到国际收支平衡；若国内经济均衡点落在 BP 曲线上方或下方，则表明国际收支有盈余或赤字。当没有同时实现内部均衡和外部均衡时，政府就需要采取相应的经济稳定性政策。

（三）政策有效性讨论

1. 资本完全流动时

（1）在固定汇率制度下。

如图 11-7 所示，假设一国的初始状态处于 E 点，一国推行扩张的财政政策，使得 IS 曲线右移至 IS′，IS′ 与水平的 BP 曲线相交于 F 点。同时，IS′ 曲线与不变的 LM 曲线交于 E′ 点，E′ 点表明这个国家的利率上升，由于资金流动具有完全弹性，国外资金涌入该国，这将增加货币供给（因为外币要求兑换成本币），使得 LM 曲线右移至 LM′，结果，IS′ 在 LM′

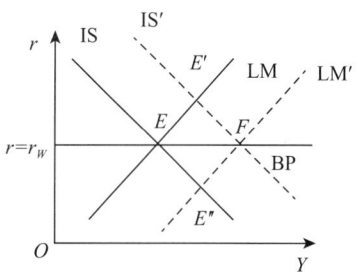

图 11-7　资本完全流动下的 IS-LM-BP 模型

和水平的 BP 曲线共同交于 F 点，该国处于内外均衡，同时收入得到提高，财政政策在资金流动具有完全弹性条件下是有效的。

如果这一国家想通过扩张的货币政策来达到 F 点，必须使 LM 曲线右移至 LM′，LM′ 与 IS′ 相交于 E″ 点，导致利率下降资金迅速流出，从而使该国的货币供给减少到最初的水平，LM′ 曲线又回移到最初的 LM 的位置，抵消了扩张性货币政策的影响。因此，货币政策在资金流动具有完全弹性的条件下，在短期也难以发挥效应，也就是说，此时的货币政策是无效的。

（2）在浮动汇率制度下。

如图 11-7 所示，从 E 点出发，政府采取扩张性的财政政策，如增加政府支出或减税，这将导致 IS 曲线右移至 IS′，国内经济均衡点也由 E 点 E′（短期均衡点）。此时，需求扩张，产量提高，对货币的需求也增加并导致利率上升，从而资金大量流入，国际收支出现顺差，本币升值。本币升值后，促进进口，抑制出口，导致 IS′ 曲线往回移动，直到国际收支恢复平衡，IS′ 曲线最终又回到原来的位置。可见，浮动汇率机制对扩张的财政政策产生了完全的挤出效应，致使财政政策无效。

若一国位于初始均衡点 E，国家采取扩张性货币政策导致 LM 曲线向右移动至 LM′，与 IS 曲线交于点 E′ 点，利率下降，这会刺激国内投资，提高国民收入水平。在点 E′ 由于国内利率低于国际均衡利率水平，导致大量资金流出，国际收支出现逆差，在浮动汇率制下导致本币贬值。本币贬值又会导致出口增加进口减少，于是 IS 曲线右移，最终新的 IS′ 曲线、LM′ 曲线和不变的 BP 曲线重新相交于一点 F。结果，扩张性的货币政策导致了国民收入水平的提高，而且，同时汇率上升本币贬值，利率恢复期初水平。货币政策有效。

总结一下，在固定汇率制度下，如果资本具有完全的流动性，那么，任何国家都不可能独立地执行货币政策，不可能偏离世界市场通行的利率水平。任何独立执行货币政策的企图都将引起资本的大量流入或流出，并迫使货币当局增加或减少货币供给，从而使利率回到世界市场通行的水平，使经济重新恢复到原来状态。而财政政策则会收到不同的效果，同样由于上述原因而使国际收支恢复均衡，对国民收入的影响是使其进一步扩大。

在浮动汇率制度下，如果资本具有完全的流动性，中央银行不必干预外汇市场，所以货币存量的增加就不会构成对外汇市场的干预的抵消作用。而扩张性的财政政策会导致利率升高，产生完全的挤出效应，致使财政政策达不到降低失业、提高收入水平的目的。具体地，可以通过一张表格来讨论资本完全自由流动时的政策有效性,见表 11-1。

表 11-1 资本完全流动时的政策有效性讨论

	财政政策	货币政策
固定汇率制	有效	无效
浮动汇率制	无效	有效

2. 资本不完全流动时

(1) 在固定汇率制度下。

在资金不完全流动时,BP 曲线是一条向右上方倾斜的曲线。先来分析财政政策,当一国实行扩张性的财政政策时,会使 IS 曲线右移,与 LM 曲线相交于 E' 点,在这一点上,利率上升了,并且国民收入也增加了。在这一短期平衡点的国际收支状况可以分两种情形来讨论。

① BP 曲线的斜率小于 LM 曲线的斜率时。如图 11-8 所示,此时的 E' 点位于 BP 曲线的上方,这表示较高的资金流动性使得利率的上升带来的资本与金融账户改善应超过收入上升带来的经济账户恶化效应,国际收支处于顺差。在长期,国际收支顺差在固定汇率制下使 LM 曲线右移,直至达到新的均衡点 E''。经济处于长期均衡时,国民收入进一步提高,利率较短期平衡水平下降但高于期初水平,国际收支平衡。

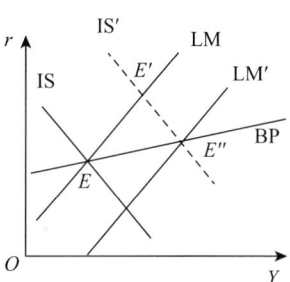

图 11-8 BP 斜率小于 LM 斜率时的 IS-LM-BP 模型

② BP 曲线的斜率大于 LM 曲线的斜率时。如图 11-9 所示,此时点 E' 位于 BP 曲线的下方,这表示较低的资金流动性使得利率的上升带来的资本与金融账户改善效应小于收入上升带来的经常账户恶化效应,国际收支处于逆差。在长期,国际收支逆差再固定汇率制下使 LM 曲线左移,直至达到新的均衡点 E''。经济处于长期平衡时,国民收入较短期平衡时下降,利率进一步上升,国际收支平衡。

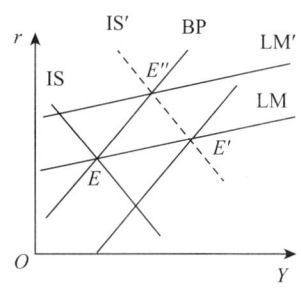

图 11-9 BP 斜率大于 LM 斜率时的 IS-LM-BP 模型

现在再来讨论资金不完全流动下的扩张性货币

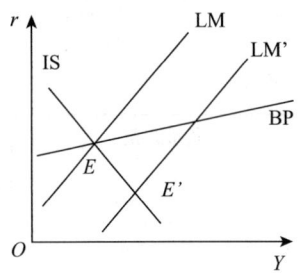

图 11-10 资金不完全流动下的扩张性货币政策效果

政策的效果。如图 11-10 所示，扩张性的货币政策使 LM 曲线右移，与 IS 曲线交于 E′点，这就是经济的短期平衡点，在这点上，国民收入提高，利率下降。E′点位于 BP 曲线的右边，这表示此时的国际收支逆差，原因是：一方面，收入增加导致进口经常账户恶化；另一方面，利率下降导致资本与金融项目恶化。在长期内，国际收支逆差在固定汇率制下会使 LM′曲线左移，直至恢复期初水平。

（2）在浮动汇率制度下。

还是先来讨论在资本不完全流动时的财政政策，扩张性财政政策会同时提高收入与利率，收入的增加可使一国经常账户恶化，利率的上升可改变资本与金融项目，国际收支的状况则取决于这两种效应的比较，或者说取决于资本流动性的高低。在此，再次根据 BP 曲线和 LM 曲线斜率的不同进行分别讨论。

① BP 曲线的斜率小于 LM 曲线的斜率时。资本流动性越大，BP 曲线就越平缓，利率的提高就能吸引更多的资金流入，如图 11-11 所示，扩张性财政政策使 IS 曲线右移，与 LM 曲线交于点 E′，点 E′位于 BP 曲线上方，这表明国际收支出现了顺差，利率上升对国际收支的正效应超过了收入增加对国际收支的负效应。国际收支顺差又会导致本币升值，这又使 IS′曲线与 BP 曲线向左移动，直至达到新的均衡点 F。在新的均衡点 F 上，本币升值，利率、收入都高于期初水平。

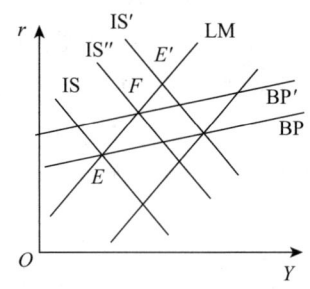

图 11-11 BP 曲线斜率小于 LM 曲线斜率

② BP 曲线的斜率大于 LM 曲线的斜率时。如图 11-12 所示，IS′曲线与 LM 曲线的交点 E′位于 BP 曲线的下方，这意味着国际收支逆差，国际收支逆差又导致本币贬值，本币贬值使 IS′曲线与 BP 曲线向右移动，直至达到新的均衡点 F。在新的均衡点 F 上，利率与收入要高于期初水平。

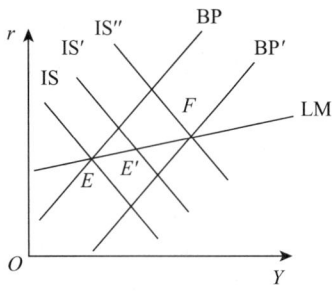

图 11-12 BP 曲线斜率大于 LM 曲线斜率

再来讨论资本不完全流动时的货币政策。当资本不完全流动时，经常账户收支和资本与金融账户收支都对国际收支产生重要影响。如图 11-13 所示，国家采取扩张性货币政策导致 LM 曲线向右移动至 LM′，这造成收入上升，利率下降。收入上升导致经常账户恶化，利率的下降导致资本与金融账户的恶化，因此国际收支恶化，在浮动汇率制下，本币贬值。本币贬值又导致 IS 曲线与 BP 曲线向右移动，直至达到新的均衡点 E′。在这一新的均衡点上，收入上升，本币贬值，但利率水平与期初相比难以确定，这取决于各条曲线的弹性。如果利率较期初上升了，表明经常账户恶化，因为需要更多的资金流入来弥补经常账户赤字，从经常账户来说，则意味着收入增加对其产生的负效应大于本币贬值对其产生的正效应。如果利率较期初下降，则正好相反。具体来说，在浮动汇率制下，当资本不完全流动时，扩张性货币政策可以带来本币贬值、收入上升，对汇率的影响难以确定。

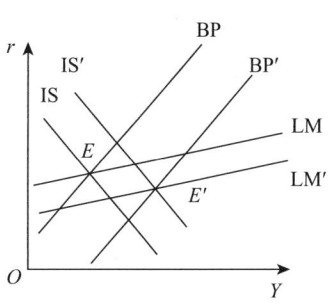

图 11-13 资本不完全流动时的货币政策

我们还是可以用一张表格来讨论资本不完全自由流动时的政策有效性（见表 11-2）。

表 11-2 资本不完全流动时（BP 曲线有斜率）的政策有效性讨论

BP曲线斜率	BP曲线斜率小于LM曲线斜率时	BP曲线斜率大于LM曲线斜率时
固定汇率制	扩张性的财政政策导致国际收支盈余扩张性的货币政策无效	扩张性的财政政策导致国际收支赤字扩张性的货币政策无效
浮动汇率制	扩张性的财政政策导致国际收支盈余扩张性的货币政策导致国际收支赤字	扩张性的财政政策导致国际收支赤字扩张性的货币政策导致国际收支赤字

第四节　内部均衡和外部均衡

一、核心概念

这部分共包括四个核心概念，分别是支出变化政策、支出转换政策、经济管制和斯旺图表。

1. 支出变化政策

支出变化政策（expenditure-changing policies）是指通过政府改变社会总支出来对需求进行调节。

2. 支出转换政策

支出转换政策（expenditure-switching policies）是指为消除国际收支不平衡而实行的对把进口品的需求支出转化为对本国产品或进口竞争品的需求支出的政策。这种政策的目的在于实现充分就业，增加国内总产出的同时实现国际收支的均衡。在开放经济条件下，总需求可以分为对国内商品和服务的需求以及对国外商品和服务的需求两种，在总需求水平保持一定时，增加对国内产品和服务的消费并减少对国外产品和服务的消费既可以促进就业增长、增加国内总产出，又可以改善国际收支状况。例如，贬值以及旨在促进把国外的支出转向国内的进口限制都属于支出转换政策的范畴，与支出转换政策相联系的贸易保护措施往往会招致贸易对方国的报复，也往往会引起当事国之间的关系紧张。

3. 经济管制

经济管制（economic control）是指采用各种法律、法规、法令、行政、管制的手段，直接控制经济的运行，以使经济向预定的方向发展。例如，当一国实行外汇管制时，由于进口用汇、出口收汇、其他用汇等全部控制起来，一般情况下国际收支可以因此而迅速得到改善，当经济手段调整效果不明显时，采用行政手段直接进行控制，一般会产生较显著的成效。

4. 斯旺图表

斯旺图表（swan diagram）是澳大利亚经济学家斯旺（T.Swan）所创的图形。

在斯旺图表中（见图 11-14），BOP 线代表的是在一定的汇率及国内支出下的一国对外的均衡，BOP 线的上面代表的是该国存在着对外的顺差状况，而 BOP 线的下面代表的是该国存在着对外的逆差状况，因为在这一区域，当总支出固定而汇率提高（本币贬值）时，会促进出口扩大。F 线代表在一定的汇率与国内支出情况下的国内经济均衡的情况，在 F 线左边，意味着存在衰退和失业；在 F 线的右边则意味着存在过度就业与通货膨胀的情况。只有在 BOP 线与 F 线的交点，才体现着一国经济对内、对外均衡的同时达到。

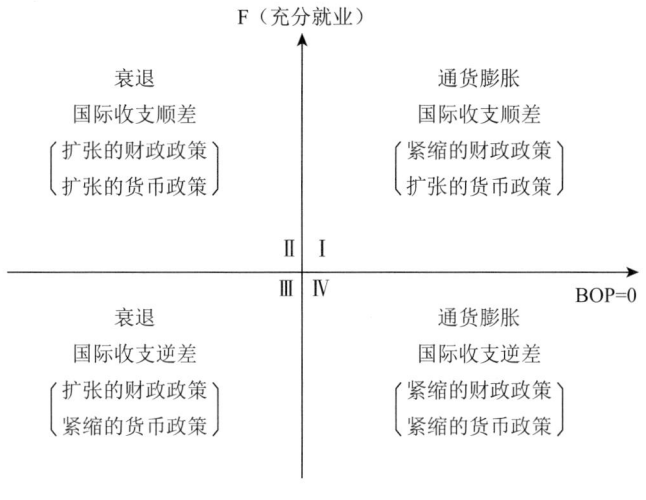

图 11-14 斯旺图表

二、经济的宏观目标

1. 宏观经济目标的内容

（1）经济增长目标，指在一个特定时期内经济社会所生产的人均产量和人均收入的持续增长。

（2）就业目标，即就业应该达到充分的水平，既不会出现过度就业引发通货膨胀，也不出现衰退和就业不足。

（3）物价目标，即价格指数相对稳定，经济不应该出现较为严重的通货膨胀。

（4）国际收支目标，即国际收支达到平衡，既没有赤字也没有盈余。

就一个国家而言，宏观经济目标可以分为两大类：国内经济目标和对外经济目标。一个国家为了使自己的经济能够平稳运转，必须同时实现经济的对内均衡和对外均衡。内部均衡，是指国内的总供给等于总需求，既实现资源的充分分配，物价稳定，同时可以获得有保证的经济增长；外部均衡，是指一国与外部经济体之间的经济流入量和流出量相等，国际收支处于平衡状态。但是，一个经济体很难同时达到对内、对外的均衡，如果经济背离了这样的经济状态，宏观经济的内部存在着通货膨胀或经济衰退，而对外存在着国际收支的盈余或赤字；当背离的情况达到一定程度时，一个国家就需要进行调整，以恢复经济对内和对外的均衡，以求经济的平稳增长。

2. 实现宏观经济目标的政策工具

（1）财政政策。包括扩大、紧缩财政支出，增、减各种税收，加强或削弱国家采购等。这些做法可以调节就业量的变化和经济增长速度，也会影响一个国家的进出口等。如政府减少公共开支，提高国内各种税收的税率，则经济增长放缓、就业减少、进口下降，可以使得经济过热得到调整。

（2）货币政策。包括调整利率、存款准备率和采用公开市场业务等，这些政策可以直接控制货币供给量，进而间接调控国内市场的需求、进出口等。如当利率提高时，国内货币供给减少，在公开市场上发售债券，国内投资增速将放缓，就业受到控制，进口下降，这可以使得经济中的通货膨胀得到控制；但如果降低利率，增加国内的货币供给，在公开市场上回购债券，则国内投资增加、就业增长，经济得到发展。

（3）汇率政策。通过货币对外汇率的变化，如本币对外贬值，可以使一国出口的外币价格下降和进口的外币价格上升，从而控制进口、扩大出口，国内的产业部门得到扩大，国际收支逆差得到调整，经济得到发展。当本币对外升值的时候，上述过程相反，效果也将相反，即出口的外币价格上升、进口的外币价格下降，出口下降，进口上升，国际收支顺差得到调整。

（4）经济管制。就是采用法律、法规、法令、行政、管制的手段，直接控制经济的运行，以使经济向预定的方向发展。例如，当一国实行外汇管制时，由于进口用汇、出口收汇，其他用汇等全部被控制起来，一般情况下国际收支可以因此而迅速地得到改善，当经济手段调整效果不明显时，采用行政手段直接进行控制，一般会产生较显著的成效。

三、内部均衡与外部均衡的经济分析

1. 开放条件下财政与货币政策搭配

丁伯根法则认为：人们要为不同的经济目标制定不同的调整政策手段，而且要达到多少经济目标，就需要有多少相应的经济政策手段，即目标与手段应该一一对应。为了同时达到经济对内与对外均衡，就必须同时具备两个

经济政策手段,为此,英国经济学家米德提出"两个目标,两种手段",以求得对内、对外均衡的模型。

2. 斯旺图表与蒙代尔的政策搭配

(1)在经济的实践中通常会出现以下四种情况。

第一,宏观经济对内、对外同时处于均衡状态,这是理想的状态。

第二,宏观经济对内均衡,但对外不均衡,体现为充分就业、物价稳定,但国际收支失衡。

第三,宏观经济对内不均衡,但对外均衡,体现为国际收支平衡,但就业或不足或过度,物价或巨涨或出现通货紧缩。

第四,宏观经济对内、对外同时不均衡,这时必须调整经济,以恢复平稳的增长。

(2)蒙代尔的政策搭配与斯旺图表。

蒙代尔的政策搭配主张:采用财政手段来调节国内的均衡,即当经济出现衰退时,采用扩张的财政政策治理;反之则采用紧缩的财政政策。采用金融手段来调控对外均衡,即当国际收支出现顺差时,采用扩张的货币政策来调整;反之则采用紧缩的货币政策。

按照蒙代尔的政策搭配主张,斯旺图表的调整手段为:

第Ⅰ象限,经济状况是通货膨胀与国际收支顺差并存,按照蒙代尔的政策搭配,应该采用紧缩的财政政策和扩张的货币政策。

第Ⅱ象限,经济状况是衰退与国际收支顺差并存,按照蒙代尔的政策搭配,应该采用扩张的财政政策和扩张的货币政策。

第Ⅲ象限,经济状况是衰退与国际收支逆差并存,按照蒙代尔的政策搭配,应该是扩张的财政政策与紧缩的货币政策并用。

第Ⅳ象限,经济状况是通货膨胀与国际收支逆差并存,按照蒙代尔的政策搭配,应该是紧缩的财政政策与紧缩的货币政策并用,在这种政策搭配下,经济的内外均衡是可以达到的。

3. 用图形分析一国宏观经济内外均衡的过程及其政策搭配

(1)一国宏观经济内外均衡的过程。

固定汇率条件下的内外均衡实现过程如图11-15所示。

图11-15说明:假定经济处于第Ⅳ象限,即经济中存在通货膨胀与国际

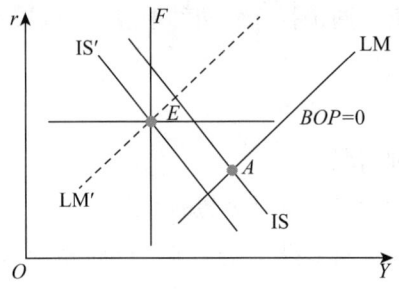

图 11-15 固定汇率条件下的内外均衡实现过程图示

收支逆差的状况,这时运用紧缩的财政手段来克服通货膨胀,即使得 IS 曲线向左移动到 E 点为 IS′,达到国内均衡,但此时由于利率的下降,资本会流出,反而加大了国际收支的逆差,这需要采用紧缩的货币手段来进行调整,即使得 LM 曲线向左移动到 E 点成为 LM′,于是经济恢复了同时的对内、对外的均衡。

在浮动汇率条件下,其调整的过程与实行较为严格的固定汇率时是不同的。当经济出现对内、对外的不均衡时,浮动汇率制度可以产生自动调节过程,汇率的变化能够产生商品、资本市场的变化,即浮动汇率可以使得商品、资本和外汇三个市场经过一定的调节过程自动达到均衡,从而实现对内、对外的均衡。

(2)实现经济内外均衡过程中的政策搭配(见图 11-16)。

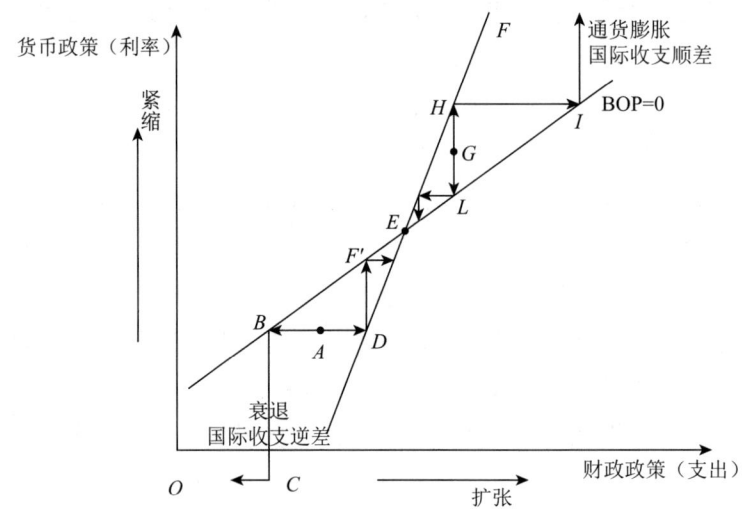

图 11-16 有效的市场分类和政策搭配图示

图 11-16 说明:图中横轴代表财政支出,纵轴代表利率。F 线为对内均衡线,即充分就业线,表明在一定的利率与财政支出的结合下国内均衡的实现。BOP 线为对外均衡线,即一定的利率与财政支出结合下,国际收支取得

的均衡。在 F 线的左方意味着经济衰退，右方意味着通货膨胀；在 BOP 线的左方意味着国际收支顺差，右方意味着逆差。BOP 线较 F 线低平，意味着利率与资本流动的关系：高利率会紧缩进口，也会引进资本。

【拓展阅读】

书籍：

1．［美］罗伯特·J. 凯伯. 国际经济学（第 13 版）[M]. 北京：中国人民大学出版社，2013.

2．［美］萨缪尔森. 经济学[M]. 北京：人民邮电出版社，2008.

3．［美］保罗·R. 克鲁格曼. 国际经济学（第 8 版）[M]. 北京：中国人民大学出版社，2011.

期刊论文：

1．裴平，孙兆斌. 中国的国际收支失衡与货币错配[J]. 国际金融研究，2006（8）.

2．彭兴韵. 国际收支与货币供给[J]. 金融研究，1997（3）.

3．徐永定，Midsuhiro Fukao，Dennis Snower. 全球国际收支失衡——中国视角[J]. 国际经济评论，2006（1）.

4．李路. 中国宏观经济内外均衡冲突及其对我国现行外贸政策的反思[J]. 西安邮电学院学报，2009（7）.

5．马彧崧. 我国宏观经济内外均衡分析——对 2008.6—2009.7 国家积极宏观政策的检验[J]. 东北师范大学学报（哲学社会科学版），2010（6）.

6．姜巍. 转变经济发展模式，协调内外均衡——浅析我国目前宏观经济运行中内外失衡并存的原因和对策[J]. 兰州学刊，2006（5）.

相关网站：

关于宏观经济的内外均衡的更多资料可查阅世界经济论坛，www.weforum.org.

第十二章

生产要素的国际流动

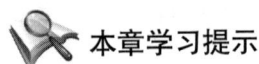 **本章学习提示**

　　要素的国际流动是国际经济学的重要组成部分。国际要素流动是指资本、劳动力、技术等要素的国际流动。

　　资本国际流动是指资本从一个国家、地区或经济体，转移到另一个国家、地区和经济体的过程。资本国际流动的根本原因在于追逐收益，尤其是经济收益。第二次世界大战后生产和资本的国际化过程促使资本在国际上流动的规模加大、速度加快。劳动力的国际流动是国际经济关系的一个方面，在人类发展的历史进程中，共经历过三次人类的大迁徙，其中，发生于19—20世纪初，从欧洲向美洲的人口迁徙，以及第二次世界大战后向中东地区、美洲地区及欧洲地区的人口流动，体现了现代劳动力跨国流动的特点。技术在国际经济学中是科学思想和理论的物质表现，在多数情况下，是可以通过技术带来相应的经济效应的。要素的国际流动对流出国及流入国会产生不同的影响。

　　一个经济体在不断地将自己融入世界经济的过程中，需要同时考虑微观的效率与宏观的供求均衡。一个国家经济的均衡是把国内经济状况与国际收支综合起来考虑的均衡，当一个国家出现经济失衡时，会通过若干途径传导到另一个国家，引起其他国家经济失衡。这里说的传导机制，主要是指通货膨胀、失业、衰退和国际收支逆差是怎样在国际上通过资本、人力和技术的有形或无形渠道传导的。

　　本章主要介绍要素国际流动的原因、形式和经济含义，国际经济领域中不同的要素在流动中的非均衡传导机制，以及失衡传导对一国经济发展各个方面的正面和负面影响。

第十二章　生产要素的国际流动

【重点概念】

资本国际流动、劳动力国际流动、技术转移、技术进步

【重点问题】

（1）资本国际流动的经济分析。
（2）资本国际流动领域中的传导机制。
（3）劳动力国际流动的经济分析。
（4）劳动力国际流动领域中的传导机制。
（5）技术转移的经济分析。
（6）国际技术转移的政策含义。

【知识脉络】

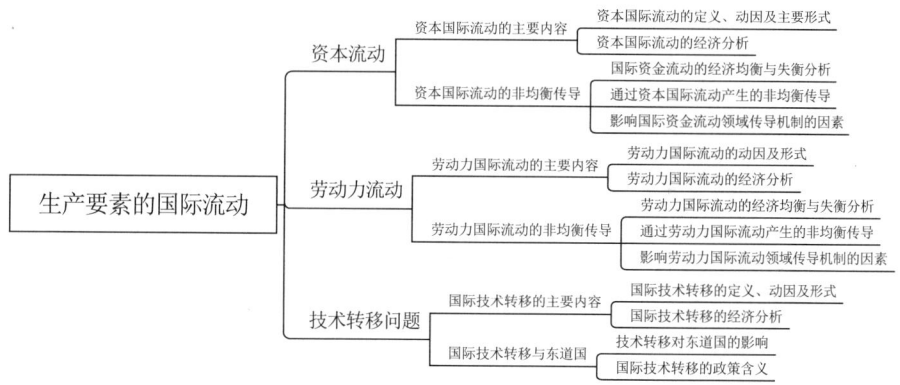

第一节　资本流动

【案例 12-1】亚洲奇迹的秘诀

　　克鲁格曼在他 1994 年发表的一篇文章《亚洲奇迹的秘诀》中提道：曾经一度，西方舆论主导者认为他们既对一群东方经济体所取得的超常增长率留下印象又为之所惊吓。尽

管这些经济体与西方经济体相比仍然相当贫穷和弱小，但它们以惊人的速度把自己从农耕社会转变为工业发电站，具有比先进国家增长率高数倍的持续能力，并在某些领域具有不断提升的挑战甚至超越美国和欧洲技术的能力，这一切似乎不仅在对西方强权的霸主地位提出质疑，而且也在对西方意识形态的主体地位提出质疑。这些国家的领导人不认同我们对自由市场或无条件的公民自由的信念。他们具有日益增强的自信心，坚信其制度是无比优越的：接受强大的甚至是独裁的政府，为了共同利益而愿意限制个人自由，对经济进行管制，为了长期的经济增长而牺牲短期的消费者利益，这样的社会将最终超越日益混乱的西方社会。少数西方知识分子赞同这种观点，并且这支队伍正在壮大。

东西方经济表现的差距最终转化为政治问题，民主党曾在一位年轻而富有活力的新总统的领导下重新入主白宫，这位总统誓言"让这个国家再度前进"——对总统本人及其最密切的顾问而言，这意味着加速美国经济增长以应对东方的挑战。

这个时间当然是20世纪60年代初。这位朝气蓬勃的年轻总统就是约翰·F.肯尼迪。使西方世界如此惊恐的技术奇迹就是人造卫星升空和苏联在太空的初步领先地位。这些快速增长的东方经济体就是苏联和围绕其的东欧国家。

克鲁格曼用夸张的方式表示，这些亚洲经济体的高速增长与20世纪50年代和60年代苏联的增长无多大区别，这种增长归因于资本积累而没有什么生产率增长。其他经济学人对此持有异议，认为亚洲的增长除了归因于资本积累外，在很大程度上要归因于生产率的提高。

资料来源：罗伯特·C.芬斯特拉.国际贸易［M］.北京：中国人民大学出版社，2011.

资本国际流动

资本从一个国家、地区或经济体转移到另一个国家、地区或经济体的过程。资本国际流动的根本原因在于追逐收益，尤其是经济收益。

一、核心概念

这部分共包括五个核心概念，分别是资本国际流动、短期资本流动、长期资本流动、开放部门以及非开放部门。

1. 资本国际流动

资本国际流动（international capital movements）是指资本从一个国家、地区或经济体转移到另一个国家、地区或经济体的过程。资本国际流动的根本原因在于追逐收益，尤其是经济收益。

2. 短期资本流动

短期资本流动（short-term capital movements）是指使用期限在一年或一年以内的资本流动。短期资本的国际流动包含着许多形式，但大都属于间接资本流动的范畴。

3. 长期资本流动

长期资本流动（long-term capital movements）是指使用期限在一年以上或未规定使用期限的资本流动。一般而言，长期资本包括直接投资、间接投资、国家贷款等。

4. 开放部门

开放部门是指一国经济中与世界市场（国外市场）有直接联系的部门。

5. 非开放部门

非开放部门是指与世界市场没有直接联系的部门。

二、资本国际流动的主要内容

（一）资本国际流动的定义、动因及主要形式

1. 资本国际流动的定义

资本国际流动是指资本从一个国家、地区或经济体转移到另一个国家、地区或经济体的过程。资本国际流动的根本原因在于追逐收益，尤其是经济的收益。

2. 资本国际流动的动因

资本国际流动的动因有：①不同国家间收益率的差异促使资本跨国流动，从收益率低的地方向收益率高的地方流动。②由于利率变动产生的资本国际流动。③由于各种风险因素造成的资本国际流动，如利率风险、市场风险等。资本在运动中遵循的是安全性、流动性和营利性，但第一位的是将风险降低到最低程度。④由于其他因素造成的资本国际流动，如投机、规避贸易保护、国际分工等因素。

3. 资本国际流动的主要形式

资本国际流动从不同的角度可以区分为：

（1）国家资本的输出与私人资本的输出。

（2）长期资本的国际流动与短期资本的国际流动。

（3）直接投资与间接投资等。

（二）资本国际流动的经济分析

1. 资本国际流动的产出与福利效应

如图12-1所示，A国的资本存量为 OA，B国为 $O'A$，资本边际产品价值在 A 国为 OC，总产出为 $FOAG$，其中 $OCGA$ 为资本要素的收入，CFG 为其他要素收入；B国资本边际产出为 $O'H$，总产出为 $O'JMA$，其中资本产出为 $O'HMA$，HJM 为其他要素收入。由于 A 国资本边际收益率低于 B 国，在资本自由流动下，便会产生资本从 A 国向 B 国的流动，当资本收益 $ON=O'T$，即两国的资本边际收益率相等时，在 E 点达到均衡，资本停止流动，这时 A 国产出为 $OFEB$，B 国产出为 $O'JEB$，A 国减少 $EBAG$，B 国增加 $EBAM$，两国净增 EGM，因 A 国投资要有收益，A 国总收入为 $AOFER$，B 国总收入为 $O'JERA$，A 国净增 EGR，B 国净增 ERM。资本跨国流动后产生了福利增量，这是由于 B 国相对富余的劳动力与 A 国相的资本结合进行生产的结果。

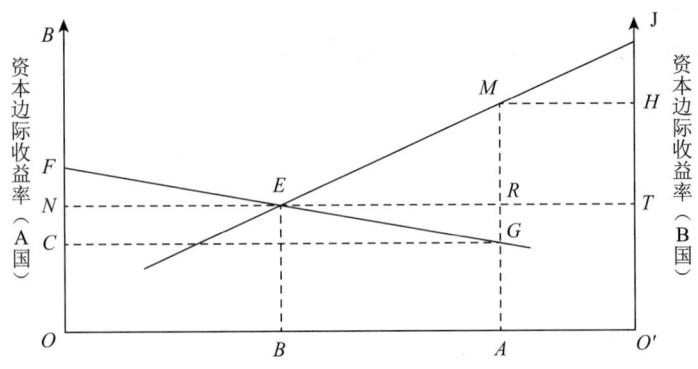

图12-1 国际资本流动的产出与福利效应图

2. 对外投资的利益分配分析

如图12-2所示，图形的横轴为世界的资本量，纵轴为资本的边际生产率，B 国的资本回报高于 A 国，因此 A 国属于资本相对丰裕国，向 B 国提供贷款。其数量为 KG，利率为 $O'D$。若 A 国对于资本流出征收利息税 LN，则这时利率上升至 $O'H$，对 A 国的实际利率为 $O'P$，PH 为税率，贷款数量下降为 MG。这时借入国的利益从 $a+b+c$ 降低为 c，A 国利益则从 $d+e+f$ 改变为

$b+e+f$,少了 d,增加了 b。征税后,借款国需求降低,利率降低(从 $O'D$ 到 $O'P$),而世界产值的增减由 $INLF$ 界定,减少了 $a+d$。

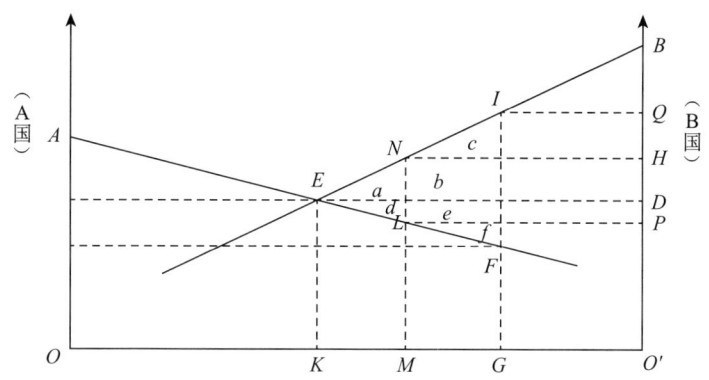

图 12-2 对外投资收益的利益分配分析图

（三）资本国际流动的政策含义

资本国际流动的利益分配是资本国际流动理论的重大课题,由此而产生的跨国公司在世界经济中有着重大的影响。资本的国际流动意味着生产力、技术、设备、管理经验的跨国流动,同时也是市场的转移和市场份额的变化。资本的国际流动,还意味着资源在国际上较为合理的配置,使得经济结构更为合理,从而节约社会劳动,提高劳动生产率,促进经济的发展。

三、资本国际流动的非均衡传导

（一）国际资金流动的经济均衡与失衡分析

从一个国家角度来看,资金的国际流动是由资金的跨国流入与流出组成的,资金的跨国流入包括外国在本国的投资（IF）和本国对外投资所取得的收益的汇回（RF）,资金的跨国流动包括本国在外国的投资（if）和外国在本国投资所取得的收益的汇出（rf）。加入国际流动后,国民收入模型改变为

$$总需求\ Y = C + I + G + X + IF + RF$$

$$总供给\ Y = C + S + T + M + if + rf$$

假设 $G = T$,即该国既没有财政赤字也没有盈余,则总需求等于总供给的均衡条件为

$$S - I = (X - M) + (IF - if) + (RF - rf)$$

式中，外国在本国的投资 IF 对本国的投资品与劳务（机器、原料、劳动力、技术服务等）是一种需求与消耗，在这一点上它与本国国内的投资、消费、政府开支是一样的，故应该列入总需求；本国在国外的投资收益 RF 汇回国内后，实质上是增加了对于本国商品、劳务的需求，作为 IF 的负项被列入总供给；外国在本国投资的收益的汇出 rf，本质上是生产要素供给的一种报酬，故与国内生产要素的报酬一样，列入总供给。

在公式 $S - I = (X - M) + (IF - if) + (RF - rf)$ 中，$(IF - if)$ 是外国在本国的投资与本国在外国投资的差额，$(RF - rf)$ 是本国在外国的投资收益的汇回与外国在本国的投资收益的汇出之差。为了保持收入均衡，可以对公式右边的三个差额进行调整，如果对公式再变形（令 $S - I$），这时公式为

$$X - M = (if - IF) + (rf - RF)$$

从该式可以看出，调节资本流动差额是使收入均衡的有效途径。

（二）通过资本国际流动产生的非均衡传导

1. 通过国际资本的借贷变化进行的非均衡传导

A 国从 B 国借入债务，到期无法返还且资金额大，这可能引起债权国 B 因资金问题造成经济困难，它将停止向国外提供信贷，甚至要从国际市场上抽回并取得资金，这会使其他国家资金供给也相应发生短缺，出现货币市场供给紧张、支付困难，从而影响其他国家经济的稳定增长。更严重的甚至会形成世界范围的债务危机，危及世界经济的稳定。

2. 通过不同国家的利率差异和变动进行的非均衡传导

一个国家经济失衡（衰退或通货膨胀）会引起国内资金的过剩或短缺，因而造成国内利率的变动。一国在开放条件下，如果利率有较大变动，会造成资本的流动，即资金将从利率较低的市场流向利率较高的市场，这种流动达到一定规模，必将影响国际市场利率，从而使其他国家经济受到影响。

3. 通过国际收支差额变动产生的非均衡传导

一个国家出现国际收支顺差或逆差即意味着非均衡的发生，集中反映在经常项目或资本项目的变动上。大量的国际收支顺差，其结果或者是增加本国的货币供给而导致通货膨胀，或者是为避免通货膨胀而迫使本币升值，从而伤害本国的出口，同时进口增加，两者都会影响本国经济的发展，实质上是将外界的通货膨胀传导到了国内。国际收支顺差的影响如图 12-3 所示。

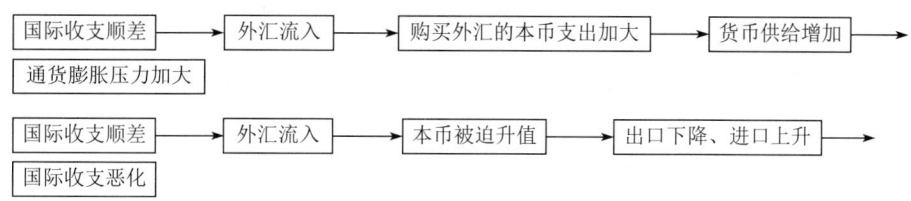

图 12-3 国际收支顺差的影响图示

4. 通过汇率变动进行的非均衡传导

（1）当一国货币汇率因各种原因出现持续下降时，人们预期该种货币汇率会继续下降，这时就会进行抛售，这一方面使金融市场出现混乱，另一方面将加重市场上该种货币的供过于求，促使该货币汇率进一步下降，加剧市场的压力，甚至形成混乱，从而把该国产生本币汇率下降的经济因素传导到了国际市场和其他国家。

（2）汇率的下降本身具有扩大出口、抑制进口的作用，从乘数角度分析，这等于把本国的失业传导给了其他国家。

5. 通过大规模资产结构转换进行的非均衡传导

金融资产结构包括各国所有者持有的外国有价证券和其他外币资产的种类与数量，有价证券的国别结构，银行存款中来自国外部分的比重、国别构成等。大规模的金融资产结构转换会形成短期资金在国际的大规模转移，严重时会出现游资对经济的冲击，其结果会造成世界经济的混乱。

（三）影响国际资金流动领域传导机制的因素

1. 一国引进的外资数量、结构以及向外国投放的资本数量与结构

一国引进的外资数量越大，流向结构转换越容易（资金的流动性即变现能力越强），则越易受世界经济波动的影响；一国在外国投资数量越大，流向结构转换越容易，则越易将本国的经济失衡传导给接受投资的国家。

2. 一国国内金融市场的利率与国际市场金融利率之间的差异以及相互变动的时间差

一国国内利率与国际市场利率差距越大，其变动（向国际市场利率看齐）越慢，则越容易将本国经济的失衡传导出去，把世界经济的失衡传导进来。

3. 一国汇率下降的幅度与国内通货膨胀的关系

（1）一国货币对外汇率下降的幅度大于国内通货膨胀的幅度，则本国出口增加，进口受到抑制，这在某种程度上等于向国外输出了失业；反之，如果通货膨胀幅度大于本国货币对外贬值的幅度，这种效果就不会很明显。

（2）如果一国进出口的价格弹性符合马歇尔—勒纳条件，即国外市场对本币的贬值反应程度强烈，则该国货币对外贬值向外传导失业和衰退的能量较大，如果不符合该条件（缺乏弹性，本币对外贬值后国内外市场的供求不发生什么实质性变动），本币的贬值会伤害本国对外贸易，这等于将外部失衡传导进了国内。

4. 世界各国所采取的金融、汇率、外资、对外投资方面的政策

如果一国金融开放程度较低，则外部失衡不容易影响到该国内部经济，该国的经济失衡也不容易传导出去；反之亦然。

第二节　劳动力流动

【案例 12-2】美国白领工作转移到国外

长久以来，经济学家们认为自由贸易使所有参与自由贸易体系的国家都产生了收益，但是紧接着席卷了美国经济的全球化浪潮使许多人尤其是那些由于全球化浪潮即将失业的人，开始想搞清楚这个观点到底是不是真的。在过去1/4多的世纪里最流行的看法是：自由贸易和低技能蓝领制造业工作的流动相关，这些工作从诸如美国这样的富国流向低工资国家——哥斯达黎加的纺织品、菲律宾的运动鞋、巴西的钢铁、马来西亚的电子产品等。尽管许多观察家叹息美国制造业的"空心化"，经济学家们过去却一直认为与知识经济相关的高技能和高工资白领工作将留在美国国内，根据这个观点计算机可以在马来西亚组装，但是仍将由硅谷高技能的美国工程师设计。

最近的进展让许多人开始质疑这种看法。随着全球经济在2000年后放缓以及公司利润的下跌，许多美国公司采取的应对措施是将"基于知识"的白领工作转移到发展中国家，因为在那里他们能够更好地缩减成本。在20世纪90年代的长期经济繁荣中，劳动力市场上信息技术专家数量不足，因此美洲银行为获取人才必须与其他机构进行竞争，于是这些

> **国际劳动力流动的形式**
> 具有永久移民性的劳动力国际流动，中短期国际劳务出口，留学人员，技术性劳务合作，在外资机构工作的劳务人员，等等。

第十二章 生产要素的国际流动

专家的年收入在其驱动下超过了10万美元。然而,随着商业压力加大,美洲银行对精通信息技术的劳动力岗位进行了裁减,从其在美国本土的25 000个岗位中裁掉了将近5000个工作岗位。被裁减岗位中的一部分被转移到印度,因为在美国一小时要花费100美元的工作到了印度只要花费20美元就可以完成。

美洲银行裁员行动中的一位受益者是印孚瑟斯(Infosys)技术有限责任公司,这是一家位于印度班加罗尔的信息技术公司,如今由那里的250名工程师为美洲银行开发信息技术应用程序。印孚瑟斯公司的其他员工则正忙于为加利福尼亚州诺瓦托的绿点(Greenpoint)抵押公司编制家庭贷款应用程序。还有一家印度公司名叫威普罗(Wipro)有限责任公司,位置在印孚瑟斯公司边上,每天有5个放射科医生为位于美国的马萨诸州综合医院解读30份从互联网发来的CT扫描片。在班加罗尔的另一个商业活动中,为德州仪器公司设计尖端半导体芯片的工程师一年可挣得1万美元的薪水。印度并不是这些变化唯一的受益者。有一家美国管理咨询及信息技术公司埃森哲(Accenture),将5000个软件开发及会计岗位转移到了菲律宾。还是在菲律宾,宝洁(Procter & Gamble)公司雇佣了当地650名专业人士为公司准备全球退税,过去通常在美国完成的工作如今在马尼拉完成,在马尼拉得到处理后,最终递交给美国当地税务机关和其他国家的税务机关。

一些建筑工作也被外包给了低成本地区。弗卢尔(Flour)公司是一家总部位于加利福尼亚的建筑公司,在菲律宾、波兰和印度雇佣了差不多1200名工程师和绘图员,这些员工将工业设施布局图转化为详细的规划设计图。对于一座正在设计的沙特阿拉伯化工厂而言,这意味着弗卢尔公司位于菲律宾的年轻工程师要与美国和英国那些优秀工程师通过互联网进行实时合作,其中一方的年收入不足3000美元,而另一方的年收入则高达90 000美元。弗卢尔公司为什么这么做?根据该公司的解释,答案很简单:这样做使公司削减了15%的项目价格,从而在全球建筑设计市场上获得了基于价格的竞争优势。

与国际商品交换、国际资金流动相比较,国际劳动力流动对世界经济的影响要弱一些。随着目前大量高素质、具有创新能力的劳动力流入发达国家,这种国际劳工流动的作用正在加强。

资料来源:Charles W.L.Hill, Chow-Hou Wee, Krishna Udayasankar. International Business: An Asia Perspective. McGraw-Hill Education. 倪晓宁等翻译.

> **服务外包**
> 是指企业为了将有限的资源专注于其核心竞争力,以信息技术为依托,利用外部专业服务商的知识劳动力,来完成原来企业内部完成的工作,从而达到降低成本、提高效率、提升企业对市场环境迅速应变能力并优化企业核心竞争力的一种管理模式。

一、核心概念

劳动力国际流动

劳动力国际流动（international migration of labors）指因经济原因而产生的劳动力跨国流动。

劳动力国际流动的原因有收入的国际差异、各国劳动力供给的不平衡、经济周期、国际贸易和国际投资及其他国际经济活动等。具有永久移民性的劳动力国际流动有：中短期国际劳务出口，留学人员，技术性劳务合作，在外资机构工作的劳务人员，等等。

二、劳动力国际流动的主要内容

（一）劳动力国际流动的原因及形式

1. 劳动力国际流动的原因

真正意义上的劳动力国际流动，是指因经济原因产生的劳动力的跨国流动。其原因主要有：①国民收入的国际差异；②各国劳动力供求的不平衡；③由经济周期引起的；④伴随国际贸易和国际投资及其他国际经济活动产生劳动力国际流动；⑤各国一般总会在一定程度上鼓励劳动力流动，除了经济方面的收益，这种流动也会使得流动者学习到劳动力输出国所需要的无形的经验或知识；⑥劳动力日益具有跨国流动的必要条件（如技能、人身自由等）也是促成劳动力国际流动的重要原因之一。

2. 劳动力国际流动的形式

在劳动力的国际流动中，有若干种流动形式，如永久移民式的劳动力国际流动，这部分劳动力包括大量居住在国外的持有外国永久居民身份的打工者，如工程技术人员、科技人员、知识分子和其他的长期工作者。在今天的劳动力国际流动中，中短期国际劳务出口（工程、服务等工作人员）已经成为劳动力跨国流动的最重要的形式之一，占有的比重日益提高。另外，留学人员、技术性劳务合作（人才流动）、在外资机构的工作人员（未跨国界的流动）等为外国利用的本国劳动力都可以算作劳动力的跨国流动。

（二）劳动力国际流动的经济分析

图12-4说明，有A和B两国，A国的劳动量从左原点出发为OA，B

国的劳动量从右原点出发为 $O'A$，A 国的总产出为 $FOAG$，其中 $OCGA$ 为劳动的收入，CFG 为其他要素收入，劳动的边际产出为 OC。B 国的总产出为 $O'JMA$，其中 $O'HMA$ 为劳动的收入，HJM 为其他要素收入，劳动的边际产出为 $O'H$。在劳动力自由流动的条件下，劳动力由收益率较低的 A 国流向 B 国。劳动力产生流动（AB 的量），在 E 点达到均衡，边际收益为 $ON = O'T$，A 国总产出为 $OFEB$，B 国为 $O'JEB$，总的情况从 $OFGA + O'JMA$ 增为 $OFEB + O'JEB$，净增 EGM。

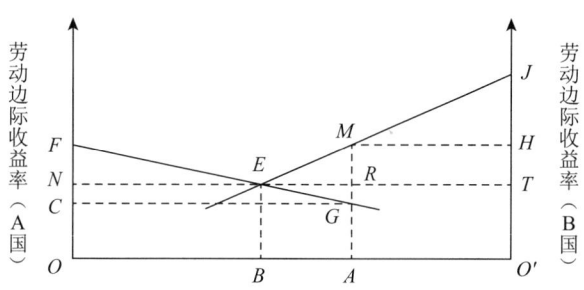

图 12-4　国际劳动力流动的产出与福利效应图

（三）劳动力国际流动的政策含义

劳动力的国际流动对流入国来说是吸引人才，同时可以节约大量的劳动力教育、培训、保健等费用。在今天，引进高科技人才，是真正引进创新，引进一种全新的生产力，因为在所有的生产要素中，人才是第一要素。因此，人才的争夺实际已经成为 21 世纪各国保持国际竞争力的根本方法，也是建立对于其他国家经济领先地位的根本基础。美国在 20 世纪后期吸引了大量其他国家的高级人才，这是美国经济建立在新基础上的重要因素，也是美国高科技保持领先地位的重要原因之一。但对劳动力的流出国来说，高科技人才的国际流动实际是智力外流，同时包含在劳动力身上的人力资本也会随之流到国外，这对流出国经济的影响是很大的。国际劳工的侨汇汇回，是今天发展中国家的重要外汇收入来源，同时也可以使流出者得到国外技术、管理的培训。另外，从发达国家流向发展中国家的劳动力也是一种对发展中国家所需人才的补充。从政策角度看，如何引进人才、留住本国的人才都是各国极为重视的问题。而如何将本国的人才派出学习，并使其在学成后回国，已经成为政策制定者的重要任务。

三、劳动力国际流动的非均衡传导

（一）劳动力国际流动的经济均衡与失衡分析

劳动力国际流动的定量化过程之一，是对劳动力在世界不同地点所获报酬以及这种报酬的国际转移进行比较。进行比较的假设条件包括：

（1）在国际上流动的是合格的劳动力，即在定量化中只考虑有报酬的劳动力，不考虑其他无劳动能力、无报酬收入者。

（2）考虑劳动力国际流动的经济影响时，只分析一国劳动力在其他国家获得的报酬收入，不考虑其他经济或技术影响（如智力外流，以及这些劳动力的创新等）。

（3）参与国际流动的劳动力总是将在外国所获收入全部汇回母国，不在获得收入地进行支出，或者这些合格的劳动者是按固定比例汇回其收入的。

复杂的开放经济的国民收入均衡公式被扩大为

$$总需求\ Y = C + I + G + X + IF + RF + WF$$
$$总供求\ Y = C + S + T + M + if + rf + wf$$

其中，WF 为本国居民在国外工作所汇回的报酬收入，wf 为外国居民在本国工作所汇回的报酬收入。如果令 $G = T$，即该国既没有财政盈余，也没有财政赤字，则有

$$S - I = (X - M) + (IF - if) + (RF - rf) + (WF - wf)$$

本国居民得自国外的工资收入 WF 等于国外向本国注入了新的消费需求（即用取自国外的收入购买本国国内的消费品），wf 为外国居民在本国提供劳动所获得的报酬，是与国内工资一样列入总供给的（这部分收入原本应当用于国内消费，它的汇出使之成为需求的一个减项）。

（WF − wf）与公式右侧的其他三个差额一样，为了维持收入均衡，均可进行调整，使之适应公式左侧出现的变动。在实际中，这往往是通过劳务出口（派送国际劳工出国工作）、限制外国劳动力在本国就业、从国外吸引劳动力弥补国内劳动力不足、限制本国劳动力外流、限制工资收入汇出、吸引侨汇等进行的，其机制是通过各国间工资支付差额的变动使收入达到均衡。假设这时 $S = I$，即内部处于均衡，则整个经济的均衡取决于外部均衡

$$(X - M) = (if - IF) + (rf - RF) + (wf - WF)$$

对于商品交换，即进出口产生的失衡，仍可通过资金、投资收益，以及内外工资相互交流差额的变动来调节。当然，在这种调节过程中，工资额的国际转移所能起的作用是有限的，只是在一些劳务输出大国，如韩国、印度、巴基斯坦、菲律宾等，每年劳工汇回的外汇对该国平衡外部均衡才发挥了较大作用。

（二）通过劳动力国际流动产生的非均衡传导

劳动力的国际流动主要有两种情况：一种是发展中国家向发达国家的永久性劳动力迁移；另一种是以临时赚取较高工资收入为目的的劳动力国际流动，即"国际临时工"，后者目前主要集中于中东产油的阿拉伯国家。

1. 通过跨国就业进行的非均衡传导

甲国在乙国有大量的劳动力就业，且乙国很难找出替代甲国工人的人才（主要指技术水准、技能的替代），如果甲国工人在乙国总就业人数中占到相当的比重，则会形成较大的"讨价还价"力量。若甲国国内物价上涨，甲国便会依靠强大的"讨价还价"力量要求提高工资，乙国可能会因此出现工资推动型的通货膨胀。

2. 通过国际收支传达的经济非均衡

甲国在乙国有大量劳动力就业，但一国可以在国内或从其他国家找到更为廉价的劳动力来替代甲国工人。如果乙国对外经济失衡（国际收支产生逆差）而国内经济却需求旺盛，则要依靠劳务收入汇回维持本国国际收支失衡，那么就会出现国际收支失衡的国际传导，即国际收支逆差从乙国传到了甲国。

3. 通过失业传导的经济非均衡

甲国在乙国有大量就业，且甲国经济因此而处于均衡，尤其是对内均衡。如果乙国发生经济危机，出现本国工人的失业，则乙国将解雇来自甲国的工人，甲国工人回国必将造成甲国失业增加，这等于将经济衰退和失业通过劳动力的国际流动从乙国传到了甲国。

4. 通过人力资本进行的非均衡传导

甲国向乙国流动的是具有较高素质的劳动力（受过高等教育或具有特殊技艺的人才），不仅技艺、科学知识、未来的创新能力被他们从甲国带到了乙国，而且在他们身上凝结的、甲国支付的教育也被带到了乙国，为乙国节约了这方面的投资，从而将甲国的投资所应得到的促进经济增长的效果传导到了乙国。

（三）影响劳动力国际流动领域传导机制的因素

1. 流动的劳动力的数量与素质

若外流劳动力的规模巨大，劳动力素质又较低，输出国易受他国经济波动、遣返劳工、压低工资影响；反之亦然。

2. 一个国家输出的劳动力在国外的就业机构

如果一国劳工输出数量巨大，所在行业属于对方要害部门或基础部门，在衰退中受影响较小，输出国受国际传导的影响也比较小；反之亦然。

3. 不同国家之间的收入报酬差距

世界各国人员流动的开放程度越高，彼此之间工资水平差异越大，则劳动力的国际流动越频繁，通过国际劳动力流动进行经济失衡传导越容易。

4. 外国劳动力所在部门结构

一国接受的外国劳动力越多，安置的部门越重要，则该国越易受到这些劳动力流动的影响；反之亦然。

5. 劳动力的可替代性

对劳动力输出国而言，大量输出高质量、高教育程度、不可替代的劳工，将对本国经济的发展产生进一步的不利影响；高质量劳动力输入国，由此获得了输出国的人力投资，同时获得了技艺、知识和未来创造力。

6. 世界各国关于劳动力输出与输入的政策

这些政策包括鼓励或限制本国劳动力的输出、鼓励或限制外国劳动力在本国特定行业的就业、控制外国劳工所获收入的汇出数量、控制外国劳工加入本国国籍等。

第三节　技术转移问题

一、核心概念

1. 技术转移

技术转移（technology transfer）是指用于产品生产的程序、方法等系统知识的转移，不包括含有技术的物质内容的转移。

国际技术转移的原因在于技术的引进对经济的促进作用和带给引进技术企业的经济收益,同时,技术的引进会使企业结构发生变化,以及促进引进技术企业在国际市场中竞争力的提高。从技术输出者的角度来说,技术转移也是转移行将过时的技术,延长某种技术生命周期的手段,同时也会获得转移技术的经济收益。总之,经济利益的驱动是一个国家、经济体和企业引进技术的根本动因。

技术转移属于软件的流动。技术转移的形式包括专利使用、技术秘密的使用、制造技术的传播等,具体的转移形式包括垂直型、水平型、简单型、吸收型、有偿与无偿转移等。

2. 技术进步

技术进步(technology progress)是指生产中的资本—劳动比的变化。

资本—劳动比(K/L)既可以反映出资本本身的变化,又可以间接反映出劳动供给的变化。在实际中有三种情况(见图12-5(a)、图12-5(b)、图12-5(c)):

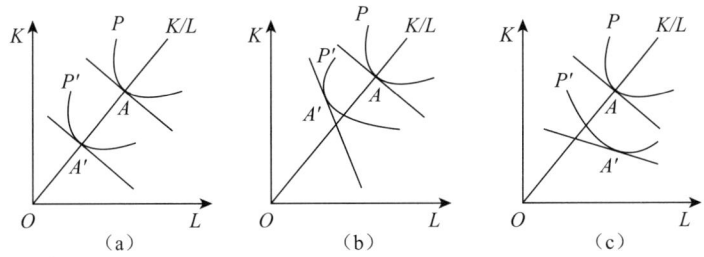

图12-5 不同类型的技术进步图示

第一种情况在技术进步中没有引起要素投入比例的变化,因此技术进步既没有节约劳动也没有节约资金,属于中性技术进步。第二种情况由于技术变动导致了K与L之比上升,属于劳动节约型的技术进步。第三种情况由于技术变动导致K与L之比下降,属于资本节约型的技术进步。

二、国际技术转移的主要内容

(一)国际技术转移的定义、原因及形式

1. 国际技术转移的定义

技术是指用于生产的工艺、程序和方法,是科学理论的物质表现。技

转移是指这些方法、程序等系统知识的转移。在国际经济中,尽管技术对经济的作用需要通过物质进步和人的素质提高来表现,但是,国际经济学所研究的技术转移却大都不涉及物质内容如产品、设备的转移。

2. 国际技术转移的原因

国际技术转移的原因在于技术的引进对经济的促进作用和带给引进技术企业的经济收益,同时技术的引进会使产业结构发生变化,以及会促进引进技术企业在国际市场中的竞争力提高。从技术输出者的角度看,技术转移也是转移行将过时的技术、延长某种技术生命周期的手段,同时也会获得转移技术的经济收益。总之,经济利益的驱动是一个国家、经济体和企业引进技术的根本动因,在具体过程中有产量目标、效益目标、积累目标和提升结构的目标,但成本—效益分析是人们在进行技术转移时所必须考虑的。

3. 国际技术转移的形式

技术转移属于软件的流动,技术转移的形式包括专利的使用、技术秘密的使用、制造技术的传播等,具体的转移形式则有垂直型、水平型、简单型、吸收型、有偿和无偿转移等情况。垂直型技术转移是指一个国家的基础研究成果被另一个国家在应用型研究中采用,或一个国家的应用型研究成果被另一个国家的生产所采用。在实践中还存在着混合型的技术转移,即一个国家的技术转移同时存在着垂直型与水平型的情况。简单型技术转移是指一个国家的技术转移到另一个国家,但并不理会该国是否能将该技术复制出来。而吸收型技术转移,即真正的技术转移则要求被转移国家能够复制出所转移的技术。

(二)国际技术转移的经济分析

1. 新古典价格激励模型

图 12-6 说明,资本与劳动的价格无扭曲,则影响技术选择的因素只是价格,P_1 和 P_2 是价格线,即同量货币能购买的 K 与 L 量。切点 T 表示 K 相对 L 更廉价,故选择资金密集型技术;T' 点相反,选择劳动密集型技术。图中隐含着进行技术选择,政策上要求价格扭曲必须消除,如果以补

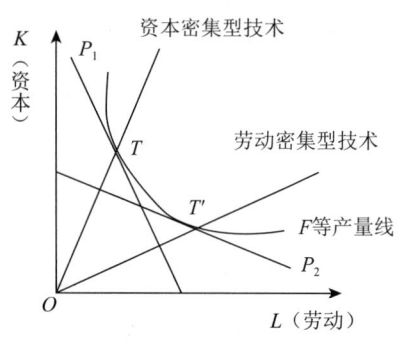

图 12-6 技术选择图示

助等为地提高人员的工资,则会掩盖实际中资本的稀缺,人们会去选择相对廉价的资金密集型技术,这种做法对于企业微观有利,而对经济宏观实际是资源的浪费。

2. 中性技术进步说

图12-5中横轴代表劳动,纵轴代表资本,斜线为K与L之比,即资本—劳动比。第一种情况如图12-5(a)所示,在技术进步中没有引起要素投入比例的变化,即此技术进步既没有节约劳动也没有节约资金,属于中性技术进步;第二种情况如图12-5(b)所示,由于技术变动导致了K与L之比上升,因此是劳动节约型技术进步;第三种情况如图12-5(c)所示,属于资本节约型技术进步。因此,在经济实际中,事实上可以有多种选择,除了价格因素外,还存在着结构的转换因素(资本—劳动比意味着生产中的结构性的变化)。

3. 技术转移的周期理论

图12-7说明,具有新技术优势的企业,第一步总是以产品出口获利,有着独占市场的性质。当出口市场开始生产该产品时(T_1),该企业可以用东道国的资源直接投资谋利;当东道国生产扩大、利润下降时,企业可以通过输出技术维持收益(T_2)。不同国家的需求与资源的关系不同,在不同的发展阶段需求与资源的关系也不

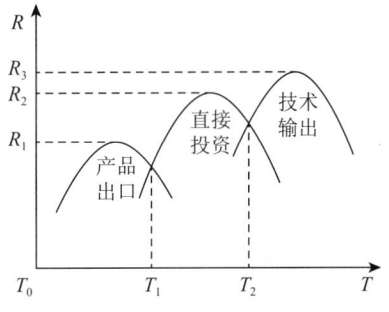

图12-7 技术转移的周期理论图示

同,这样技术便产生了流动。这种技术转移的周期过程对于解释今天跨国公司在东道国的行为有一定的参考意义。一般而言,在今天的国际经济条件下,跨国公司大都遵循着上述周期过程来处理出口、直接投资和技术转移以谋取最大的收益,即实现收益最大化。

三、国际技术转移与东道国

(一)技术转移对东道国的影响

如上所述,可以把技术转移分为三种类型:由出口造成的技术转移(简称出口);在海外建立分公司造成的技术转移(简称FDI);以及由许可证贸

易带来的技术转移（简称许可证）。

对于接受技术转移的东道国来说，三种不同的技术转移方式所能带来的技术外溢是不同的：出口由于将知识同时控制在公司内部和母国内部，所以可能发生的知识外溢较少，但东道国仍可通过逆向复制获取部分技术并模仿生产；FDI虽然将知识控制在公司内部和母国内部，但是由于在国外生产，技术转移的外溢效应就会大大提高；许可证贸易是一种具有授权性质的技术转移，外溢效应也较小。据此，当跨国公司拥有可以垄断的技术而其贸易伙伴国市场规模较大时，其在国际经营中可以选择发放许可证。当跨国公司拥有先进的但并不能长期垄断的技术，而贸易伙伴国家又恰好处在知识产权保护程度较低的状态时，跨国公司在国际经营过程中的最优选择是出口商品。只有当满足以下条件时，跨国公司才有可能在其国际经营中选择FDI的方式——一是跨国公司具有持续的技术创新能力；二是东道国具有比较完善的知识产权保护体系；三是东道国的投资环境比较优越。

（二）国际技术转移的政策含义

技术引进可以加速经济发展，技术转移可以获利，这为世界经济实际证明。日本在第二次世界大战后经济迅速恢复、崛起，就是得益于大量从美国、欧洲引进先进技术，这样做不仅节约了大量的资金投入，而且节约了大量的时间。一般而言，在今天的国际经济中，引进技术对发展中国家具有更为重要的作用，但发展中国家在引进技术中，应强调适用技术的引进。适用技术不是落后技术，而是与一个国家的经济发展目标、要素禀赋特点、技术吸收能力相适应的技术。在实践中，引进技术的国家应把引进与消化结合起来考虑，尤其是要注重对引进技术的消化；同时应在深入研究方面努力，不仅应对引进的技术进行适应性的改造，而且应该努力争取技术开发的自主并尽快跟上世界的先进水平，即追求技术变动的最佳动态收益。

【拓展阅读】

书籍：

1. ［美］罗伯特·J.凯伯.国际经济学（第13版）[M].北京：中国人民大学出版社，2013.

2.［美］萨缪尔森.经济学［M］.北京：人民邮电出版社，2008.

3.［美］保罗·R.克鲁格曼.国际经济学（第8版）［M］.北京：中国人民大学出版社，2011.

论文：

1.张幼文.要素的国际流动与开放型发展战略——经济全球化的核心与走向［J］.世界经济与政治论坛，2008（6）.

2.曾国平，谢庆红.从落差理论看入世后贸易要素的国际流动［J］.经济师，2002（7）.

3.那军.跨国公司技术创新要素的国际流动特性［J］.国际经济合作，2008（1）.

4.刘笋.技术转移要求、投资鼓励与国际投资环境的关联关系——结合WTO贸易与投资关系工作组的研究报告和晚近国际投资立法进行分析［J］.政法论坛，2004（6）.

5.赵萍.国际投资集聚背景下我国OFDI逆向技术外溢效应研究——以对美国OFDI为例［J］.特区经济，2015（6）.

6.杨云鹏.国际直接投资在华技术溢出效应分析［J］.经济体制改革，2008（1）.

相关网站：

关于要素的国际流动的更多资料可查阅世界经济论坛，www.weforum.org.

第十三章

跨国公司和国际投资

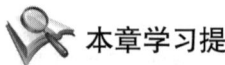 **本章学习提示**

资本输出是国际投资的早期形态。早在19世纪70年代,英国就开始进行资本输出,随后各发达国家相继开始向落后国家输出资本,以便获取高额利润,占领海外市场。早期资本输出是以间接投资的形式进行的,到了19世纪80年代,资本输出增加了国际直接投资的内容。从国际资本历史发展的进程来看,资本在国际范围内的运动首先表现为商品资本的运动,其标志是国际贸易;其次表现为货币资本的运动,即以国际借贷、国际证券投资为主要形式的国际间接投资,其标志是跨国银行的出现;再次表现为生产资本的运动,即国际直接投资,其标志是跨国公司的出现。国际直接投资是资本在国际范围内运动的最高形式。

早期由于受国际生产力水平和国际分工程度的制约,国际直接投资出现较晚,发展速度较慢,是各国参与国际经济的次要形式。在第二次世界大战后,国际直接投资才得到了前所未有的大发展,在国际经济中的地位不断上升,成为各国参与国际经济的重要形式。一般认为,20世纪60年代初海默(S.H.Hymer)在他的一篇论文《国内企业的国际化经营:一项对外直接投资的研究》中首先提出的垄断优势理论,标志着国际直接投资理论的兴起。国际直接投资的快速发展引起了西方经济学家的极大关注,西方经济学家开始从不同的角度、不同的层次进行理论抽象与实证分析,后来出现了用交易成本和内部化等因素来解释国际直接投资和跨国公司的理论,并最终由邓宁(Dunning)综合成了集所有权优势、区位优势和内部化优势为一体的折中理论,成为目前较为完整的国际直接投资和跨国公司理论。

可以看出,国际投资,尤其是对外直接投资和跨国公司在当今国际经济

第十三章 跨国公司和国际投资

的发展中起着巨大的作用。国际直接投资理论以公司为基本分析单位,以市场不完全竞争为前提,解释了跨国公司为什么投资、凭什么投资和向哪儿投资等问题。本章从国际资本流动的方式开始,分别介绍决定跨国公司对外直接投资的影响因素,跨国公司对外直接投资的策略选择,以及跨国公司对东道国和母国产生的经济影响。

【重点概念】

跨国公司、直接投资、国际生产折中理论

【重点问题】

(1)国际资本流动的方式。
(2)决定跨国公司对外直接投资的影响因素。
(3)跨国公司对外直接投资的策略选择。
(4)跨国公司对东道国、母国经济产生的影响。

【知识脉络】

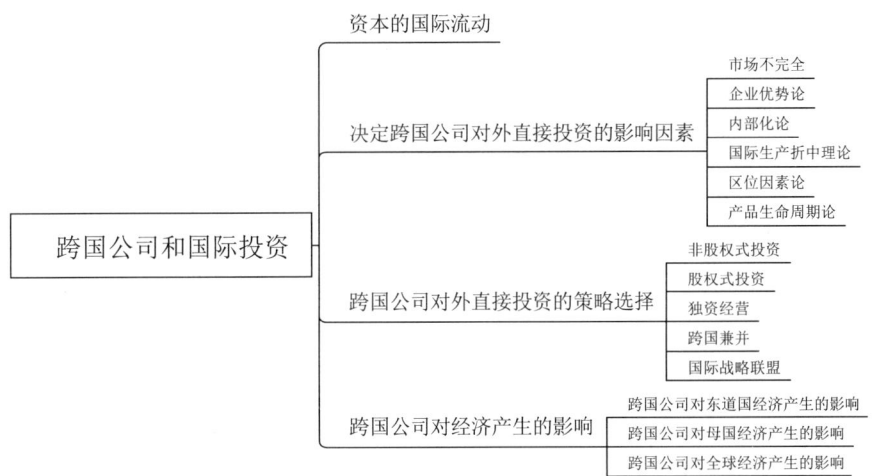

第一节 资本的国际流动

【案例 13-1】谁制造了 iPod？

谁制造了苹果 iPod？这里有个线索，它不是苹果公司制造的。该公司把这玩意儿的整个制造外包给一些亚洲企业，它们中有华硕、英华达、富士康公司。

但是这个公司名单也不是满意的答案：它们只做最后的组装。组装成 iPod 的 451 个部件如何呢？它们是在哪里制造的？是谁制造的？

在加利福尼亚大学欧文校区的三个研究人员——格雷格·林达、肯尼斯·L. 克雷默和杰森·戴德里克——应用了一些调查到的成本核算回答了这个问题，使用的报告来自 Poretlligent 公司，该公司调查了所有的 iPod 部件。

他们的研究得到斯隆基金的赞助，令人惊奇地展现了全球经济的复杂性，并表明只用常规的贸易统计数据是很难理解其复杂性的。

如果说 30 GB iPod 的零售价是 299 美元。其中最贵的部件是硬盘驱动，它由东芝制造，成本为 73 美元；第二贵的部件是显示器（约 20 美元）；再次是录像机/多媒体处理芯片（8 美元）以及控制器芯片（5 美元）。它们估计最终的组装是在中国完成的，单个成本只有 4 美元。

追踪供应链地理分布的一个方法是把每个组件的成本归属到其制造商的所在国。因为东芝是日本公司，所以 73 美元的 iPod 成本归日本，两个芯片的 13 美元成本归美国，因为供应商 Broadcom 和 Portal Player 是美国公司。

但是这个方法掩盖了一个最终的细节。东芝是日本公司，但它在菲律宾和中国制造大多数硬盘驱动。或许也应当把硬盘的成本划归这些国家中的一个。关于 Broadcom 芯片也一样存在这个问题，它们大多数是在中国台湾地区制造的。所以如何在国家间分配 iPod 的成本？在这些国家，它们的制造方法是很有意思的。

为回答这个问题，让我们考虑一系列的生产步骤，每个可能的操作在不同的国家由不同的公司进行。在每一个步骤，像计算机芯片和一个空电路板这样的投入转化为集成电路板这样的产出。投入价值与产出价值的差额就是这个步骤的"增加值"，在哪里增值，就可以归属于哪里。

跨国公司

是指通过对外直接投资的方式，在国外设立分公司或控制东道国当地企业，使之成为其子公司，并从事生产、销售和其他经营活动的国际性企业。

国际投资

国际投资是指资本从一个国家或地区转移到另一个国家或地区的一种经济活动，其目的是为了获取比国内更高的经济收益。

全球供应链

是指在全球范围内组合供应链，它要求以全球化视野，将供应链系统延伸至整个世界范围，根据企业的需要在世界各地选取最有竞争力的合作伙伴，实现全球性的产品设计、采购、生产、销售、配送和服务客户，使整个供应链的成本和效率最优化。

像螺栓与螺母这样的普通部件的边际利润是非常低的，因为这些东西是由高度竞争的工业生产的，并且可在任何地方生产。因此，它们加到iPod上的最终价值是很少的。更专业化的部件，如硬盘驱动和控制芯片，就有着很高的附加值。

根据作者的估计，在iPod上的73美元的东芝硬盘驱动包含大约54美元的部件和劳动。所以东芝在硬盘驱动上的增加值是19美元加上它本身的直接劳动成本。因为东芝是日本公司，所以这19美元归日本。

研究人员用这个方法继续考察了iPod的主要部件，试图计算出在不同生产阶段的增加值并将其分配给创造出它们的国家。尽管这不是一个容易的任务，但基于他们的考察，iPod生产中最大一块附加值归美国特别是美国的销售部门所有，这一点没有疑问。

研究人员估计299美元的iPod零售价中有163美元被美国的公司和工人获得，其中75美元为分销和销售成本，80美元归苹果公司，8美元归各国内组件制造商。日本贡献了26美元的增加值（大部分通过东芝硬盘驱动），而韩国的贡献低于1美元。

制造iPod中无法解释的部件和劳动成本大约110美元，将这些劳动成本分配到合适的国家，但如硬盘驱动例子所说明的那样，这样做并不容易。

增加值计算的例子说明，使用传统贸易统计数据来总结这个复杂的制造过程是无用的。尽管中国工人只贡献了iPod价值的1%，但一个出口到美国的iPod成品直接造成了大约150美元的双边贸易逆差。

谁制造了iPod？或者是在哪里制造的？最终没有找到这个问题的简单答案。像很多其他产品一样，iPod是由好几个国家的一系列公司制造的，每一个生产阶段贡献了最终价值的不同份额。

iPod的真实价值并不取决于其组建，也不取决于组装。iPod的大部分价值在于其理念和设计。这就是为什么苹果公司从其销售的每个iPod中获得80美元，它是整个供应链中迄今最大的一块价值。

资料来源：罗伯特·C.芬斯特拉.国际贸易[M].中国人民大学出版社，2011.

一、核心概念

这部分共包括四个核心概念，分别是跨国公司、国际投资、直接投资和间接投资。

1. 跨国公司

跨国公司（multinational corporation，MNC）是指通过对外直接投资的方式，在国外设立分公司或控制东道国当地企业，使之成为其子公司，并从事生产、销售和其他经营活动的国际性企业。

2. 国际投资

国际投资（international investment）是指资本从一个国家或地区转移到另一个国家或地区的一种经济活动，其目的是为了获取比国内更高的经济收益。

3. 直接投资

直接投资（direct investment）是指资金投入采矿业、工商企业、农业生产的股权资本，利润再投资，跨国公司的资金转移等投资。直接投资总是要求企业的所有权和经营管理权。按照国际货币基金组织的定义，国际直接投资应该拥有国外厂矿企业股权的25%以上。而美国对国外直接投资的定义规定的标准为控制股权的10%以上。

4. 间接投资

间接投资（indirect investment）是指投资者通过购买国债、金融债券、公司债券、股票等以收取利息、股息或红利的投资。目前，国际间接投资的作用与影响已经超过了国际直接投资。在20世纪后期，国际间接投资，尤其是这种投资造成的发展中国家的债务危机对于世界经济的冲击，引起了人们的特别关注。

二、资本流动的方式

按资本的特性，资本的国际流动可以分为对外间接投资和对外直接投资。

1. 对外间接投资

对外间接投资（foreign portfolio investment）包括证券投资和借贷资本输出，其特点是不直接参与这些资本企业的经营管理。

证券投资是指投资者在国际证券市场上购买外国企业和政府的中长期债券，或在股票市场上购买上市外国企业股票的一种投资活动。

借贷资本输出一般有以下几种方式。

（1）政府援助贷款。政府援助贷款是各国政府或政府机构之间的借贷活动。这种贷款往往带有援助性质，利息较低（约3%），偿还期较长（可达二三十年），有时甚至是无息长期贷款。这种贷款一般有指定用途，如用于支付从贷款国进口的各种货物，或用于某些开发援助项目。有些国家，如美国的政府对外援助贷款中，军事和粮食援助占了50%以上，其余投放在公用事业和农业等方面。

（2）国际金融机构贷款。国际金融机构一般包括国际货币基金组织、世界银行、国际开发协会、国际金融公司、各大洲的银行和货币基金组织以及联合国的援助机构等。来自国际金融机构的贷款条件一般都比较优惠，但并不是无限制的。如世界银行只贷款给会员国政府或由政府担保的项目。贷款用途的重点是发展公用事业、教育和农业，贷款必须专款专用，并接受世界银行的监督。国际开发协会的贷款一般只向最不发达的发展中国家的会员国发放。

（3）国际金融市场贷款。国际金融市场贷款一般是指中长期贷款。从国际金融市场上由商业银行贷款，货款期限可达十年，但贷款利率高，可用于借款国的任何需要。

（4）中长期出口信贷。中长期出口信贷是指出口国为了支持或扩大本国大型设备的出口，提高国际竞争能力，以对本国的出口给予利息补贴并提供信贷担保的方法，鼓励本国的银行对本国出口商或外国进口商提供利率较低的贷款，以解决本国出口商的资金周转困难，或满足外国进口商对本国出口商支付货款需要的一种融资方式。

2. 对外直接投资

对外直接投资（foreign direct investment，FDI）是指一个国家的投资者输出生产资本直接在另一个国家的厂矿企业进行投资，并由投资者直接参与该厂矿企业的经营和管理。

对外直接投资的方式主要有四种。

（1）开办独资企业。包括设立分支机构、附属机构、子公司等，外资股份为百分之百。它可以通过收购现有企业或建立新企业来进行。

（2）同投资所在国的投资者合办合资企业。两国或两国以上的投资者在一国境内根据东道国的法律。通过签订合同，按一定比例或股份共同投资建立，共同管理，分享利润，分担亏损和风险的股权式企业。一般为有限责任制企业（股份有限公司），并具有法人地位。

以上两种投资方式都是新建企业的投资方式，也称"绿地投资"（greenfield investment）。

（3）并购方式（merger and acquisition，M&A）按国际货币基金组织的定义，拥有25%投票权的股东，即被视为直接控制公司。美国规定，凡拥有外国企业股权10%以上者，均属对外直接控制。

（4）投资者利润的再投资。投资者在国外企业获得的利润不汇回本国，而拿来对该企业进行再投资，也是一种对外直接投资。

对外直接投资活动量的表现有以下几种方式。

（1）对外直接投资流量。指在给定的某一时期内（通常是一年）所发生的对外直接投资的数量。

（2）对外直接投资存量。指在某一时间内所拥有的外国资产的累计价值综合数量。

（3）对外直接投资的流出量。指从一个国家向外流出的外国直接投资量。

（4）对外直接投资的流入量。指向一个国家流入的外国直接投资量。

第二节　跨国公司与直接投资

一、核心概念

这部分共包括五个核心概念，分别是所有权特定优势、市场内部化优势、国际生产折中理论、区位特定优势以及投资策略选择。

1. 所有权特定优势

所有权特定优势（ownership-specific advantage）是指企业具有特殊的组织管理能力、融资方向的优势、技术方向的特点和优势、规模经济、垄断地位、其他能力以及获得产品异质差异的优势，这些优势构成了企业比投资所在国公司更大的优势，可以克服在国外生产中碰到的附加成本和制度以及文化方面的风险。

2. 市场内部化优势

市场内部化优势（internalization advantage）是指企业具有将所有权特定

优势进行内部化的能力。由于外部市场存在的不完全性，如新产品缺乏价格可比性、在寡头市场的情况下难以议价，这样企业的所有权特定优势可能会受到打击而丧失。内部化是指在企业内扩大生产经营体系，形成内部的经营空间，在内部实行资源更好的配置，克服在外部市场进行交易的不利条件。

3. 国际生产折中理论

国际生产折衷理论（the eclectic theory of international production）是英国经济学家邓宁于1977年总结而成的关于跨国公司对外直接投资的理论。基本内容为：企业在国际经济中可以有至少三种方式从事活动，即出口、直接投资和技术转移，而一个企业的所有权特定优势、市场内部化优势、区位特定优势三者结合，决定了该企业与其他企业相比较是否具有对外投资的优势，或者可以通过出口、技术转移来开拓优势。

4. 区位特定优势

区位特定优势（location specific advantage）是指东道国的劳动力成本情况、市场的条件与需求状况、关税与非关税壁垒、东道国政府的各种政策以及国际投资的软硬条件等。它解释了企业为什么一定要到该国去进行投资。区位特定优势很重要，是投资的充分条件。

5. 投资策略选择

跨国公司对外直接投资策略选择（investment strategy）是指跨国公司在从事对外投资活动中选择适当的国际市场进入模式。选择适当的投资模式是对外投资的重要决策之一，关系到跨国公司的投入规模、企业控制程度以及盈利水平等方面，甚至影响到投资项目的成败。跨国公司在选择对外直接投资方式时，除根据企业自身实力及优势外，还应根据跨国公司进入国家或地区的文化特点、产业特点、企业产品组合、市场需求状况、企业战略目标、经营水平、政府政策和法令制度等综合因素，制定适当的投资选择策略。

二、决定跨国公司对外直接投资的影响因素

1. 市场不完全

国际市场的不完全性一般要比国内市场的不完全性更为严重。除了商品市场的企业垄断之外，国际间的商品与要素流动还要受到各国贸易保护政策（如关税与非关税壁垒）、政治与经济制度，以及文化等因素的限制。在这种

情况下,采用直接投资的方法,通过本地化生产与经营,就有可能克服国际市场的这些不完全性而使公司获得发展。

2. 企业优势论

不完全的国际市场一方面会给跨国公司的国际活动带来商品与要素不能自由流动的困难;另一方面也给跨国公司带来了充分利用企业优势的机会。这是因为,跨国公司的很多优势恰恰是与不完全的市场相联系的。这些优势主要包括:跨国公司的无形资产优势、跨国公司的技术优势、跨国公司的企业组织优势、跨国公司的企业管理与创新优势,以及跨国公司的资金与货币优势。跨国公司的所有这些优势都是经济相对落后的东道国急切想要得到的东西,因此,对于这些东道国来说,它们可能会对进口商品加以限制,但对来自跨国公司的直接投资大多会采取欢迎的态度。

3. 内部化论

内部化论是科斯的交易费用理论在跨国公司对外直接投资战略中的一种应用。在封闭经济条件下,一个企业可以通过用组织取代市场的内部化行为来降低其市场的交易费用;同样,在开放经济条件下,一个跨国公司亦可以通过对外直接投资这种国际性的内部化行为来降低其国际市场的交易费用。20世纪70年代以来,随着跨国公司的直接投资越来越多进入发展中国家,经济学家又发现,跨国公司若能与发展中国家的本地企业合资或合作开展其跨国经营活动,不仅可以降低其市场交易费用,而且可以实现租金的内部化。这些内部化的租金主要包括:东道国合资或合作企业所提供的市场信息、销售网络、人力资本、与东道国其他企业的联系、与东道国政府的关系,以及有关东道国的法律、社会、文化等方面的知识。所有这些,在跨国公司独自经营时都需支付高昂的成本才能得到,现在由于与东道国的企业合资或合作而被内部化了。

4. 国际生产折中理论

国际生产折中理论是由英国经济学家邓宁(J.Dunning)将关于资本国际流动的多种理论综合、总结形成的关于跨国公司对外直接投资的理论。一个企业的所有权特定优势、市场内部化优势、区位特定优势三者结合,决定了该企业与其他企业相比较是否具有对外投资的优势,或者可以通过出口、技术转移来开拓该优势。该理论可以用一个等式来表达,即:对外直接投资 =

所有权特定优势+市场内部化+区位特定优势。该理论在较大程度上反映了20世纪60年代之后形成的国际经济发展格局，克服了国际贸易理论假设国际资本不流动的缺点，也克服了国际投资研究只解释资本的流动的确定，同时该理论把国际贸易、直接投资和技术转让结合起来，较全面地解释了新的国际经济现象，具有相应的实践性。但是，该理论在很大程度上是20世纪60年代的国际贸易与投资理论的综合与折中，没有很重要的理论突破，同时也没有更好地说明中小企业的国际投资现象。

5. 区位因素论

从理论上讲，当世界各国都奉行自由贸易政策时，由于要素与商品的自由流动，要素价格与商品价格的均等化是可能的。但是，在现实世界中，几乎没有一个国家的贸易政策是全盘自由化的，再加上市场不完全与运输费用这些来自制度与技术上的限制，要素与商品的流动永远不是自由与充分的，因此，无论是要素的价格还是商品的价格，事实上都存在区位差异。然而，正是要素与商品价格的这种区位差异给予跨国公司的对外直接投资以强有力的刺激。跨国公司可以通过将融资、生产（以及不同的生产过程）、仓储与销售等活动分布于世界的不同国家与地区来降低成本，增加利润。

6. 产品生命周期论

在国际贸易部分讨论过的雷蒙德·弗农的产品生命周期理论也可以用来解释国际直接投资。弗农认为：在本国市场开发了一种产品的企业常常会进行国际直接投资，进而在外国市场也生产这种产品以供消费。因此，在美国开发了复印机的施乐在日本（富士—施乐）和英国（兰克—施乐）也建立了生产设施，以满足这些市场的需要。弗农的观点是：企业会在其开发的产品处于生命周期的某个特定阶段时进行国际直接投资。当其他发达国家的需求很大，足以支持当地的生产时，公司就会在这些国家投资（如施乐）。当产品的标准化和市场的充分供应引发价格竞争和成本压力时，公司就会将生产转移到发展中国家。发展中国家的劳动力成本较低，因而降低成本的最好方法是在那里投资。

三、跨国公司对外直接投资的策略选择

随着世界政治和经济环境的不断变化，跨国公司全球战略意识的加强以

及国际市场的激烈竞争,国际投资方式呈现多样化趋势。其中包括非股权式投资、股权式合资、独资经营、跨国兼并与收购以及国际战略联盟等方式。

1. 非股权式投资

非股权式投资是指不以持有股份为主要目的投资方式,包括技术授权、管理合同、生产合同以及提供或租赁工厂设备、合作销售、共同投标、共同承建工程等。其优点是不需要股份投资,也不承担风险,并能在一定程度上取得相当收益。同时,国外企业可以凭借技术、管理和销售能力的优势加强对东道国企业的控制。缺点是由于双方的合作关系难以长期化,短期行为倾向较为严重。

2. 股权式投资

股权式投资是指按投资国的公司法成立的作为经济实体的公司形式。公司的资本由合资双方按商定的比例投入或认股,企业利润按双方投资资本份额分配。这种双方共担风险、共享收益的股权式合资经营,由于有当地合资人的协助,可以消除因对当地环境陌生所产生的经营上的困难,并且有利于国外销售业务的成长。但是,对于实施全球战略的跨国公司来说,由于支配权的问题而会产生系统运转不灵的现象。

3. 独资经营

独资经营是指投资者提供全部资金,独立经营,获取全部利润。独资公司在海外具有独立的法律资格,具有自己的组织结构及资产负债表和损益表,享受所在国赋予的权益,在经营范围和业务活动上限制较少。其优点是保证国内母公司具有绝对控制权和经营决策权,可以确保公司整体战略目标的实施,还可避免合资企业中诸如双方经营管理方法、市场目标等方面的不协调以及塑造未来市场竞争对手的不利因素。独资经营的缺点一是易受东道国政治、经济、文化等不确定因素的影响导致较大的经营风险;二是投资额高且周期长,成本效益差且即期利润少;三是难以掌握当地的人文风俗和设立一套符合当地情况的运营组织和管理制度。

4. 跨国兼并

跨国兼并是指跨国公司跨越国界的资本(股权)的并购。跨国并购兼有合资和独资优点,其可以利用目标企业现有的职能机构、生产基地、人才以及流通网络而迅速展开国际经营,尤其是那些具有尖端科技、高级人才、较高国际知名度和完备的销售网络的目标企业。但是，跨国并购需要投资者具有雄厚的财力和国际经营管理能力，同时面临东道国复杂的法律程序及东道国政府收购的各种干预等不利因素。

5. 国际战略联盟

国际战略联盟是指两个或两个以上的跨国公司为了达到某些共同的战略目标而结成的联盟，联盟成员之间相互合作，共担风险。国际战略联盟的优点是可以提高竞争优势，实现资源互补与共享，避免无谓竞争，以此降低研究开发风险成本，开拓新的国际市场。其缺点一是联盟的企业往往日后会成为新的强劲对手；二是双方企业管理、文化、目标的差异容易造成联盟内协调的困难。

第三节 跨国公司的经济效应

一、核心概念

转移定价

转移定价（transfer pricing）是指跨国公司内部，在母公司与子公司、子公司与子公司之间销售产品、提供商务、转让技术和资金借贷等活动所确定的企业集团内部价格。这种价格不由交易双方按市场供求关系变化和独立竞争原则确定，而是根据跨国公司或集团公司的战略目标和整体利益最大化的原则由总公司上层决策者人为确定的。

二、跨国公司对经济产生的影响

跨国公司通过在世界范围内有效地组织生产和销售来增加世界产出与福利，同时他们也为其母国和东道国乃至全球经济带来重大的影响。

（一）跨国公司对东道国经济产生的影响

1. 东道国的收益

对东道国来说，外来直接投资主要的收益是资源转移效应、就业效应、国际收支效应以及对竞争和经济增长的影响。

（1）资源转移效应。

国际直接投资对东道国的经济有积极的贡献，它可以提供东道国所缺乏的资本、技术和管理经验，从而提高该国的经济增长速度。

在资本方面，许多跨国公司由于拥有巨大的规模和资金实力，因而具有东道国企业所无法获得的融资渠道。这些资金可能来源于公司内部，也可能凭借其良好的信誉，大型跨国公司比东道国企业更容易从资本市场筹措资金。

在技术方面，技术能够促进经济发展和工业化。技术可以渗透到生产过程之中（比如勘探、提取和精炼原有的技术），或者是转化成商品（如个人计算机）。然而，许多国家缺乏开发本国产品和生产技术所必需的研究和开发的资源与技能。对于发展中国家来说则更是如此。这些国家必须依靠先进的工业化国家获得促进经济增长所需的技术，而国际直接投资就能提供这种技术。研究结果证明，跨国公司在外国投资时常常也会同时转移重要的技术。此外，经合组织的一项关于国际直接投资的研究还发现，外国投资者在所投资的国家投入了大量资金用于研发，这表明他们不仅向这些国家转移了技术，还提高了这些国家原有的技术，或形成了新的技术。

通过国际直接投资获得的外国的管理技能也能给东道国带来重要的收益。无论是收购企业还是建立新的投资项目，受过最新管理技能培训的外国经理常常有助于提高东道国的经营效率。

（2）就业效应。

国际直接投资的另一个有益的效应——就业效应是指其能为东道国带来原先没有的就业机会。国际直接投资的就业效应可以是直接的，也可以是间接的。外国跨国公司雇佣了一定数量的东道国居民，这就形成了直接效应。而作为这项投资的结果，当地供应商创造的就业机会以及跨国公司员工在当地增加消费所创造的就业机会则是间接效应。间接效应即使不比直接效应更大，至少也与直接效应相当。

当国际直接投资采取收购一家东道国的现有企业的方式，而不是新设投资时，其直接影响可能是减少就业，因为跨国公司试图调整所收购企业的运营结构，以提高经营效率。不过即使在这种情况下，研究结果表明，一旦最初的调整过程结束，外国公司收购的企业也会以比国内的竞争对手更快的速度增加就业。

（3）国际收支效应。

对于大多数东道国政府来说，国际直接投资对一国国际收支的影响是一个重要的政策课题。由于各国政府都不愿意看到本国资产落入外国人之手，因此它们都希望本国的经常项目出现顺差。国际直接直接投资可以从两方面有助于一国实现这一目标。

首先，如果国际直接投资取代了商品和服务的进口，它就可以改善东道国国际收支的经常项目。例如，日本的汽车公司在美国和欧洲的许多国际直接投资可以看作替代了从日本的进口。因此，美国国际收支的经常项目在一定程度上得到了改善，因为许多日本公司提供给美国市场的产品来自美国的生产设施而不是日本的生产设施。仅就减少了向国外出售资产以筹措资金弥补经常项目逆差的需要来看，美国明显从中得到了好处。

当跨国公司利用其国外子公司向其他国家出口商品和服务时，就形成了第二个潜在的收益。根据联合国的一份报告，来自外国跨国公司的直接投资已成为一些发展中国家和发达国家在过去十年里以出口带动经济增长的主要动力。

（4）对竞争和经济增长的效应。

经济理论告诉我们，市场的高效运行有赖于生产商之间的充分竞争。当国际直接投资采取新设投资的方式时，其结果就是设立一家新的企业，这样市场参与者的数量增加了，消费者的选择也增加了。这又转而提高了国内市场的竞争水平，从而降低了价格，提高了消费者的经济福利。竞争的加剧往往能够刺激企业在工厂、设备以及研发方面加大资本投入，以求在与对手竞争中占据优势地位。由此导致的长期结果包括劳动生产率的提高、产品和生产过程的革新以及更快的经济增长速度。

2. 东道国的成本

东道国在吸引外来直接投资方面面临三种成本，分别是对东道国国内竞争的负面效应、对国际收支的负面效应以及国家主权与独立性的丧失。

（1）对东道国国内竞争的负面效应。

东道国政府有时也会担心外国跨国公司子公司的经济实力要强于国内的竞争者。如果该子公司是一个巨大的国际机构的一部分，那么外国跨国公司就可以从其他部分调拨资金对东道国子公司提供补贴，最终将东道国本国的企业赶出市场，从而垄断该市场。外国跨国公司一旦在该市场获得垄断地位，就会提高价格，使之高于竞争市场条件下的价格，这将对东道国的经济福利产生不利影响。那些本国大企业较少的国家（一般是较不发达国家）更容易产生这种忧虑。对于大部分先进的工业化国家来说这种忧虑相对较少。

从总体上来看，当国际直接投资采取新设投资的方式时，无疑会促进竞争，但当国际直接投资采取收购已有的东道国企业的方式时，结论并不清楚。由于收购并不导致市场参与者数量的增加，其对竞争的影响可能是中性的。当国外投资者收购两家，甚至更多东道国企业，并最终将这些企业合并在一起时，结果就会降低该市场的竞争水平，导致外国公司的垄断，减少消费者的选择，价格也会上升。

（2）对国际收支的负面效应。

国际直接投资对于东道国国际收支可能产生两个方面的负面效应。首先，国际直接投资带来的最初的资本流入会导致随后的国外子公司向母公司的利润流出。这种流出表现为国际收支账户的资本流出。一些国家对这种流出的反映是限制国外子公司流向母国的利润数额。其次，若国外子公司从国外进口大量用于投入的产品，结果就须计入东道国国际收支经常项目的借方。

（3）国家主权与独立性的丧失。

一些东道国政府担心外来直接投资会使其丧失部分经济独立性。这种忧虑是：对东道国并没有作出实际承诺的外来母公司作出的重大决策会影响东道国的经济，而东道国政府对此却没有实际的控制能力。然而，大部分经济学家则认为这种忧虑缺乏根据和理性。政治学家罗伯特·赖克指出，这种担心是一种过时的想法，因为它没有考虑到世界经济不断增长的相互依存性。在一个来自所有发达国家的企业相互在对方的市场上不断增加投资的世界上，一个国家不可能控制另一国索要"经济赎金"而不损害其自身的利益。

（二）跨国公司对母国经济产生的影响

1. 母国的收益

国际直接投资对母国（投资国）有三方面的好处。

第一，母国的国际收支因国外收益的回流得到改善。如果在国外的子公司形成对母国的生产设备、中间产品和辅助产品等类似产品的需求，国际直接投资也能够改善母国的国际收支。

第二，国际直接投资给母国带来的收益还来自就业效应。与国际收支一样，当国外的子公司形成对母国的出口需求时，就会产生有利的就业效应。因此，丰田公司在欧洲投资汽车生产线，受益的是日本的国际收支和就业，因为丰田公司直接从日本进口了欧洲境内汽车生产线所使用的零部件。

第三，母国的跨国公司因为身处外国市场而学到了有价值的技能之后，就可以将这种技能转移回母国。这就相当于逆向的资源转移。通过接触外国市场，跨国公司能够学到更先进的管理技术和更先进的产品与流程工艺。这些资源都可能转移到母国，有利于提高母国的经济增长速度。例如，通用汽车和福特投资于日本的汽车公司（通用拥有部分铃木的股份，福特拥有部分马自达的股份）的一个理由就是学习他们的生产流程。如果通用汽车和福特成功地将这些技术诀窍转移到美国，结果将使美国经济获益。

2. 母国的成本

对照上述收益就必须列举出母国（投资国）在国际直接投资中付出的明显的成本。最重要的问题集中在对外直接投资的国际收支和就业效应上。母国的国际收支可能会从三个方面受到损害。第一，在最初为国际直接投资提供资金从而导致资本流出时，母国的国际收支会受到损害。这个效应通常要大于后来对外投资收益流入的数额。第二，如果对外直接投资的目的是为了母国市场寻找一个低成本的生产地点，那么国际收支的经常项目也会受到损害。第三，在对外直接投资替代直接出口的情况下，国际收支的经常项目也会受到损害。因此，如果丰田公司在美国设立生产线的目的是取代从日本的直接进口，日本的经常项目就会恶化。

关于就业效应，当对外直接投资成为国内生产的替代品时，就会产生最严重的问题。丰田在美国和欧洲的投资就是如此。这种国际直接投资的一个明显的结果是减少了母国的就业岗位。如果母国的劳动力已经非常紧俏，几乎没有失业，那么这个问题还不严重。但是，如果母国正承受着高失业率，人们就会对就业岗位的外流产生忧虑。例如，美国工会领导人经常提出一个反对美国、墨西哥和加拿大签订自由贸易区协定的理由就是：美国企业投资于墨西哥，利用当地廉价劳动力生产产品，然后返销美国市场，将造成美国本土丧失数十万计的就业岗位。

(三)跨国公司对全球经济产生的影响

1. 促进要素的国际流动和要素价格的国际均等化

跨国公司的主观动机是利用各种生产要素的国际差价,通过对外直接投资进行套利活动,然而跨国公司的套利活动所产生的客观效果却是各种要素国际流动的加速与要素价格日益朝着国际均等化方向演变。

2. 扩大世界市场圈的范围,缩小圈内国家在经济发展上的差距

跨国公司对外直接投资的动机显然是利己的,那就是追求公司利润的最大化。但对外直接投资所造成的生产过程与技术的扩散却是有利于其他国家发展的。特别是经济相对落后的发展中国家,由于其国内资本稀缺,资本的收益率很高,因而往往成为跨国公司对外直接投资的首选对象。随着跨国公司资本的进入,这些国家的经济几乎都呈现出快速发展的态势,而这对于缩小这些国家与跨国公司母国在经济发展上的差距来说将起到非常重要的作用。当然,要达到这一目标,引进跨国公司资本的发展中国家必须学会对外国跨国公司进行有效管理的本领。

3. 促进世界经济的一体化发展,要求世界性的政府管理

跨国公司在世界范围内从事生产、销售与融资活动,这不仅造成了世界范围内生产活动一体化,而且促进了世界商品市场、资本市场与其他各种要素市场的一体化发展。一个主权国家的政府通常只能在其领土范围内行使它的国家主权,然而跨国公司所拥有过的经济权利显然已超出了一个主权国家的疆界而凌驾于各个主权国家之上。面对这种情况,为了防止跨国公司滥用其经济权利,就有必要对跨国公司的跨国活动进行国际性的管理。建立一个世界政府对其进行管理,当然是一种永远无法实现的奢望,然而通过一系列的国际合作,对其进行世界性的政府管理则是可能的。

【拓展阅读】

书籍:

1. [美]罗伯特·J.凯伯.国际经济学(第13版)[M].北京:中国人民大学出版社,2013.

2. [美]萨缪尔森.经济学[M].北京:人民邮电出版社,2008.

3. ［美］保罗·R.克鲁格曼.国际经济学（第8版）［M］.北京：中国人民大学出版社，2011.

期刊论文：

1. 程惠芳，阮翔.用引力模型分析中国对外直接投资的区位选择［J］.世界经济，2004（11）.

2. 程惠芳.国际直接投资与开放型内生经济增长［J］.经济研究，2002（10）.

3. 蔡锐，刘泉.中国的国际直接投资与贸易是互补的吗？——基于小岛清"边际产业理论"的实证分析［J］.世界经济研究，2004（8）.

4. 赵春明，何艳.从国际经验看中国对外直接投资的产业和区位选择［J］.世界经济，2002（5）.

5. 逄增辉.国际直接投资理论的发展与演变［J］.经济评论，2001（1）.

6. 裴长洪，郑文.国家特定优势：国际投资理论的补充解释［J］.经济研究，2011（11）.

相关网站：

关于要素的国际流动的更多资料可查阅世界经济论坛，www.weforum.org.

参考文献

[1][美]保罗·R.克鲁格曼.国际经济学理论与政策.8版上册[M].黄卫平,等,译.北京:中国人民大学出版社,2011.

[2][美]多米尼克·萨缪尔森.国际经济学基础(.3版)[M].高峰,译.北京:清华大学出版社,2013.

[3][美]查尔斯·希尔著.国际商务伦理(.3版)[M].倪晓宁,等,译.北京:中国人民大学出版社,2012.

[4]彭刚.国际经济学教学与学习手册[M].北京:中国人民大学出版社,2015.

[5]黄卫平,彭刚.国际经济学教程[M].北京:中国人民大学出版社,2012.

[6]薛荣久.国际贸易[M].北京:对外经贸大学出版社,2008.

[7]薛荣久.国际经贸理论通鉴[M].北京:对外经贸大学出版社,2013.

[8]吴红梅,焦军普.国际经济学[M].北京:北京大学出版社,2009.

[9]姜波克.国际金融新编[M].上海:复旦大学出版社,2009.

[10]黄志强.国际金融[M].北京:清华大学出版社,2013.

[11]华民.国际经济学.2版[M].上海:上海复旦大学出版社,2010.